Global Energy Interconnection
Development and Cooperation Organization

全球能源互联网发展合作组织

非洲清洁能源开发与投资研究

全球能源互联网发展合作组织

中国电力出版社
CHINA ELECTRIC POWER PRESS

前 言

能源是经济社会发展的重要物质基础。人类对能源的利用，从薪柴到煤炭、石油、天然气等化石能源，再到水能、风能、太阳能等清洁能源，每一次变迁都伴随着生产力的巨大飞跃和人类文明的重大进步。能源作为现代社会发展的动力，关系国计民生，关系人类福祉。传统化石能源的大量开发使用导致资源紧张、环境污染、气候变化等问题日益突出，严重威胁人类生存和可持续发展。从本质上看，可持续发展的核心是清洁发展，关键是推进能源生产侧实施清洁替代，以太阳能、风能、水能等清洁能源替代化石能源。

科学准确的资源量化评估是清洁能源大规模开发利用的重要基础。当前，全球范围内水电、风电、太阳能装机规模已超过总电源装机规模的 30%，清洁能源发展虽然已取得一定成效，但仍有巨大开发潜力，故对资源开发量的精细化评估研究显得尤为关键。全球能源互联网发展合作组织（简称"合作组织"）在建立健全全球清洁能源资源数据库的基础上，构建了清洁能源资源评价体系和精细化数字评估模型，开展了全球视角下水能、风能和太阳能理论蕴藏量、技术可开发量、经济可开发量的系统测算与量化评估，形成了"全球清洁能源开发评估平台（GREAN）"，有效提升了全球清洁能源资源评估的准确度与时效性，为相关国家和地区清洁能源的大规模开发利用提供了重要支撑。

系统高效的基地宏观选址是清洁能源大规模开发利用的重要前提。清洁能源基地选址关系到电站开发的经济性，对清洁能源的经济化规模开发和高效利用至关重要。影响基地选址的因素众多，选址分析决策过程复杂、难度较大。内业的选址研究往往受到数据资料的完整性和准确度限制，选址作业必须依赖现场查勘，耗费巨量的人力、财力和时间成本。合作组织综合考虑全球地形高程、地物覆盖、流域水系、自然保护区、地质和地震、电源和电网、人口和经济等因素，构建了清洁能源发电基地宏观选址的基础数据库模型及工具，大幅增加了资料收集环节的广度和深度，极大提升了内业选址的准确性、经济性和

有效性，形成了推动全球清洁能源资源开发的系统化成果，为世界能源战略研究和政策制订提供了可以参考的"工具书"和"数据手册"。

聚焦全球各洲资源评估及基地开发，合作组织编制了全球及亚洲、欧洲、非洲、北美洲、中南美洲、大洋洲等各大洲清洁能源开发与投资研究系列报告。

本报告是聚焦非洲的分报告，全面展示了非洲的清洁能源资源评估和大型基地选址成果。**第1—3章，采用数字化方法完成了非洲水电、风电和光伏发电的资源评估与基地开发研究。**首先分别介绍了资源评估和选址研究的方法体系、模型和数据。在水电方面，对非洲主要流域的水能资源开展了理论蕴藏量测算，对主要待开发的河段提出了梯级开发方案。在风电和光伏发电方面，在全面测算和分析影响集中式开发的主要影响因素基础上，开展了全洲各国家和地区风能、太阳能理论蕴藏量、技术可开发量以及开发成本的量化评估。运用数字平台，研究提出了非洲大型陆上风电基地、大型太阳能光伏基地的选址布局，完成了开发条件评价、开发规模评估以及技术经济指标测算。**第4章，**基于非洲能源电力供需发展趋势，统筹区域内、跨区及跨洲电力消纳市场，研究分析大型清洁能源基地送电方向和输电方式。**第5章，**梳理了非洲主要国家的能源政策及投资现状，剖析清洁能源开发项目典型投资模式，结合非洲水能、风能、太阳能大型基地开发方案开展案例研究，提出了加快非洲清洁发展的政策和投资模式建议。

合作组织全球清洁能源开发与投资研究系列报告致力于为全球清洁能源大规模开发利用提供指引和参考，加快推动在能源供给侧实施清洁替代。本报告能为政府部门、国际组织、能源企业、金融机构、研究机构、高等院校和相关人员开展非洲清洁能源资源评估、战略研究、项目开发、国际合作等提供参考。受数据资料和报告研究编写时间所限，内容难免存在不足，欢迎读者批评指正。

研究范围

　　本报告研究范围覆盖非洲 57 个国家和地区 ❶，分别为：埃及、利比亚、阿尔及利亚、摩洛哥、突尼斯、毛里塔尼亚、马里、塞内加尔、冈比亚、布基纳法索、西撒哈拉、佛得角、几内亚比绍、几内亚、塞拉利昂、利比里亚、科特迪瓦、加纳、多哥、贝宁、尼日尔、尼日利亚、喀麦隆、赤道几内亚、圣多美和普林西比、乍得、苏丹、南苏丹、中非、埃塞俄比亚、厄立特里亚、索马里、吉布提、肯尼亚、乌干达、坦桑尼亚、卢旺达、布隆迪、刚果民主共和国、刚果、加蓬、安哥拉、赞比亚、马拉维、莫桑比克、科摩罗、马达加斯加、塞舌尔、毛里求斯、留尼汪（法）、纳米比亚、博茨瓦纳、津巴布韦、南非、斯威士兰、莱索托、圣赫勒拿（英）。

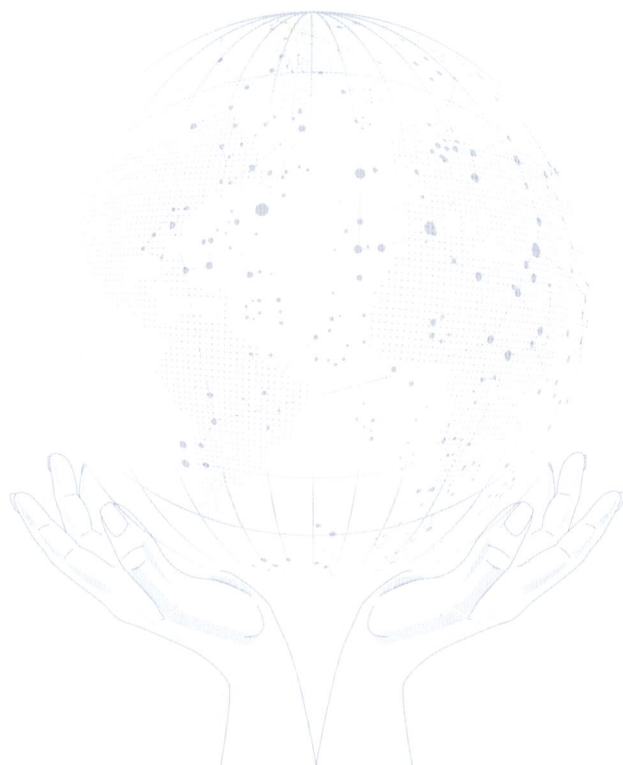

---

❶ 本报告对任何领土主权、国际边界疆域划定以及任何领土、城市或地区名称不持立场，后同。

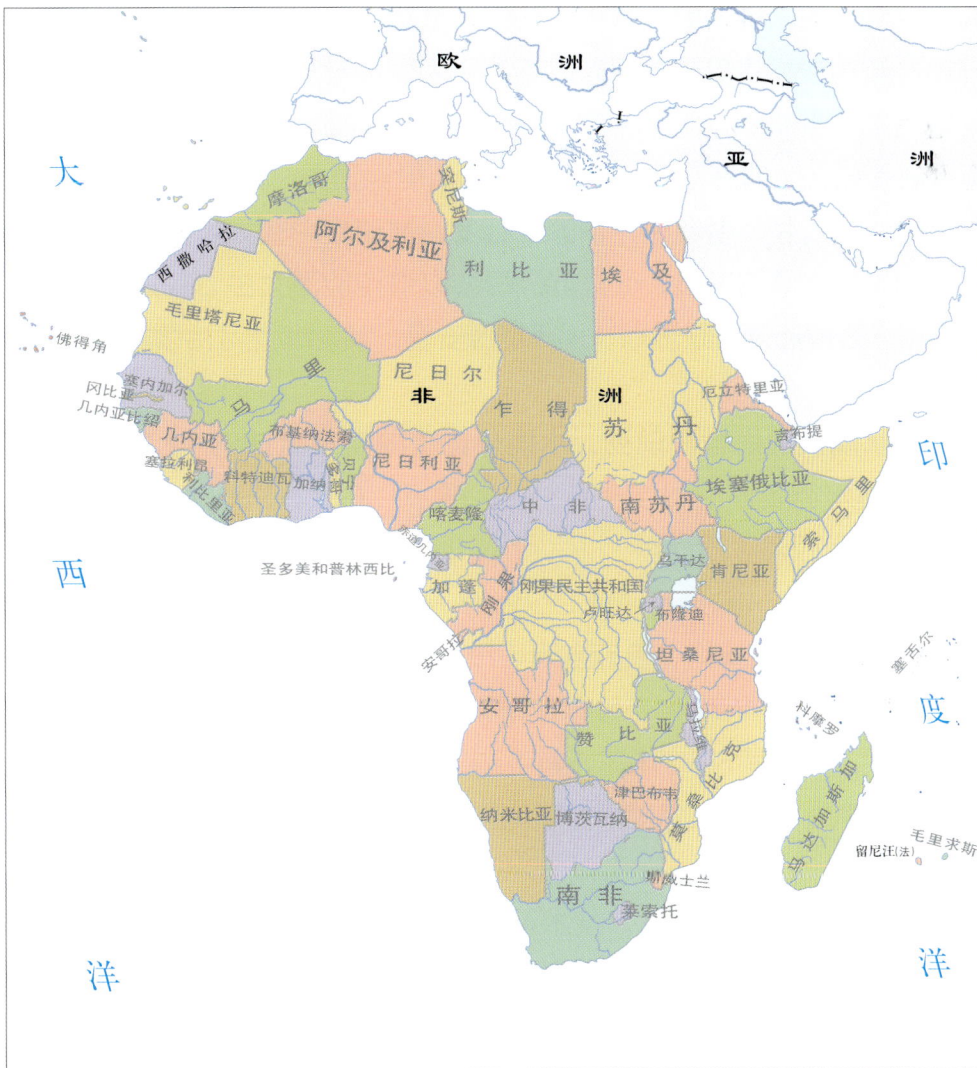

非洲研究范围示意图

摘　要

近年来，随着非洲国家政治局势日趋稳定，营商环境持续向好，清洁能源资源和矿产资源丰富，劳动力人口增长快速，经济发展前景广阔，已成为全球最具发展潜力的区域，但同时也面临着发展基础薄弱、能源电力保障能力亟待提升等严峻挑战。随着非洲迈入以工业化和区域一体化为特征的新阶段，其将迎来难得的发展机遇，迫切需要积极开发清洁能源资源，改善投资政策环境，创新投融资模式。非洲需要依托丰富的清洁能源资源，秉持绿色低碳发展理念，在水、风、光资源储量量化评估的基础上，推动集中式大型清洁能源基地的开发和投资，加快清洁发展，促进非洲形成以清洁能源为主、互联互通的非洲能源新格局，破解能源短缺困局、保障能源安全、实现非洲可持续发展。

非洲水能资源居世界前列，水能理论蕴藏量占全球的 12.3%。报告完成了主要流域水能资源的数字化评估，刚果河（Congo River）、尼罗河（Nile River）、赞比西河（Zambezi River）、尼日尔河（Niger River）、萨纳加河（Sanaga River）、奥果韦河（Ogooué River）、宽扎河（Cuanza River）、沃尔特河（Volta River）、鲁菲吉河（Rufiji River）9 个主要流域水能资源理论蕴藏总量 3790TWh/a，广泛分布在刚果民主共和国、赞比亚、安哥拉、埃塞俄比亚、刚果、苏丹等 31 个国家，其中刚果民主共和国水能理论蕴藏量最高，达到 1795TWh/a，安哥拉水能资源次之，约 348TWh/a。

非洲风能资源非常丰富，技术可开发风能占全球的 39.8%，全洲集中式风电平均开发成本 4.12 美分，北部非洲集中开发条件优越。报告以国家为单位，完成了非洲风能资源的量化评估，形成了各国风能资源理论蕴藏量、技术可开发量和经济可开发量的系统化测算结果。经测算，非洲风能理论蕴藏量 366.1PWh/a，广泛分布于北部沿海、环撒哈拉区域以及南部沿海地区。在此基础上，综合考虑资源禀赋、土地资源利用、地理地形、保护区、地质地震、

人口分布等因素，经测算，非洲风能适宜集中开发的技术可开发量 52.2TW，年发电量 140.9PWh，为全洲当前年用电量水平的 200 余倍。非洲的风能资源主要分布在阿尔及利亚、利比亚、苏丹、毛里塔尼亚、马里、尼日尔和埃及等国。结合 2035 年非洲风力发电技术经济性预测结果，考虑交通和电网接入等开发成本，非洲集中式风电开发的各国平均度电成本为 2.88~7.03 美分 /kWh。其中，资源条件优异，交通、电网基础设施条件较好的埃及、苏丹、肯尼亚等国的风电开发经济性更好。

非洲太阳能光伏资源潜力巨大，技术可开发光伏占全球的 51.9%，全洲集中式光伏平均开发成本 2.89 美分，集中开发条件非常优越。 经测算，非洲光伏理论蕴藏量 63464.5PWh/a，广泛分布于北部撒哈拉区域以及西南部沿海地区。综合考虑资源禀赋，排除制约大规模集中开发主要限制性因素，非洲光伏技术可开发量 1374.8TW，年发电量 2670.2PWh，是全洲年用电量的 5000 余倍。非洲的太阳能资源主要集中在阿尔及利亚、苏丹、利比亚、马里、乍得、毛里塔尼亚、尼日尔、安哥拉和埃及等国。结合 2035 年非洲光伏发电技术经济性预测结果，考虑交通和电网接入等开发成本，非洲集中式光伏开发的各国平均度电成本为 2.09~7.02 美分 / kWh。其中，资源条件优异，交通、电网基础设施条件较好的埃及、苏丹、尼日尔、乍得、利比亚等国光伏开发经济性更好。

基于精细化数字评估模型以及基地宏观选址模型，对非洲主要待开发的水电、风电和光伏基地开展了宏观选址研究，完成了开发条件评价、开发规模评估以及技术经济指标测算。

水电基地方面， 综合考虑资源特性和开发条件，结合已建水电站情况，重点针对刚果河、尼罗河、赞比西河和尼日尔河 4 个流域干流，开展了 8 个大型

水电基地的梯级布置与开发方案研究，选取 4 个大型水电站开展了工程方案与投资的初步研究。总体上，非洲刚果河、尼罗河，赞比西河和尼日尔河 4 个流域干流 48 个待开发梯级的总装机规模 138.81GW，年发电量 826.67TWh/a。

风电基地方面，综合考虑资源特性和开发条件，非洲北部的撒哈拉沙漠及周边地区、南部的大西洋沿岸地区和东部非洲的部分内陆地区适宜建设大规模风电基地。报告研究并提出了埃及马特鲁、利比亚米苏拉塔、苏丹杜伟姆、肯尼亚北霍尔、南非弗雷泽堡等 12 个大型风电基地的选址成果，完成了开发条件评价、开发规模评估与资源特性分析，综合工程建设与并网条件提出了基地的经济性指标。报告研究提出的 12 个大型风电基地的总装机规模约 21.40GW，年发电量 68.13TWh/a，总投资约 200.28 亿美元，度电成本为 1.75~3.61 美分 / kWh，项目经济性好。

光伏基地方面，综合考虑资源特性和开发条件，非洲中北部的撒哈拉沙漠及周边地区、南部的大西洋沿岸地区和东部非洲的部分内陆地区适宜建设大规模光伏基地。报告研究并提出了埃及明亚、阿尔及利亚艾格瓦特、突尼斯雷马达、尼日利亚卡诺、南非比勒陀利亚等 21 个大型光伏基地的选址成果，完成了基地开发条件评价、开发规模评估与资源特性分析，综合工程建设与并网条件，提出了基地的经济性指标。报告研究提出的 21 个大型光伏发电基地的总装机规模约 93.80GW，年发电量 181.35TWh/a，总投资约 479.74 亿美元，度电成本为 1.85~2.32 美分 / kWh，经济指标优异。

非洲能源互联网是非洲水电、风电和光伏电力资源大规模开发和高效利用的配置平台，是实现非洲能源电力清洁、多元、可靠和经济供应的重要基础。基于对非洲能源电力供需趋势的分析，结合清洁能源和矿产资源分布及开发格

局，统筹区域内、跨区及跨洲电力消纳市场，充分考虑清洁能源基地电力外送容量、输电距离及电网网架结构等因素，报告提出了非洲大型清洁能源基地的送电方向和输电方式。研究成果将推动非洲清洁能源基地开发，加快实现清洁能源资源大范围优化配置和高效利用。

非洲的营商环境、政策条件和投融资水平是制约洲内大型清洁能源基地项目落地实施的重要因素。 非洲面临艰巨的可持续发展任务，也迎来难得的发展机遇，迫切需要开发清洁能源资源，改善能源和投资管理政策环境，创新投融资模式。报告梳理了非洲整体政策环境，对埃及、摩洛哥、几内亚、尼日利亚等 11 个国家开展了营商环境、清洁能源开发、电力市场、行业投资、财政政策、土地劳工环保 6 类电力项目开发的相关政策分析。针对非洲清洁能源开发，报告提出了"电—矿—冶—工—贸"联合投融资、设立清洁发展基金、创新担保方式、促进电力消纳和加强投融资风险防范等五方面的建议，实现拓宽融资渠道、提高项目信用级别、降低投资风险的目标，推动大型清洁能源基地项目在非洲尽快实施，加快清洁发展。

目 录

图目录

表目录

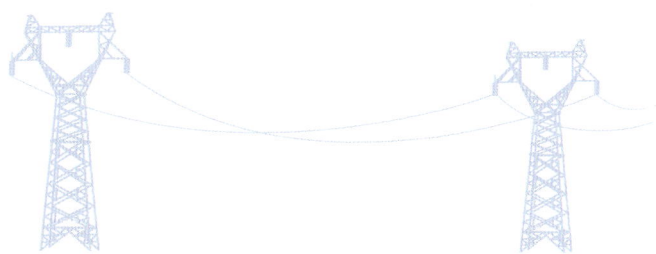

1 水能资源评估与开发

非洲水能资源丰富，总量居世界前列，开发潜力巨大。报告对刚果河、尼罗河、赞比西河、尼日尔河、萨纳加河、奥果韦河、宽扎河、沃尔特河、鲁菲吉河 9 个主要流域水能资源进行了数字化评估，测算水能理论蕴藏总量可达 3790TWh/a。综合考虑资源特性和开发条件，采用数字化研究平台，报告进一步开展了刚果河、赞比西河、尼罗河、尼日尔河流域 8 个大型水电基地的梯级开发方案研究，提出了在水能资源富集河段的 48 个梯级电站布置方案以及大型项目开发方案，总装机规模的 138.81GW，年发电量 826.67TWh。研究成果将有力促进非洲加快形成以清洁能源为主导、互联互通的能源格局，破解能源短缺困局、保障能源安全可靠供给，实现非洲的可持续发展。

1.1 方法与数据

水能是蕴藏于河川和海洋水体中的势能和动能。广义水能资源包括河川水能、潮汐水能、波浪能、海流能等能量资源；狭义水能资源指河川水流水能资源。本报告主要研究狭义的水能资源，所需基础数据主要为资源类数据、地理信息类数据以及人类活动和经济性资料等。

1.1.1 资源评估方法

河流水能的理论蕴藏量是河流水能势能的多年平均值，由河流多年平均流量和全部落差经逐段计算得到，单位为千瓦时。水能理论蕴藏量与河川径流量和地形落差直接相关。流域内干支流径流受全球气候、区域环境变化、人类活动影响等存在一定变化，但其多年平均径流量相对稳定；河道天然落差取决于地形，一般情况下区域地形较为稳定。因此，河流的水能理论蕴藏量是相对固定和客观的，是评价河流水能资源大小的宏观指标。受水能资源分布特点限制，开展水能理论蕴藏量评估时，一般遵循"从河段到河流、从支流到干流"的原则，按照流域开展逐级研究。

采用数字化方法评估水能资源理论蕴藏量的目标是计算河流的理论年发电量。首先以卫星遥感观测数据为基础得到数字高程模型，生成数字化河网数据；通过提取河流比降突变点、支流汇入点和河口位置，在满足断面间距要求的前提下，合理确定控制断面，生成用于计算分析的河段；然后以全球径流场数据、全球主要河流水文站数据为基础，结合河流或者湖泊年降水量、河段区间集水面积、上下断面多年径流量平均值、区间水位等信息，计算得到各河段的流量信息，进而完成理论蕴藏量的测算，具体评估流程如图 1-1 所示。

一般情况下，流域的水能资源理论蕴藏量是其干流及主要支流范围内各河段理论蕴藏量的总和；一个国家的水能理论蕴藏量是其国界范围内各流域理论蕴藏量的总和。界河资源量按各 50% 分别计入两岸国家。

评估河流的技术可开发量，主要任务是剔除不宜开发水电站的河段的资源，而评估经济可开发量需进一步考虑影响水电度电成本的经济性因素，结合替代电源的成本或受电地区可承受的电力价格进行对比分析。

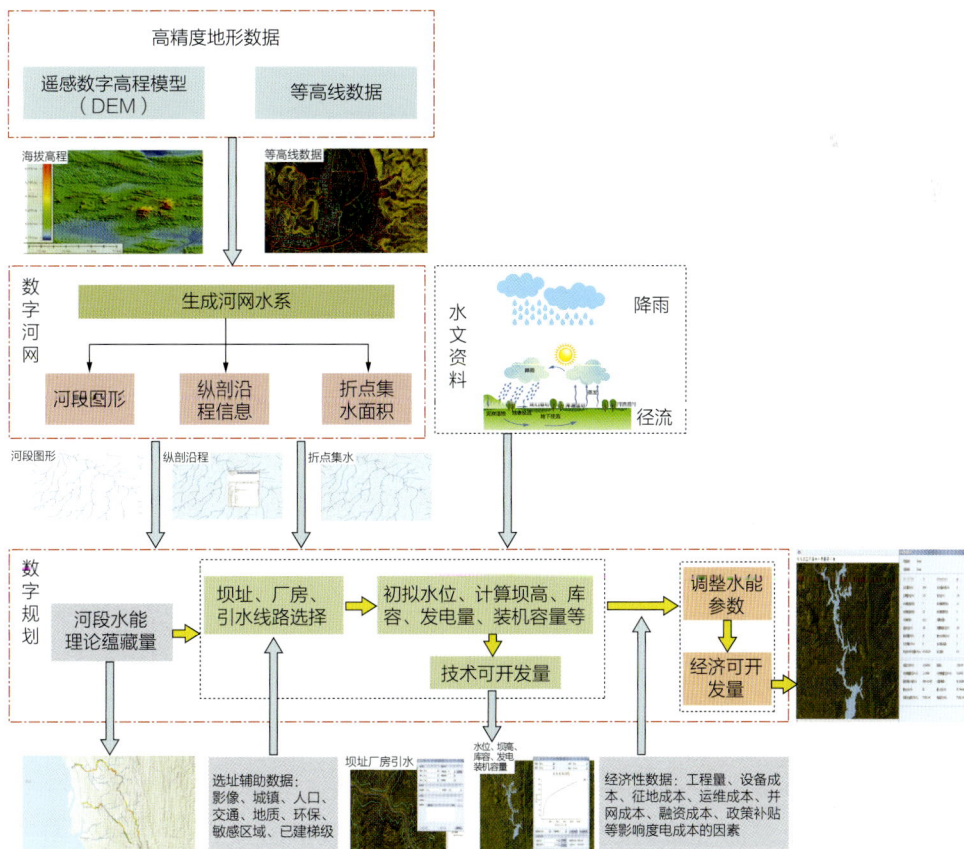

图 1-1　水能发电能力评估技术路线图

1.1.2 宏观选址方法

充分利用全球资源数据和地理信息，建立系统化、自动化的宏观选址方法，辅助开展水电基地的选址研究，为政策制定者和商业投资人提供决策支持。

研究建立了数字化水电基地宏观选址方法，基于层次分析方法，在传统电站选址方法的基础上，充分利用全球尺度下丰富的数字化数据信息，综合考虑资源条件、地形地貌、建设条件、开发成本等因素，建立基地宏观选址分析模型，然后利用数值模拟方法计算基地的技术和经济指标，最后收集、整理已建发电基地成果进行验证与总结。采用该方法，可针对一个区域、一个河段，考虑不同的限制条件、开发方式，快速形成多种开发方案并开展比选和优化。研究的主要步骤如图 1-2 所示。

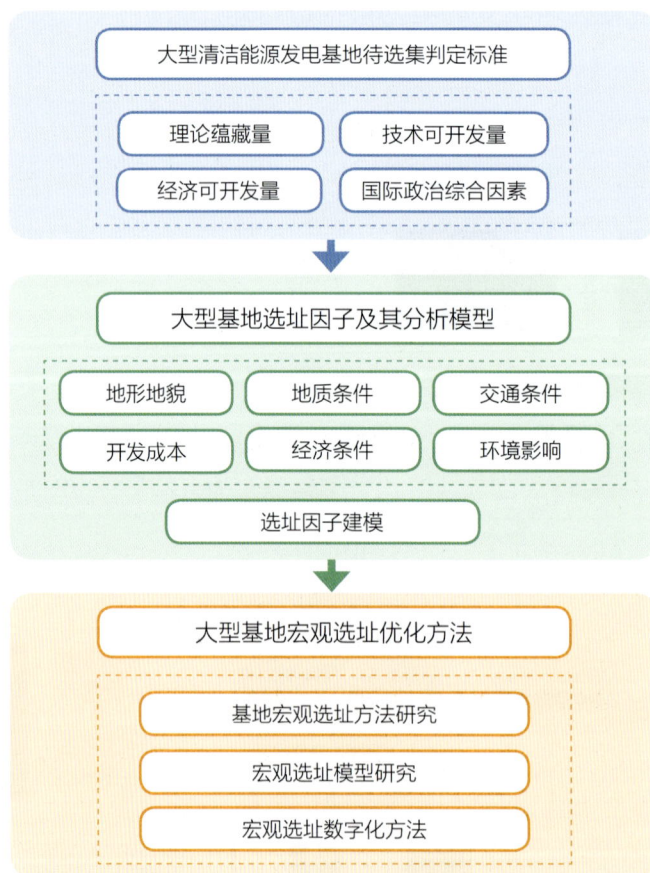

图 1-2　数字化宏观选址技术路线图

河流水电宏观选址研究是以河流水能资源蕴藏量评估为基础，分析影响水电开发的工程地质、环境保护和经济社会等限制性因素，明确开发条件，拟定重点河段的梯级开发方案，并完成水电开发相关技术经济参数测算。基于地理信息技术的水电站数字规划流程主要包括数据采集与预处理、数字化河网提取、限制性因素分析、数字化选址、水能参数计算、规划电站建模三维展示等内容，其选址流程如图 1-3 所示。

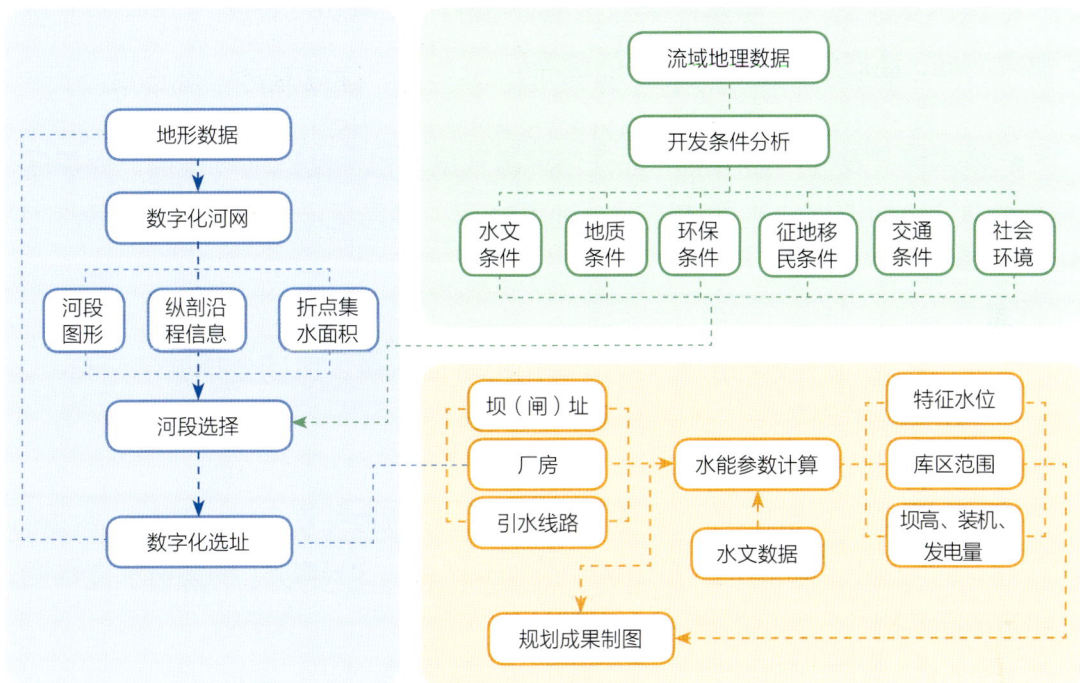

图 1-3 水电基地数字化宏观选址流程示意图

具体来说，利用覆盖全球的流域地形数据和水文径流资料，分析河段径流特性和水能资源条件，结合高精度数字高程模型数据，识别并提取具有矢量河道图形及属性信息的河段数据，建立数字化河网；结合径流数据计算河段的理论蕴藏量，优先选取比降大、蕴藏量丰富的河段作为目标开发河段；结合站址周边的地理数据，从水文条件、地质条件、水库淹没及移民条件、保护区分布、对外交通等多方面分析电站开发的限制性因素；以流域地形高程数据为基础，结合径流、地质、国土、生态等数字信息，开展水电站数字化选址；利用三维地形、影像等参考数据，寻找适宜建坝的地点，绘制坝址、副坝、厂房、引水线路等规划信息，生成水电站库区范围，并计算获得集水面积、正常蓄水位、库容年发电量、装机容量等水能参数；绘制河流梯级开发方案纵剖面图以及技术经济指标表等开发成果。

1.1.3 基础数据与参数

1.1.3.1 基础数据

为实现数字化水能资源评估，报告建立了包含 3 类 16 项覆盖全球范围的资源评估基础数据库。

- 资源类数据，主要包括全球主要河流的水文数据，比如多年平均流量、年最大流量、逐日流量信息、降水信息等。

- 技术可开发量评估所需的地理信息类数据，包括全球地物覆盖、保护区、水库和湖泊、构造板块边界和断层、地质岩层、地震活动频度、地理高程、卫星影像等信息。

- 评估经济可开发量所需人类活动和经济性资料，包括全球城镇分布、人口分布、电源和电网分布、交通基础设施等数据。

其中，全球水文数据为全球径流数据中心（Global Runoff Data Center，GRDC）的涵盖全球主要河流的 9484 个水文站点、30 年以上的逐日水文数据，其他的关键基础数据介绍如表 1-1 所示。

表 1-1　全球水资源和地理信息基础数据

序号	数据名称	空间分辨率	数据类型
1	全球水文数据	—	其他数据
2	全球地面覆盖物分类信息	30m×30m	栅格数据
3	全球主要保护区分布	—	矢量数据
4	全球主要水库分布	—	矢量数据
5	全球湖泊和湿地分布	1km×1km	栅格数据
6	全球主要断层分布	—	矢量数据
7	全球板块边界分布 空间范围：南纬 66°—北纬 87°	—	矢量数据
8	全球历史地震频度分布	5km×5km	栅格数据
9	全球主要岩层分布	—	矢量数据
10	全球地形卫星图片	0.5m×0.5m	栅格数据
11	全球地理高程数据 空间范围：南纬 83°—北纬 83° 间陆地	30m×30m	栅格数据

序号	数据名称	空间分辨率	数据类型
12	全球海洋边界数据	—	矢量数据
13	全球人口分布	900m×900m	栅格数据
14	全球交通基础设施分布	—	矢量数据
15	全球电网地理接线图	—	矢量数据
16	全球电厂信息及地理分布	—	矢量数据

注： 1. 全球水文数据来源于全球径流数据中心（GRDC）。
2. 全球地面覆盖物分类信息来源于中国国家基础地理信息中心。
3. 全球主要保护区分布数据来源于国际自然保护联盟（IUCN）和联合国环境规划署世界保护监测中心（UNEP-WCMC），在联合国分类的基础上，结合中国国家标准（GB/T 14529-1993）进行了重新分类。
4. 全球主要水库分布数据来源于德国波恩全球水系统项目。
5. 全球湖泊和湿地分布数据来源于世界自然基金会、环境系统研究中心和德国卡塞尔大学。
6. 全球主要断层分布数据来源于美国环境系统研究所。
7. 全球板块边界分布数据来源于美国环境系统研究所。
8. 全球历史地震频度分布数据来源于世界资源研究所（WRI）。
9. 全球主要岩层分布数据来源于欧盟委员会、德国联邦教育与研究部（BMBF）、德意志科学基金会（DFG）等机构。
10. 全球地形卫星图片数据来源于谷歌公司。
11. 全球地理高程数据来源于美国国家航空航天局（NASA）和日本经济贸易工业部（METI）。
12. 全球海洋边界数据来源于比利时弗兰德斯海洋研究所（VLIZ）。
13. 全球人口分布数据来源于哥伦比亚大学国际地球科学信息网络中心。
14. 全球交通基础设施分布数据来源于北美制图信息学会（NACIS）。
15. 全球电网地理接线图数据来源于全球能源互联网发展合作组织（GEIDCO）。
16. 全球电厂信息及地理分布数据来源于谷歌、皇家理工学院（KTH）和世界资源研究所（WRI）。

1.1.3.2　计算参数

报告重点关注并评估全球范围内适宜开发水电站的河段，一般选取流量大、落差集中且形成水库后对保护区、森林、耕地和城市等区域无影响或影响小的河段。

1. 技术指标测算参数

报告采用水能资源理论蕴藏量进行河流（河段）开发价值评价，根据理论蕴藏量的大小划分为水能资源丰富、水能资源较丰富、具有水能开发价值、水能开发价值一般四个级别。

开展水电基地宏观选址与梯级开发方案研究时，应优先选取水能资源富集河段，并合理规避野生生物、自然遗迹等不宜开发的保护区占地，避免或减少对森林、耕地、湿地沼泽、城镇等地面覆盖物所在区域的淹没。报告采用的主要水能资源评估技术指标和参数如表 1-2 所示。

表 1-2　全球水能资源评估模型采用的主要技术指标和参数

类型	限制因素	阈值
河流（河段）开发价值评价	水能资源丰富	>30000GWh
	水能资源较丰富	10000~30000GWh
	具有水能开发价值	5000~10000GWh
	水能开发价值一般	<5000GWh
保护区限制	自然生态系统	尽量避免
	野生生物类	不宜开发
	自然遗迹类	不宜开发
	自然资源类	尽量避免
	其他保护区	尽量避免
地物覆盖限制	树林	避免或减少淹没
	耕地	避免或减少淹没
	湿地沼泽	避免或减少淹没
	大型城市	避免淹没
	小型城市	避免或减少淹没

2. 经济指标测算参数

清洁能源基地的投资水平是反映项目投资规模的直接量化指标，亦是进一步分析基地开发经济价值的基础。报告综合多元线性回归预测法、基于深度自学习神经元网络算法的关联度分析预测法，建立了水电开发投资水平预测模型；采用平准化度电成本法，建立了水电开发成本计算模型。

非洲水电开发经济性研究将参考非洲发展水平以及 2035 年非洲水电开发的技术类、非技术类投资成本的预测结果。结合电站所在国的经济发展水平以及融资利率、税率等金融参数，根据项目特点与实际条件，开展水电站国民经济评价，测算水电站度电成本。报告采用的非洲水电开发经济性计算财务参数推荐取值以及主要水电开发国家税率信息参考取值，详情见表 1-3 和表 1-4。

表 1-3　非洲水电开发经济性计算的财务参数推荐取值

序号	指标	参数
1	贷款年限	20 年
2	贷款比例	80%
3	贷款利率	3%~6%
4	贴现率	2%
5	建设年限	3~10 年
6	运行年限	30 年
7	残值比例	0
8	运维占比	2.5%
9	厂用电率	2%
10	弃水率	2%

表 1-4　非洲主要水电开发国家税率信息参考取值

%

国家	增值税率	所得税率
刚果民主共和国	16	30
乌干达	18	30
南苏丹	18	30
赞比亚	16	30
莫桑比克	17	32
尼日尔	19	30

注：部分数据来源于中华人民共和国商务部投资促进事务局。

1.2 资源评估

1.2.1 水系分布

非洲水系流域众多，拥有尼罗河、刚果河、赞比西河等多条世界著名河流，主要集中在中部、东部和南部非洲。根据分析，全洲流域面积超过 3 万 km^2 的一级河流有 43 条，总流域面积共 1843 万 km^2，占非洲总面积约 60%。全洲主要河流水系分布情况如图 1-4 所示。

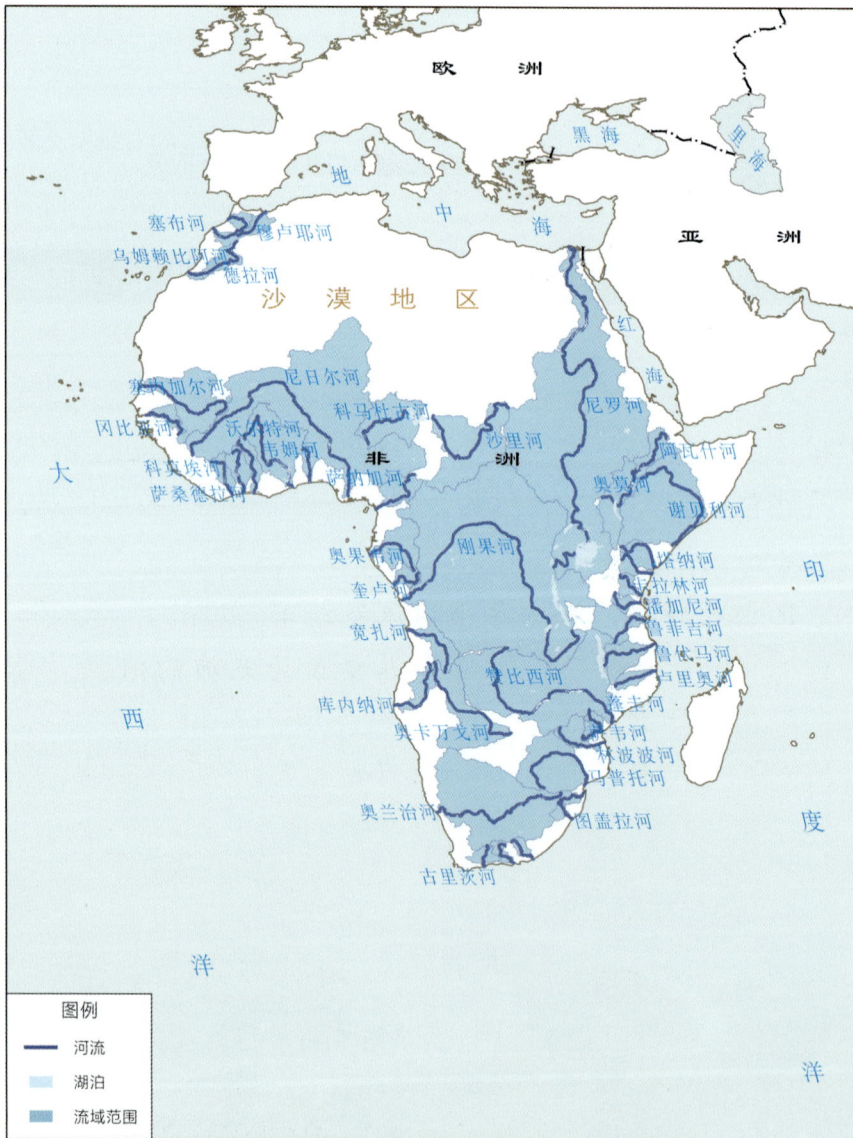

图 1-4 非洲主要河流分布情况示意图

专栏 1-1　　　　　　　**非洲的四大主要河流**

1. 尼罗河——非洲最长的河流

尼罗河是非洲最长的河流，流经非洲东部与北部，自南向北注入地中海，长度超过6600km。尼罗河有定期泛滥的特点，其水源主要来自埃塞俄比亚高原上的季节性暴雨。洪水到来时将淹没两岸农田，但退去后则会留下富含有机质的淤泥，形成肥沃的土壤。数千年来，埃及人掌握了洪水的发生规律，开垦了尼罗河两岸的沃土农田。在撒哈拉沙漠和阿拉伯沙漠的左右夹持中，蜿蜒的尼罗河犹如一条绿色的走廊，充满着无限的生机。尼罗河干流已建有多个水电工程，位于埃及的阿斯旺（Aswan）工程举世闻名，大坝的修建有助于控制河水流量，使其在涨水季节不涝、缺水季节不旱，增加农业耕地面积，提高粮食和经济作物产量。大坝建成30多年来，尼罗河谷和三角洲地区增加可耕地面积达8400km^2。

2. 刚果河——非洲水量最大的河流

刚果河是非洲水量最大的河流，也是非洲第二长河。刚果河也称为扎伊尔河（Zaire River），方言意思是"大河"，流域位于非洲中西部，拥有世界第二大热带雨林，生物资源非常丰富。由于刚果河流经赤道两侧，获得南北半球丰富降水的交替补给，具有水量大且年内变化小的特征，河口年平均流量约4.1万m^3/s，最大流量高达8万m^3/s，是非洲水量和水能资源量最为充沛的河流，开发潜力巨大。刚果河干流的英加一、二期电站已在20世纪70和80年代建成投产，为刚果民主共和国每年提供超过110亿kWh的清洁电力。

3. 尼日尔河——西非的母亲河

尼日尔河位于西部非洲，流经几内亚、马里、尼日尔、贝宁和尼日利亚等国家，注入几内亚湾，作为非洲的第三长河，亦是撒哈拉南沿国家重要的淡水来源，被称为西非的"母亲河"。尼日尔上游一带的居民

称之为"Baba"（巴巴），意为"河流之王"；中游一带的居民则称之为
"Issaberi"（伊萨·贝里），意为"伟大的河流"。尼日尔河流经各区域的
气候差异明显、自然环境差异较大，流域上游和下游的纬度基本相当，
处于热带草原和热带雨林气候区，支流众多，雨量丰富；中游河段纬度
较高，处于热带草原向沙漠气候的过渡地区，气候干燥，降雨较少，蒸
发强烈，水量逐渐减少约三分之二。

4. 赞比西河——瀑布众多的河流

赞比西河位于非洲的东南部地区，是赤道以南非洲地区的第一大
河，发源自赞比亚西北部山地，流经安哥拉、纳米比亚、博茨瓦纳、津
巴布韦、赞比亚和莫桑比克等国，并最终注入印度洋。赞比西河流域主
要为热带草原气候分布区，年降水量较为丰富，河流径流量较大，流量
季节变化较大。赞比西河支流众多，河网稠密，具有高达72处瀑布以
及多处险滩、峡谷。其中最著名的当属维多利亚瀑布，跨越赞比亚与津
巴布韦交界，形成了宽度超过1700m、最高处有108m的非洲最大瀑布，
1989年入选了《世界遗产名录》，是世界上最大、最美丽和最壮观的瀑
布之一。

1.2.2 水文数据

水文数据用于描述河流、湖泊等水体的特征，包含降水、蒸发、下渗、水
位、流量、泥沙、水质等内容，是涉水工程在规划、设计和施工阶段重要的基
础资料，一般通过建立永久或临时的水文站点观测获取。本研究关注的非洲大
陆，基于全球径流数据中心的基础数据，共包含了 1500 余座水文站的观测资
料，除覆盖流域面积超过 3 万 km^2 的 43 条一级流域外，还覆盖了北非地中海
沿岸以及马达加斯加的一些流域。非洲大陆主要水文站分布如图 1-5 所示。

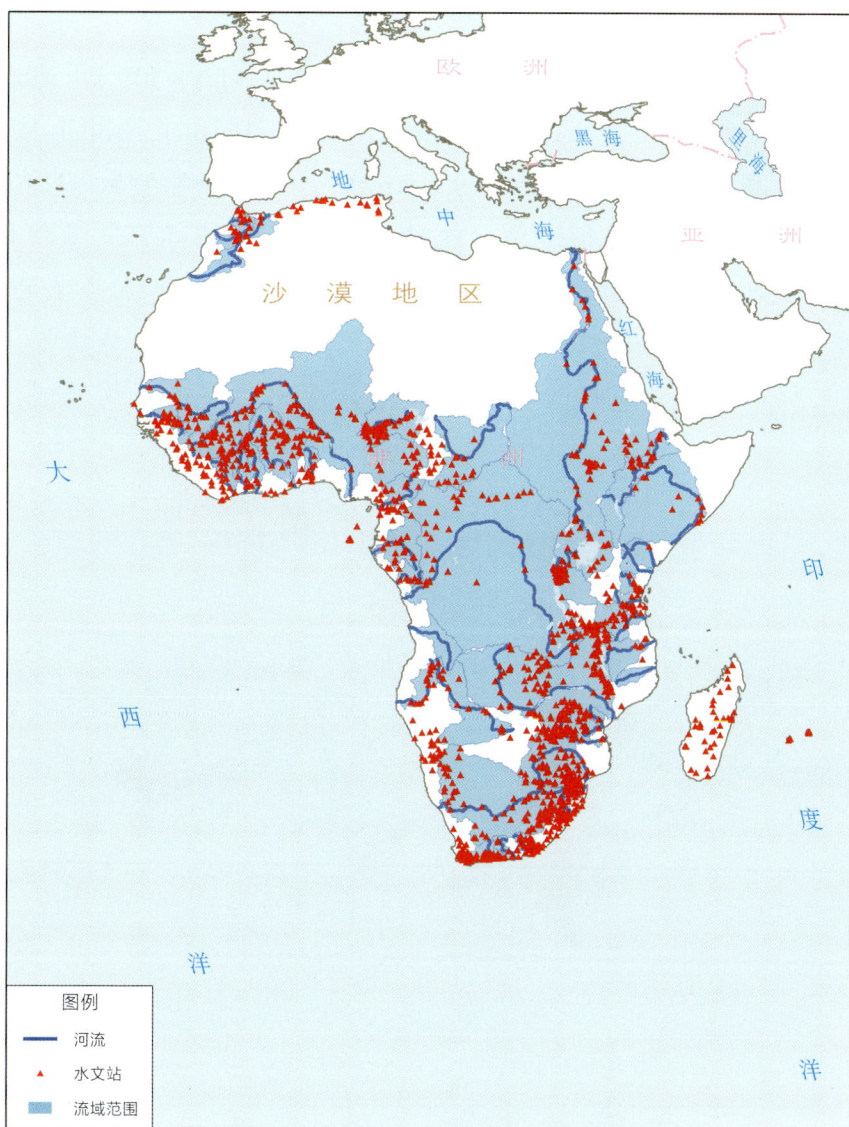

图 1-5 非洲主要水文站分布示意图

专栏 1-2   **基于水文数据的河流特性分析**

1. 全球复合径流场数据集

本次研究利用全球径流数据中心（GRDC）的全球复合径流场数据集（Composite Runoff Fields），获取除南极洲以外所有大陆的径流场数据[1]。该数据集是基于全球径流数据中心收集的水文观测站资料

---

[1] 全球复合径流场数据集（Composite Runoff Fields）是由全球径流数据中心（GRDC）和新罕布什尔大学（UNH）于 2002 年联合发布。

和新罕布什尔大学发布的全球河网模拟数据（STN-30P），通过气候驱动的水量平衡模型（Climate-driven Water Balance Model, WBM）反向演算生成的 30 分（赤道处约 50km）空间分辨率的数据集，每一个格点可提供逐月与年径流量。这种复合径流场保留了流量测量的准确性，并模拟径流的时空分布，实现了对大范围内河流径流的统一、高分辨率的最佳模拟计算，适用于全球水能资源分析与建模。专栏 1-2 图 1 所示即为全球径流数据中心计算得到的全球年均径流深 ❶ 分布图。

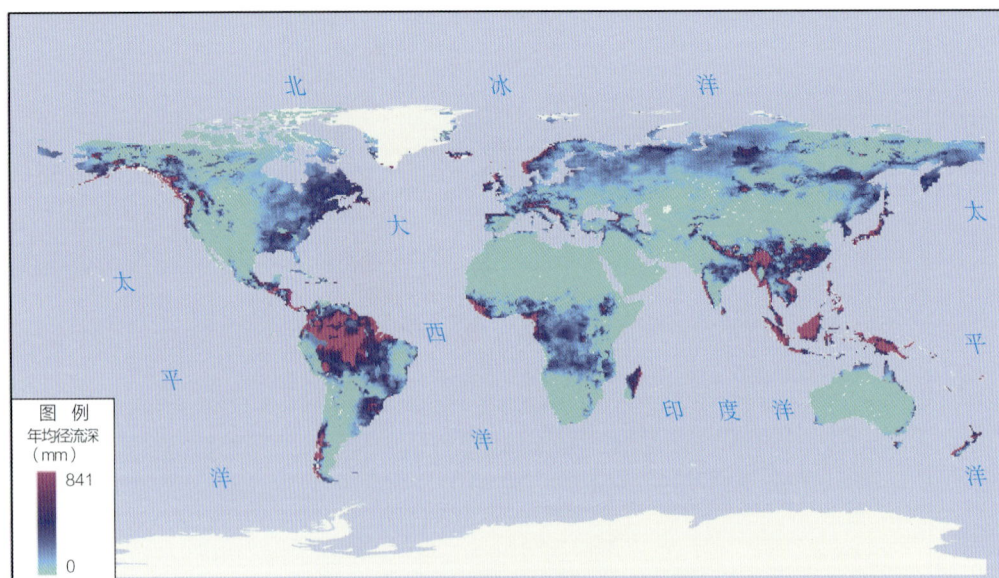

专栏 1-2 图 1　全球年均径流深分布图

2. 通过水文数据分析河流水文特性

通过多年、逐月的径流数据，可以分析一条河流的基本水文特性。例如多年平均流量、径流量、枯水期与丰水期的起止月、最大流量、最小流量出现的月份等信息，用于河流水能资源开发技术指标的计算。专栏 1-2 图 2 展示了刚果河金沙萨（Kinshasa）水文站多年径流观测数据，可以看出该河段流量大且流量稳定。

---

❶ 径流深是指计算时段内某一过水断面上的径流总量平铺在断面以上流域面积上所得到的水层深度，年均径流深即为径流深的多年平均值。

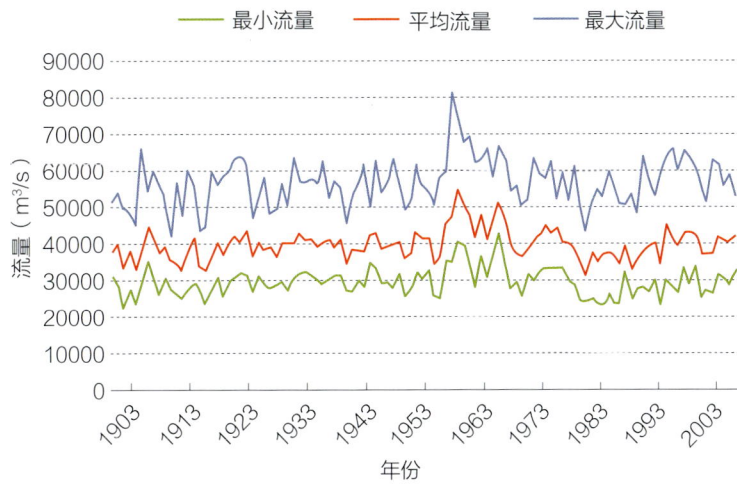

（a）金沙萨水文站多年径流观测数据

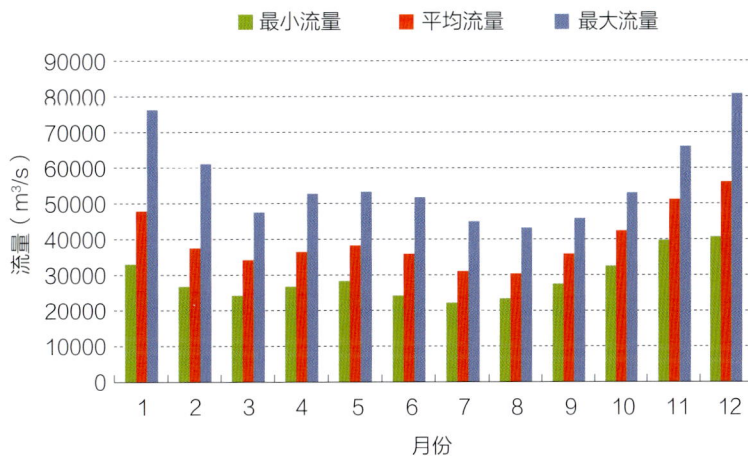

（b）金沙萨水文站逐月径流观测数据

专栏1-2图2　金沙萨水文站流量数据图

　　在非洲多条河流上选取全球径流数据中心提供的水文站实测年均径流数据与全球复合径流场数据集的模拟径流数据进行对比，如表1-5所示。由于模拟数据难以准确反映人类活动对径流造成的影响，比如灌溉、供水、跨流域引水等，都是造成误差的主要因素。研究将对误差较大区域内水文观测站数据进行还原处理，将观测径流数据最大限度还原为河道天然状况下的径流数据，并采用还原后的观测站流量资料对径流场数据进行修正。

表 1-5　非洲河流径流数据对比表

序号	河流名称	年均径流流量观测值（m³/s）	年均径流流量模拟值（m³/s）	误差（%）
1	刚果河	39849.45	39588.23	-0.7
2	尼罗河	223.43	241.27	8.0
3	赞比西河	2473.90	3643.20	47.3
4	尼日尔河	5224.92	5779.64	10.6
5	萨纳加河	1990.33	2243.43	12.7
6	奥果韦河	4688.69	4495.11	-4.1
7	沃尔特河	1086.11	1224.02	12.7
8	鲁菲吉河	802.00	920.00	14.7

1.2.3　地面覆盖物

地表覆盖决定了地表的辐射平衡、水流和其他物质搬运、地表透水性能等，其空间分布与变化是全球变化研究、地球系统模式研究、地理国（世）情监测和可持续发展规划等的重要基础性数据。在中国政府支持下，国家基础地理信息中心联合 18 家单位，研制出世界上首套 30m 分辨率的全球地表覆盖数据产品，包含耕地、森林、草地、城市、冰川等 10 个主要覆盖物分类[1]。2014 年 9 月，中国政府将这一产品赠送给联合国，供国际社会免费使用，以支持全球开展应对气候变化和可持续发展研究。

大型水电基地的开发建设应避免淹没大面积耕地以及人口密集的城市或村庄，保护生态环境。因此，耕地和城市分布是影响水电资源开发的主要地表覆盖物限制性因素，其分布情况如图 1-6 所示。

非洲的耕地主要分布在西部非洲的尼日利亚与尼日尔，东部的埃塞俄比亚、苏丹、肯尼亚、坦桑尼亚等国；北部非洲地中海沿岸、尼罗河三角洲以及南部非洲赞比亚与南非等地也较广泛分布着耕地。城市分布一定程度上反映了人口的聚集情况，在广域空间内城市与耕地的分布往往具有较好的趋同性。

---

[1] 资料来源：陈军，廖安平，陈晋，等 . 全球 30m 地表覆盖遥感数据产品 –GlobaLand30[J]. 地理信息世界，2017，24（1）:1-8.

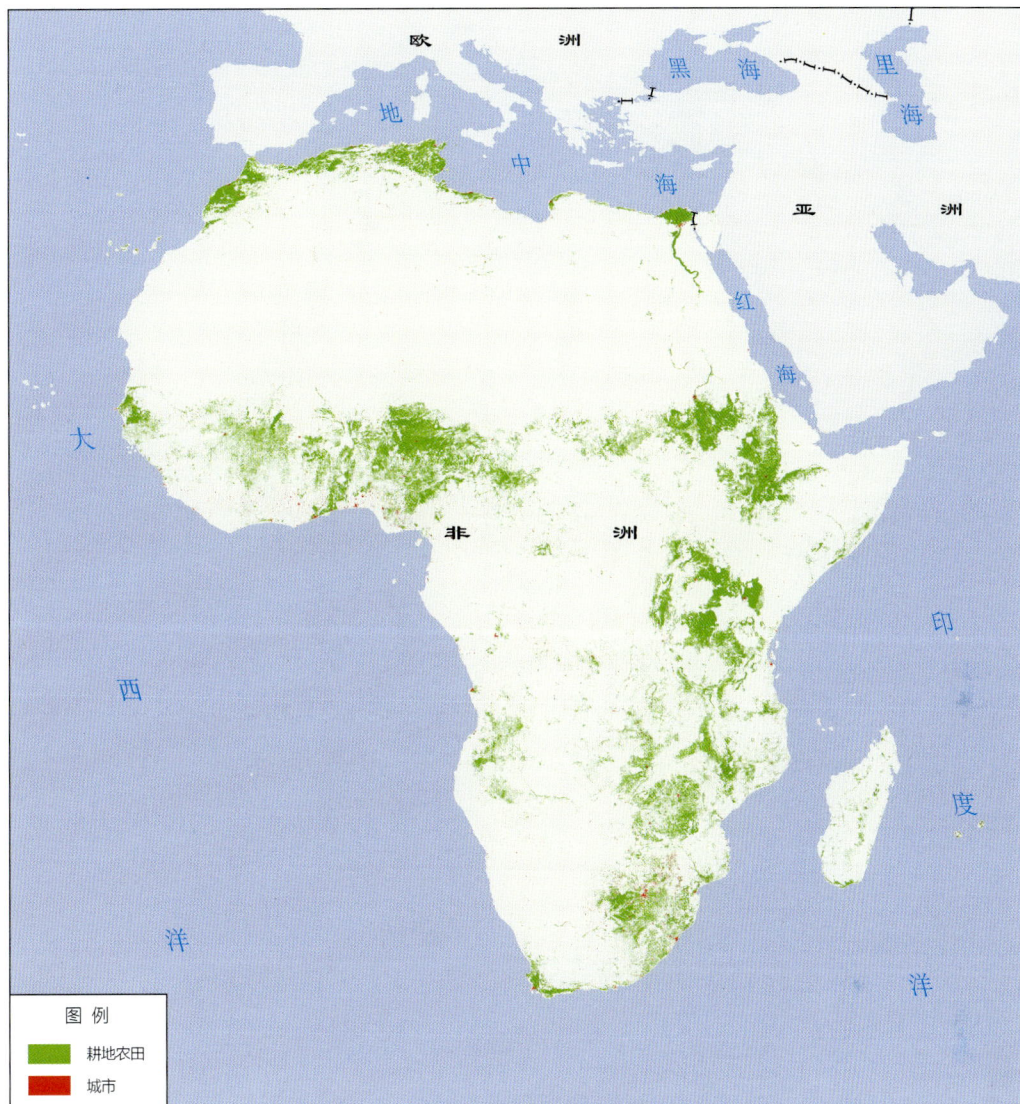

图例

■ 耕地农田
■ 城市

图 1-6　非洲耕地和城市分布情况示意图

1.2.4　地质条件

地质断层分布和历史地震频率数据是大型水电基地的开发与选址研究的重要参考因素。一般情况，构造板块边界、地质断层以及历史地震发生频率较高的区域不宜建设大型的水电项目。非洲地质断层分布和历史地震情况示意图如图 1-7 所示。摩洛哥、阿尔及利亚等北部非洲的地中海沿岸历史地震高发，埃塞俄比亚、乌干达、刚果民主共和国、赞比亚等东部非洲的部分区域地质构造较不稳定，水电基地选址开发需要规避相关区域。

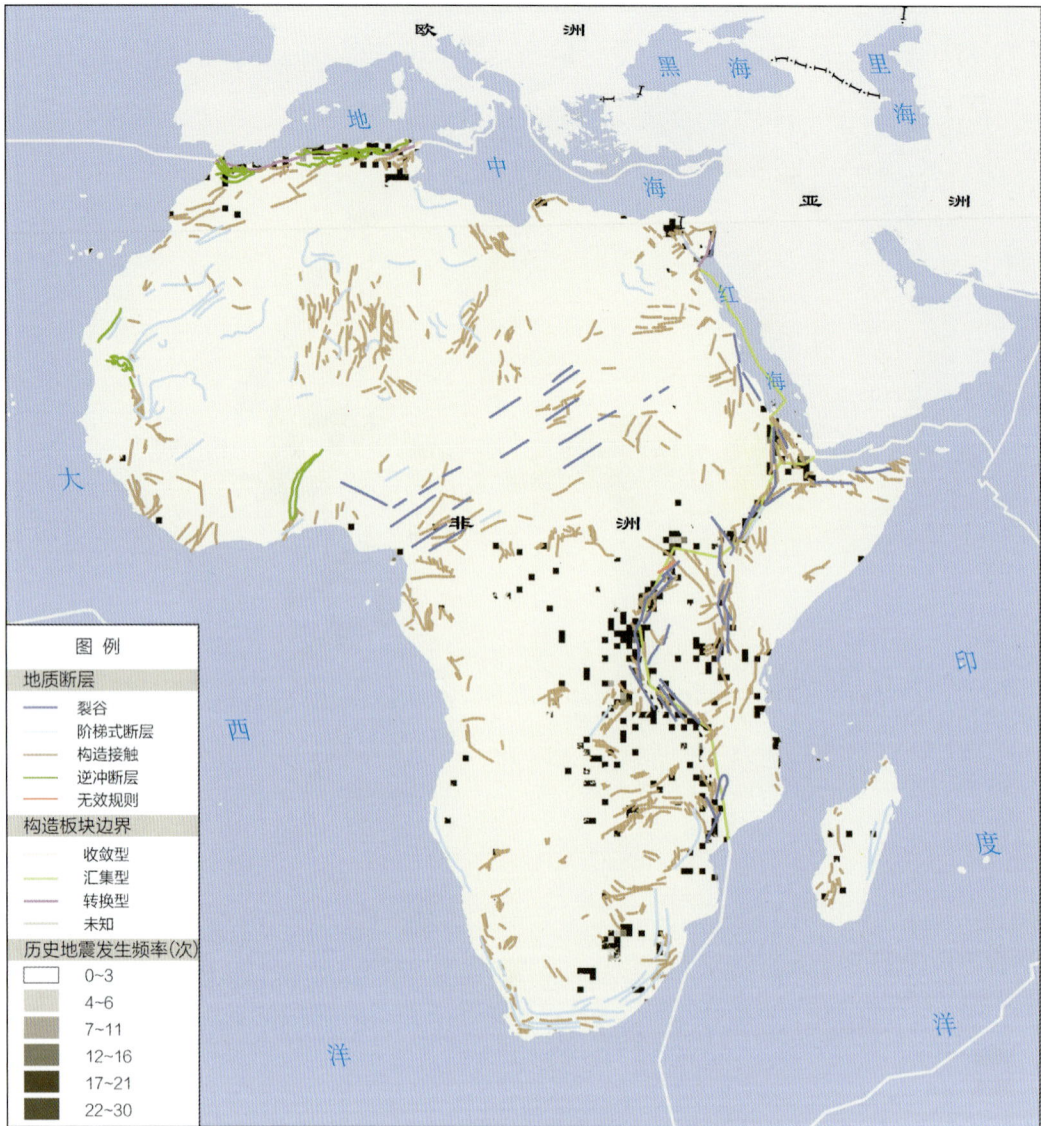

图 1-7　非洲主要断层分布和历史地震情况示意图

　　岩层类型及分布情况对于大型水电基地的开发与选址研究同样重要，一般情况，选取地质条件稳定，坝址与厂房附近无大型滑坡等地质灾害，大坝的建基面选取稳定、承载力强的基岩，如变质岩、火山岩。非洲岩层分布情况示意图如图 1-8 所示。北部非洲与南部非洲以松散沉积岩为主，西部、中部与东部非洲主要以变质岩分布为主。

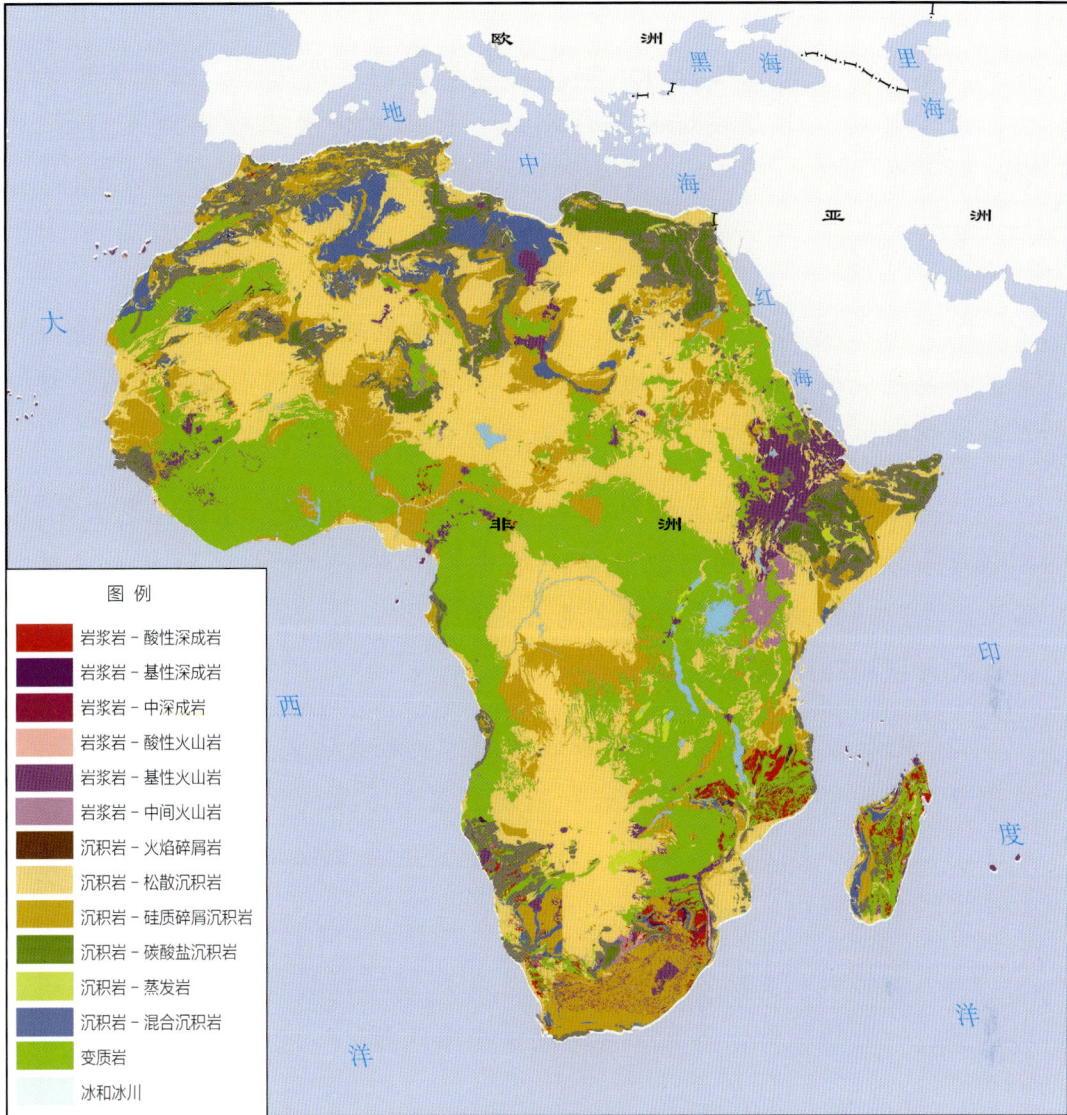

图 1-8 非洲主要岩层分布情况示意图

图例

- 🟥 岩浆岩－酸性深成岩
- 🟪 岩浆岩－基性深成岩
- 🟥 岩浆岩－中深成岩
- 🟧 岩浆岩－酸性火山岩
- 🟪 岩浆岩－基性火山岩
- 🟪 岩浆岩－中间火山岩
- 🟫 沉积岩－火焰碎屑岩
- ⬜ 沉积岩－松散沉积岩
- 🟨 沉积岩－硅质碎屑沉积岩
- 🟩 沉积岩－碳酸盐沉积岩
- 🟩 沉积岩－蒸发岩
- 🟦 沉积岩－混合沉积岩
- 🟩 变质岩
- ⬜ 冰和冰川

专栏 1-3　　　　岩层性质与水电开发

　　岩石（Rock）是固体地壳的主要组成物质，岩石的坚硬程度和强度取决于成因类型、矿物成分和结构构造，其中稳定性好、强度高的岩体常作为建筑物地基、地下洞室围岩等的介质。

1. 岩浆岩

　　岩浆岩又称火成岩，是由地壳内的岩浆上升或喷发冷凝固化而成的岩石。深成岩形成于地表 3km 以下，强度高、岩性均一、大岩体较完整、透水性小，常是较好的高坝坝基。火山岩由火山喷出地表形成，岩性较复杂，强度差别大，作为高坝地基需要进行详细的勘察研究。

2. 沉积岩

沉积岩是地壳演变过程中，在地表或接近地表的常温、常压条件下，各类先成母岩的风化产物经搬运、沉积和成岩作用形成的岩石。按其成分和搬运、沉积方式不同，分为碎屑岩、化学岩和生物岩。

（1）碎屑岩。按碎屑物粒径不同，可细分为砾岩、砂岩、泥岩等，其强度取决于成分、固结程度等，硅质、钙质胶结的岩石强度一般较高；泥质胶结的岩石强度较低。泥岩、页岩等一般不含水且隔水，可利用作为大坝的防渗依托。

（2）化学岩。经化学作用溶解物质的溶液经搬运、富集后沉积形成，硅质碎屑沉积岩、碳酸盐沉积岩和蒸发岩属于常见的化学岩。多具有可溶性，会造成水库、坝基渗漏，削弱地基强度甚至破坏地基，不宜在其上建设水电工程。

（3）生物岩。生物作业形成或由生物残骸组成的岩石，在沉积岩占比很少，一般强度低，不宜在其上建设水电工程。

3. 变质岩

变质岩是原始岩层经过物理化学改变生成的新岩石。变质岩一般由岩浆岩和沉积岩经变质作用形成，强度较高，是较好的地基岩体。

1.2.5 水能资源总述

非洲水能资源理论蕴藏量在 50GWh 及以上的河流共计 4863 条，理论蕴藏总量共计 5668TWh/a，占全球的 12.3%。非洲水能的待开发潜力主要集中在刚果河、尼罗河、赞比西河等大型流域。报告对非洲刚果河、尼罗河、赞比西河、尼日尔河、萨纳加河、奥果韦河、宽扎河、沃尔特河、鲁菲吉河 9 个主要流域开展了水能资源的数字化评估测算，其分布如图 1-9 所示，流域面积约

1182万km²，占非洲一级河流的64%，覆盖了主要待开发的水能资源。

经过数字平台测算，9个流域的理论蕴藏量总和约3790TWh/a，具体结果如表1-6所示。

按照流域涉及国家开展国别统计评估，水能理论蕴藏量主要分布在刚果民主共和国、赞比亚、安哥拉、埃萨俄比亚、刚果、苏丹等31个国家，其中刚果民主共和国水能资源理论蕴藏量最高，为1795.01TWh/a。具体结果如表1-7所示。

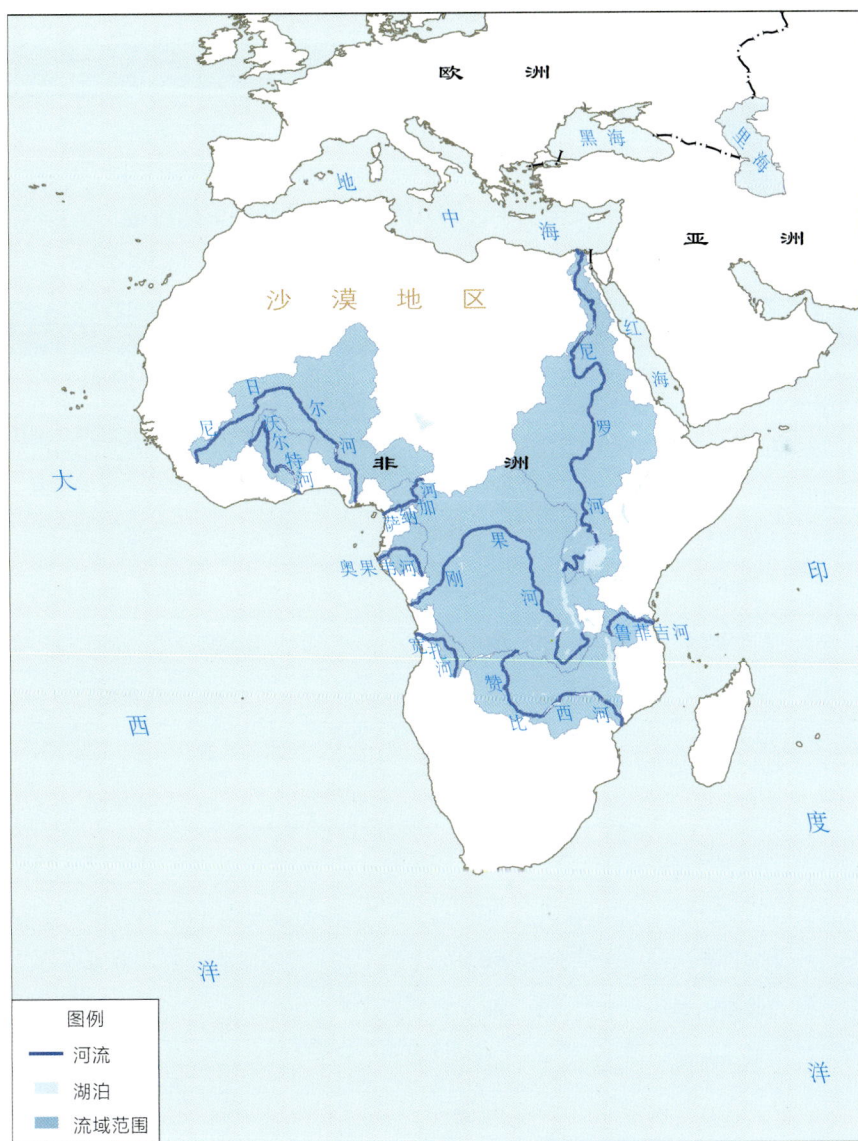

图1-9 非洲9个主要流域分布情况示意图

表1-6　非洲九流域水能资源理论蕴藏量

序号	流域名称	流域面积（万 km²）	理论蕴藏量（TWh/a）
1	刚果河	373	2384.86
2	赞比西河	136	283.88
3	尼罗河	325	231.13
4	尼日尔河	238	313.15
5	萨纳加河	13	149.12
6	奥果韦河	22	157.17
7	宽扎河	16	182.55
8	沃尔特河	42	20.90
9	鲁菲吉河	17	67.40
合计		1182	3790.16

表1-7　非洲按国别统计的九流域水能资源理论蕴藏量

TWh/a

序号	国家名称	理论蕴藏量	流域
1	刚果民主共和国	1795.01	刚果河
2	安哥拉	347.55	刚果河、赞比西河、宽扎河
3	刚果	241.31	刚果河、奥果韦河
4	尼日利亚	213.65	尼日尔河
5	赞比亚	204.34	刚果河、赞比西河
6	喀麦隆	224.89	刚果河、尼日尔河、萨纳加河
7	加蓬	154.63	奥果韦河
8	坦桑尼亚	127.34	刚果河、鲁菲吉河、尼罗河、赞比西河
9	中非	77.00	刚果河
10	埃塞俄比亚	68.23	尼罗河
11	乌干达	58.45	尼罗河
12	苏丹	50.97	尼罗河
13	莫桑比克	44.70	赞比西河
14	津巴布韦	40.35	赞比西河
15	埃及	29.49	尼罗河
16	马拉维	26.04	赞比西河

序号	国家名称	理论蕴藏量	流域
17	南苏丹	17.88	尼罗河
18	加纳	18.95	沃尔特河
19	马里	15.56	尼日尔河、沃尔特河
20	尼日尔	14.79	尼日尔河
21	几内亚	10.60	尼日尔河
22	贝宁	2.83	尼日尔河
23	卢旺达	1.70	尼罗河
24	布基纳法索	1.31	沃尔特河
25	布隆迪	0.97	尼罗河
26	科特迪瓦	0.73	尼日尔河
27	赤道几内亚	0.26	奥果韦河
28	纳米比亚	9.89×10^{-3}	赞比西河
29	多哥	0.62	沃尔特河
30	厄立特里亚	1.93×10^{-3}	尼罗河
31	博茨瓦纳	1.11×10^{-4}	赞比西河

1.2.6 评估结果

在开展非洲 9 个流域数字化水能资源评估的基础上，报告选取刚果河、尼罗河、赞比西河、尼日尔河 4 个流域详述其干、支流水能资源评估的过程与结果，展示数字化研究内容的丰富性与多样性；报告同时给出了萨纳加河、奥果韦河、宽扎河、沃尔特河、鲁菲吉河的流域水能评估结果，展示数字化水能资源评估方法的完整性和系统性。

1.2.6.1 刚果河流域

刚果河流域水能资源非常丰富。基于基础数据和算法模型，建立了刚果河数字化河网，河网总长度 161689km，流域面积 373 万 km^2，蕴藏总量 2384.86TWh/a。分析流域内具有水能开发价值（理论蕴藏量达 5TWh/a 以上）的河流（河段）60 条，共计 8589km；其中具有丰富水能资源（理论蕴藏量达 30TWh/a 以上）的河流（河段）5 条，流域分布如图 1-10 所示。

图1-10 刚果河主要河流理论蕴藏量分布示意图

刚果河干流与主要支流河流长度、集雨面积以及水能理论蕴藏量的计算结果如表1-8所示。刚果河流域水能资源主要分布于其干流，理论蕴藏量为1365.39TWh/a，占比约57.25%；其次为开赛河（Kasai River），理论蕴藏量为380.66TWh/a，占比15.96%。

从流域河段看，刚果河流域具有丰富水能资源的河段主要集中在其干流中下游河段上。按照河流流向，第一段位于上游，刚果民主共和国加丹加省境内孔戈洛（Kongelo），河段长约86km，理论蕴藏量31.82TWh/a；第二段位于刚果河下游，流经刚果民主共和国省博科（Boko）、卢奥济（Luozi）与基本济（Kibunzi），地势变化较大，河段长约76km，理论蕴藏量385.37TWh/a；第三段位于英加（Inga）与马塔迪（Matadi）附近，河段长约141km，理论蕴藏量552.68TWh/a；第四段位于河口处，水能可利用性较低，河段长约16km，理论蕴藏量38.08TWh/a。

表 1-8 刚果河干流与主要支流理论蕴藏量

序号	河流名称	长度（km）	集雨面积（km²）	理论蕴藏量（TWh/a）
1	刚果河干流（Congo River）	4640	3732973	1365.39
2	开赛河（Kasai River）	2045	895421	380.66
3	乌班吉河（Ubangi River）	2250	654235	154.82
4	卢库加河（Lukuga River）	940	269427	107.65
5	卢阿拉巴河（Lualaba River）	917	171139	59.62
6	桑加河（Sangha River）	1240	213208	50.87
7	阿鲁维米河（Aruwimi River）	1196	120219	48.99
8	洛瓦河（Lowa River）	568	52026	37.97
9	乌林迪河（Ulindi River）	657	30993	36.18
10	埃利拉河（Elila River）	610	29403	30.45
11	鲁基河（Ruki River）	769	189385	29.82
12	洛马米河（Lomami River）	1798	116940	27.35
13	林迪河（Lindi River）	831	40592	16.22
14	卢隆加河（Lulonga River）	769	82215	10.01
15	阿利马河（Alima River）	521	34532	7.82
16	利夸拉河（Likouala River）	529	75455	7.68
17	因基西河（Inkisi River）	384	14451	5.09
18	卢阿马河（Luama River）	549	25260	3.27
19	伊廷比里河（Himbiri River）	539	49435	2.64
20	蒙加拉河（Mongala River）	592	49123	2.36
刚果河总计				2384.86

　　刚果河流域主要国家水能理论蕴藏量分布如表 1-9 所示，刚果河流域水能蕴藏量最丰富的国家是刚果民主共和国，理论蕴藏量为 1795.01TWh/a，占比75.27%；其次为刚果，理论蕴藏量为 239.37TWh/a，占比 10.04%。

　　刚果民主共和国、刚果、卢旺达、中非等国家开发刚果河流域水电资源，在干流及其支流已建电站 19 座，装机规模 3205.3MW，开发比例约 1%。

表1-9 按国别统计的刚果河河流长度与流域理论蕴藏量情况

序号	国家名称	河流名称		河流长度（km）	理论蕴藏量（TWh/a）
1	刚果民主共和国	刚果河干流（Congo River）		3796	1066.84
		卢阿拉巴河（Lualaba River）		917	59.62
		洛马米河（Lomami River）		1798	27.35
		鲁基河（Ruki River，包含布西拉河及楚阿帕河）		1113	29.82
		卢隆加河（Lulonga River，包含洛波里河）		769	10.01
		开赛河（Kasai River）	开赛河干流（Kasai River）	1292	145.42
			菲米（Fimi River）	1079	9.11
			桑库鲁（Sankuru River）	1280	52.66
			卢武阿（Luvua River）	1084	32.96
			卢恩贝（Luembe River）	44	2.56
			洛安盖（Ioange River）	422	10.07
			宽果（Kwango River）	741	34.30
		因基西河（Inkisi River）		195	4.14
		卢阿马河（Luama River）		550	3.27
		埃利拉河（Elila River）		610	30.45
		乌林迪河（Ulindi River）		657	36.18
		洛瓦河（Lowa River）		568	37.97
		林迪河（Lindi River）		832	16.22
		阿鲁维米河（Aruwimi River）		1196	48.99
		伊廷比里河（Himbiri River）		539	2.64
		蒙加拉河（Mongala River）		593	2.36
		乌班吉河（Ubangi River）		2250	73.65
		卢库加河（Lukuga River）		355	58.42
2	刚果	刚果河干流（Congo River）		420	189.26
		乌班吉河（Ubangi River）		470	21.55
		桑加河（Sangha River）		718	13.07
		利夸拉河（Likouala River）		529	7.68
		阿利马河（Alima River）		521	7.82

序号	国家名称	河流名称		河流长度（km）	理论蕴藏量（TWh/a）
3	安哥拉	刚果河干流（Congo River）		98	69.22
		开赛河（Kasai）	开赛河干流（Kasai River）	860	39.75
			卢恩贝（Luembe River）	530	8.30
			洛安盖（loange River）	335	8.33
			宽果（Kwango River）	961	37.21
		因基西河（Inkisi River）		189	0.95
4	赞比亚	刚果河干流（Congo River）		1309	40.07
5	中非	桑加河（Sangha River）		615	17.38
		乌班吉河（Ubangi River）		521	59.62
6	喀麦隆	桑加河（Sangha River）		155	20.42
7	坦桑尼亚	卢库加河（Lukuga River）		585	49.23

1.2.6.2　尼罗河流域

尼罗河流域水能资源丰富。基于基础数据和算法模型，建立了尼罗河数字化河网，河网总长度 292657km，流域面积 325 万 km^2，蕴藏总量 231.13TWh/a。分析流域内具有水能开发价值（理论蕴藏量达 5TWh/a 以上）的河流（河段）6 条，共计 1669km；其中具有丰富水能资源（理论蕴藏量达 30TWh/a 以上）的河流（河段）1 条。流域分布如图 1-11 所示。

尼罗河干流与主要支流河流长度、集雨面积以及水能理论蕴藏量的计算结果如表 1-10 所示。尼罗河流域水能资源主要分布于喀土穆以下的尼罗河干流，理论蕴藏量为 69.13TWh/a，占比为 29.91%；其次为青尼罗河（Blue Nile River），理论蕴藏量为 65.98TWh/a，占比 28.55%；再次为维多利亚尼罗河（Victoria Nile River）及上游，理论蕴藏量为 64.56TWh/a，占比 27.93%。

图1-11　尼罗河主要河流理论蕴藏量分布示意图

　　从流域河段看，尼罗河流域具有丰富水能资源的河段仅有1段，位于干流上游的乌干达北布干达省基奥加湖（Lake Kyoga）至西方省境内帕尼穆尔（Panyimur），河段长约231km，理论蕴藏量44.05TWh/a。

表1-10　尼罗河干流与主要支流理论蕴藏量

序号	河流中文名称	长度（km）	集雨面积（km²）	理论蕴藏量（TWh/a）
1	尼罗河干流（喀土穆以下）（Nile River）	3573	3253626	69.13
2	白尼罗河（White Nile River）	1826	1248014	19.03
3	维多利亚尼罗河（Victoria Nile River）及上游	1390	462296	64.56
4	青尼罗河（Blue Nile River）	1710	324359	65.98

续表

序号	河流中文名称	长度（km）	集雨面积（km²）	理论蕴藏量（TWh/a）
5	阿特巴拉河（Atbara River）	1434	220366	12.43
	尼罗河总计			231.13

尼罗河流域主要国家水能理论蕴藏量分布如表 1-11 所示，流域水能蕴藏量最丰富的国家是埃塞俄比亚，理论蕴藏量为 68.23TWh/a，占比 29.52%；其次为乌干达，理论蕴藏量为 58.45TWh/a，占比 25.29%；再次为苏丹，理论蕴藏量为 50.97TWh/a，占比 22.05%。

埃及、苏丹、埃塞俄比亚、乌干达、肯尼亚等国家开发尼罗河流域水电资源，在干流及其支流已建电站 27 座，装机规模 6219.88MW，开发比例约13.46%。

表 1-11　按国别统计的尼罗河河流长度与流域理论蕴藏量情况

序号	国家名称	流经河流名称	河流长度（km）	理论蕴藏量（TWh/a）
1	卢旺达	维多利亚尼罗河（Victoria Nile River）及上游区域	515	1.70
2	乌干达	维多利亚尼罗河（Victoria Nile River）及上游区域	720	58.45
3	坦桑尼亚	维多利亚尼罗河（Victoria Nile River）及上游区域	426	3.44
4	布隆迪	维多利亚尼罗河（Victoria Nile River）及上游区域	28	0.97
5	苏丹	白尼罗河（White Nile River）	457	1.15
		阿特巴拉河（Atbara River）	704	3.34
		青尼罗河（Blue Nile River）	710	6.84
		尼罗河干流（喀土穆以下）（Nile River）	1715	39.64
6	南苏丹	白尼罗河（White Nile River）	1369	17.88
7	埃塞俄比亚	青尼罗河（Blue Nile River）	1000	59.14
		阿特巴拉河（Atbara River）	730	9.09
8	埃及	尼罗河干流（喀土穆以下）（Nile River）	1858	29.49
9	厄立特里亚	阿特巴拉河（Atbara River）	157	1.93×10^{-3}

1.2.6.3 赞比西河流域

　　赞比西河流域水能资源丰富。基于基础数据和算法模型，建立了赞比西河数字化河网，河网总长度 127308km，流域面积 136 万 km^2，蕴藏总量 283.88TWh/a。分析流域内具有水能开发价值（理论蕴藏量达 5TWh/a 以上）的河流（河段）9 条，共计 1206km；其中具有丰富水能资源（理论蕴藏量达 30TWh/a 以上）的河流（河段）3 条。流域分布如图 1-12 所示。

　　赞比西河干流与主要支流河流长度、集雨面积以及水能理论蕴藏量的计算结果如表 1-12 所示。赞比西河流域水能资源主要分布于其干流，理论蕴藏量为 147.46TWh/a，占比为 51.94%；其次为卡富埃河（Kafue River），理论蕴藏量为 67.11TWh/a，占比 23.64%。

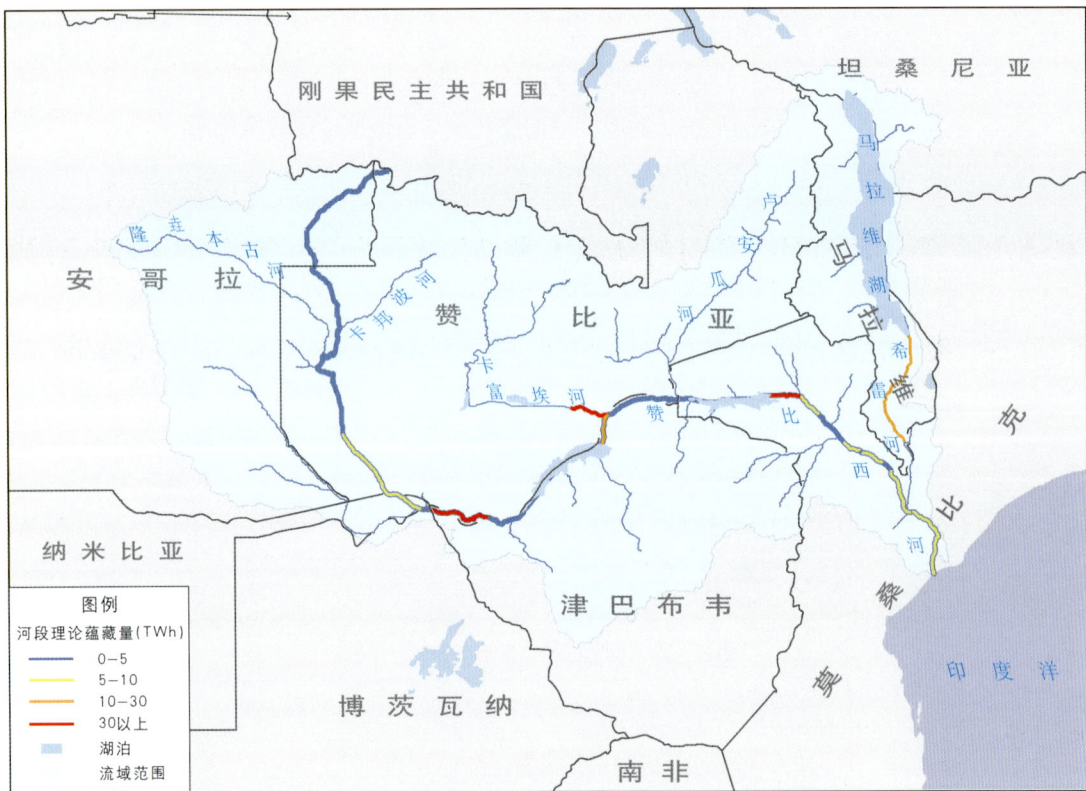

图 1-12　赞比西河主要河流理论蕴藏量分布示意图

　　从流域河段看，赞比西河流域具有丰富水能资源的河段主要集中在干流与左岸支流。其中干流分布有两段，按照河流流向，第一段位于卡萨内（Kasane）至奇龙杜（Chirudu），河段长约 195km，理论蕴藏量 38.86TWh/a；第二段位于松戈（Songo）附近，河段长约 84km，理论蕴藏量 32.13TWh/a。支流分布有一段，位于卡富埃河的卡富埃镇（Kafue Town）至与赞比西河交汇处，河段长约 113km，理论蕴藏量 53.12TWh/a。

表 1-12　赞比西河干流与主要支流理论蕴藏量

序号	河流名称	长度（km）	集雨面积（km²）	理论蕴藏量（TWh/a）
1	赞比西河干流（Zambezi River）	2660	1455689	147.46
2	希雷河（Shire River）	1176	219496	36.17
3	卡富埃河（Kafue River）	1310	170007	67.11
4	卢安瓜河（Luangwa River）	1061	157238	26.99
5	卡邦波河（Kabompo River）	532	75886	5.33
6	隆圭本古河（Lungwebungu River）	857	50751	0.82
赞比西河总计				283.88

赞比西河流域主要国家水能理论蕴藏量分布如表 1-13 所示，赞比西河流域水能蕴藏量最丰富的国家是赞比亚，理论蕴藏量为 164.27TWh/a，占 57.87%；其次为莫桑比克，理论蕴藏量为 44.70TWh/a，占比 15.75%。

赞比亚、莫桑比克、津巴布韦和马拉维开发赞比西河流域水电资源，在干流及其支流已建电站 10 座，装机规模 5328.6MW，开发比例 9.39%。

表 1-13　按国别统计的赞比西河河流长度与流域理论蕴藏量情况

序号	国家名称	流经河流名称	河流长度（km）	理论蕴藏量（TWh/a）
1	安哥拉	赞比西河干流（Zambezi River）	357	0.65
		隆圭本古河（Lungwebungu River）	549	0.59
2	赞比亚	赞比西河干流（Zambezi River）	1418	64.87
		卡富埃河（Kafue River）	1310	67.11
		卢安瓜河（Luangwa River）	917	26.73
		卡邦波河（Kabompo River）	532	5.33
		隆圭本古河（Lungwebungu River）	308	0.23

续表

序号	国家名称	流经河流名称	河流长度（km）	理论蕴藏量（TWh/a）
3	莫桑比克	赞比西河干流（Zambezi River）	752	41.58
		希雷河（Shire River）	459	2.86
		卢安瓜河（Luangwa River）	144	0.26
4	津巴布韦	赞比西河干流（Zambezi River）	241	40.35
5	马拉维	希雷河（Shire River）	747	26.04
6	坦桑尼亚	希雷河（Shire River）	252	7.27
7	纳米比亚	赞比西河干流（Zambezi River）	133	9.89×10^{-3}
8	博茨瓦纳	赞比西干流（Zambezi River）	6	1.11×10^{-4}

1.2.6.4　尼日尔河流域

尼日尔河流域水能资源丰富。根据基础数据与算法模型，建立了尼日尔河数字化河网，河网总长度 198339km，流域面积 238 万 km^2，蕴藏总量 313.17TWh/a。分析流域内具有水能开发价值（理论蕴藏量达 5TWh/a 以上）的河流（河段）8 条，共计 3408km；其中具有丰富水能资源（理论蕴藏量达 30TWh/a 以上）的河流（河段）2 条。流域分布如图 1-13 所示。

尼日尔河干流与主要支流河流长度、集雨面积以及水能理论蕴藏量的计算结果如表 1-14 所示。尼日尔河流域水能资源主要分布于其干流，理论蕴藏量为 104.56TWh/a，占比为 33.39%；其次为贝努埃河（Benue River），理论蕴藏量为 135.93TWh/a，占比 43.40%。

从流域河段看，尼日尔河流域具有丰富水能资源的河段主要集中在干流中下游河段。主要分布有两段，按照河流流向，第一段位于尼日利亚凯比州尚加（Shanga）至尼日尔州巴罗（Baro），河段长约 551km，理论蕴藏量 35.73TWh/a；第二段位于凯比州伊切乌（Ichewu）至大西洋入海口，河段长约 377km，理论蕴藏量 35.03TWh/a。

图 1-13　尼日尔河主要河流理论蕴藏量分布示意图

表 1-14　尼日尔河干流与主要支流理论蕴藏量

序号	河流中文名称	长度（km）	集雨面积（km²）	理论蕴藏量（TWh/a）
1	尼日尔河干流（Niger River）	4131	2384368	104.55
2	贝努埃河（Benue River）	1382	336822	135.93
3	卡杜纳河（Kaduna River）	721	108969	39.73
4	索科托河（Sokoto River）	781	193902	11.44
5	古拉拉河（Gurara River）	442	18131	7.89
6	米洛河（Milo River）	433	14003	3.81
7	巴尼河 [含巴乌莱河（Baoule River），Bani]	979	188260	3.20
8	桑卡瑞尼河（Sankari River）	564	34365	2.60
9	廷基索河（Tinkisso River）	442	20070	1.74
10	索塔河（Sota River）	333	14077	1.21
11	阿利博里河（Alibori River）	390	19340	1.05
尼日尔河总计				313.15

尼日尔河流域主要国家水能理论蕴藏量分布如表 1-15 所示,尼日尔河流域水能蕴藏量最丰富的国家是尼日利亚,理论蕴藏量为 213.65TWh/a,占比 68.22%;其次为喀麦隆,理论蕴藏量为 55.01TWh/a,占比 17.57%。

尼日利亚、喀麦隆、马里和几内亚开发尼日尔流域水电资源,在干流及其支流已建电站 7 座,装机规模 2044.2MW,开发比例约 3.26%。

表 1-15 按国别统计的尼日尔河河流长度与流域理论蕴藏量情况

序号	国家名称	流经河流名称	河流长度(km)	理论蕴藏量(TWh/a)
1	尼日利亚	尼日尔河干流(Niger River)	1188	73.67
		贝努埃河(Benue River)	969	80.92
		索科托河(Sokoto River)	781	11.44
		卡杜纳河(Kaduna River)	721	39.73
		古拉拉河(Gurara River)	442	7.89
2	尼日尔	尼日尔河干流(Niger River)	625	14.79
3	马里	尼日尔河干流(Niger River)	1898	12.48
		巴尼河 [含巴乌莱河(Baoule River),Bani]	819	2.65
		桑卡瑞尼河(Sankari River)	176	0.41
4	科特迪瓦	巴尼河 [含巴乌莱河(Baoule River),Bani]	160	0.55
		桑卡瑞尼河(Sankari River)	118	0.18
5	喀麦隆	贝努埃河(Benue River)	413	55.01
6	几内亚	尼日尔河干流(Niger River)	543	3.04
		廷基索河(Tinkisso River)	442	1.74
		米洛河(Milo River)	433	3.81
		桑卡瑞尼河(Sankari River)	345	2.01
7	贝宁	尼日尔河干流(Niger River)	106	0.57
		阿利博里河(Aliboli River)	390	1.05
		索塔河(Sota River)	333	1.21

1.2.6.5　萨纳加河流域

萨纳加河流域水能资源丰富。基于基础数据和算法模型，建立了萨纳加河数字化河网，河网总长度 13327km，流域面积 13 万 km²，蕴藏总量 149.12TWh/a。分析流域内具有水能开发价值（理论蕴藏量达 5TWh/a 以上）的河流（河段）6 条，共计 119km。

萨纳加河干流与主要支流河流长度、集雨面积以及水能理论蕴藏量的计算结果如表 1-16 所示。萨纳加河流域水能资源主要分布于其干流，理论蕴藏量为 101.56TWh/a，占比为 68.11%；其次为姆巴姆河（Mbam）干流，理论蕴藏量为 36.82TWh/a，占比 24.69%。

萨纳加河是喀麦隆国境内河流。

表 1-16　萨纳加河干流与主要支流理论蕴藏量

序号	河流名称	长度（km）	集雨面积（km²）	理论蕴藏量（TWh/a）
1	萨纳加河干流—包括杰雷姆河（Sanaga River）	1000	134720	101.56
2	姆巴姆河（Mbam River）	517	43549	36.82
3	洛姆河（Lom River）	348	20470	4.23
4	其他			6.51
萨纳加河总计				149.12

1.2.6.6　奥果韦河流域

奥果韦河流域水能资源丰富。基于基础数据和算法模型，建立了奥果韦河数字化河网，河网总长度 34097km，流域面积 22 万 km²，蕴藏总量 157.17TWh/a。分析流域内具有水能开发价值（理论蕴藏量达 5TWh/a 以上）的河流（河段）7 条，共计 479km。

奥果韦河干流与主要支流河流长度、集雨面积以及水能理论蕴藏量的计算结果如表 1-17 所示。奥果韦河流域水能资源主要分布于其干流，理论蕴藏量为 63.78TWh/a，占比为 40.58%；其次为伊温多河（Ivindo River）干流，理论蕴藏量为 30.55TWh/a，占比 19.44%。奥果韦河流域的主要国家有加蓬和刚果，超过 98% 的水能蕴藏量分布在加蓬。

表 1-17　奥果韦河干流与主要支流理论蕴藏量

序号	河流名称	长度（km）	集雨面积（km²）	理论蕴藏量（TWh/a）
1	奥果韦河干流（Ogooue River）	1039	216700	63.78
2	伊温多河（Ivindo River）	257	64455	30.55
3	恩古涅河（Ngounie River）	396	32602	22.43
4	奥卡诺河（Okano River）	234	8069	3.11
5	迪洛河（Dilo River）	132	3178	1.35
6	朱穆河（Djoumou River）	88	6371	2.27
7	莱克尼河（Leconi River）	44	7704	2.27
8	拉西奥河（Lacio River）	136	5277	1.32
9	莱比尤河（Lebiyou River）	73	4469	2.09
10	莱蒂利河（Letili River）	64	1690	0.28
11	洛洛河（Lolo River）	300	3747	4.83
12	塞贝河（Sebe River）	235	10097	2.05
13	其他			20.84
奥果韦河总计				157.17

1.2.6.7　宽扎河流域

宽扎河流域水能资源丰富。基于基础数据和算法模型，建立了宽扎河数字化河网，河网总长度 13906km，流域面积 16 万 km²，蕴藏总量 182.55TWh/a。分析流域内具有水能开发价值（理论蕴藏量达 5TWh/a 以上）的河流（河段）6 条，共计 638km。

宽扎河干流与主要支流河流长度、集雨面积以及水能理论蕴藏量的计算结果如表 1-18 所示。宽扎河流域水能资源主要分布于其干流，理论蕴藏量为 151.92TWh/a，占比为 83.22%。宽扎河是安哥拉的境内河流。

表 1-18　宽扎河干流与主要支流理论蕴藏量

序号	河流名称	长度（km）	集雨面积（km²）	理论蕴藏量（TWh/a）
1	宽扎河干流（Cuanza River）	1167	155681	151.92
2	甘戈河（Gango River）	243	6503	3.24
3	库塔托河（Cutato River）	335	13867	7.67
4	卢卡拉河（Lucala River）	512	23632	8.93
5	卢安多河（Luando River）	516	28730	3.37
6	其他			7.42
宽扎河总计				182.55

1.2.6.8　沃尔特河流域

沃尔特河流域水能资源较丰富。基于基础数据和算法模型，建立了沃尔特河数字化河网，河网总长度 34097km，流域面积 42 万 km²，蕴藏总量 20.90TWh/a。分析流域内具有水能开发价值（理论蕴藏量达 5TWh/a以上）的河流（河段）1 条，共计 238km。

沃尔特河干流与主要支流河流长度、集雨面积以及水能理论蕴藏量的计算结果如表 1-19 所示。沃尔特河流域水能资源主要分布于其干流，理论蕴藏量为6.19TWh/a，占比为 29.62%；其次为黑沃尔特河（Black Volta River）干流，理论蕴藏量为 4.39TWh/a，占比 21.00%。沃尔特河流域的主要国家有加纳、布基纳法索、马里和多哥，超过 90% 的水能蕴藏量分布在加纳。

表 1-19 沃尔特河干流与主要支流理论蕴藏量

序号	河流名称	长度（km）	集雨面积（km²）	理论蕴藏量（TWh/a）
1	沃尔特河干流（Volta River）	449	423373	6.19
2	黑沃尔特河（Black Volta River）	1570	147104	4.39
3	白沃尔特河（White Volta River）	1043	160237	3.14
4	奥蒂河（Oti River）	448	116030	4.36
5	其他			2.82
沃尔特河总计				20.90

1.2.6.9 鲁菲吉河流域

鲁菲吉河流域水能资源较丰富。基于基础数据和算法模型，建立了鲁菲吉河数字化河网，河网总长度 38826km，流域面积 17 万 km²，蕴藏总量 67.40TWh/a。分析流域内具有水能开发价值（理论蕴藏量达 5TWh/a 以上）的河流（河段）1 条，共计 32km。

鲁菲吉河干流与主要支流河流长度、集雨面积以及水能理论蕴藏量的计算结果如表 1-20 所示。鲁菲吉河流域水能资源主要分布于大鲁阿哈河（Great Ruaha River），理论蕴藏量为 37.77TWh/a，占比为 56.04%；其次为鲁菲吉河干流，理论蕴藏量为 14.05TWh/a，占比 20.85%。鲁菲吉河是坦桑尼亚的境内河流。

表 1-20 鲁菲吉河干流与主要支流理论蕴藏量

序号	河流名称	长度（km）	集雨面积（km²）	理论蕴藏量（TWh/a）
1	鲁菲吉河干流（Rufiji River）	660	173504	14.05
2	大鲁阿哈河（Great Ruaha River）	806	78125	37.77
3	卢韦古河（Luwegu River River）	389	25928	6.73
4	其他			8.85
鲁菲吉河总计				67.40

1.3 基地开发

1.3.1 开发现状

从 2014 年起非洲水电装机开始较快增长，2018 年总装机规模达到 35.7GW，非洲历年水电总装机容量如图 1-14（a）所示 [1]。

其中，埃塞俄比亚、安哥拉和刚果民主共和国水电装机容量较大，分别为 3808、3202MW 和 2982MW，发电量分别为 13438、11381GWh 和 10616GWh。南非水电装机 3415MW，其中 2732MW 为抽水蓄能电站，具体情况如表 1-21 所示 [2]。图 1-14（b）给出了非洲主要国家历年水电装机容量，由图可知，从 2010 年到 2018 年，埃塞俄比亚和安哥拉水电装机容量增长较快，2015 年埃塞新建了 Gilgel Gibe 三期水电站，装机容量 1870MW。安哥拉位于马拉热省的 Capanda 水电站，装机容量 520MW。

水电是部分非洲国家重要的电力供应方式。根据 IRENA 统计，从 2010 年至 2018 年，非洲水电加权平均的初投资水平有所上涨，从 1800 美元 /kW 升至 2000 美元 /kW。非洲水电加权平均的度电成本在 6.3~6.5 美分 / kWh [3]。

---

[1] 资料来源：International Renewable Energy Agency. Renewable capacity statistics 2019[R]. Abu Dhabi: IRENA, 2019.

[2] 资料来源：彭博社 . 全球装机和发电量统计 [EB/OL]，2020-02-24.

[3] 资料来源：International Renewable Energy Agency. Renewable Power Cost in 2018[R]. Abu Dhabi: IRENA, 2019.

表1-21 2018年，非洲主要国家水电开发情况

国家	水电装机容量（MW）	水电发电量（GWh）
埃塞俄比亚	3808	13438
南非	3415（含抽蓄2732MW）	5119
安哥拉	3202	11381
刚果民主共和国	2928	10616
埃及	2832	12726
莫桑比克	2191	16151

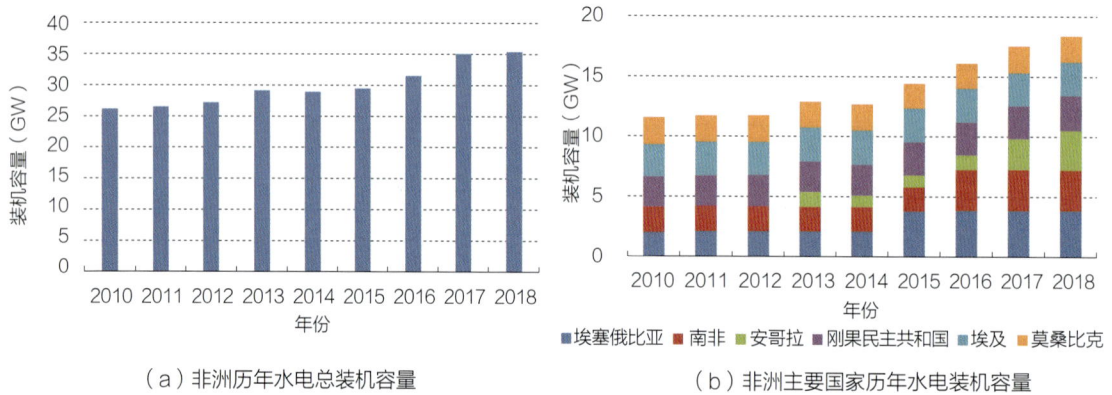

（a）非洲历年水电总装机容量

（b）非洲主要国家历年水电装机容量

图1-14 非洲水电装机容量

1.3.2 基地布局

综合考虑资源特性和开发条件，非洲未来主要开发刚果河、尼罗河、赞比西河、尼日尔河 4 个流域。基于数字化平台对各流域干流开展了基地开发方案研究，提出了水能资源富集的待开发河段的梯级布置方案，完成了主要大型水电项目的选址研究，非洲水电基地布局如图 1-15 所示。

经测算分析，8 个水电基地共涉及 48 个待开发梯级，总装机规模 138.81GW，年发电量 826.67TWh，相关水能资源指标见表 1-22。基地梯级开发技术指标见表 1-23。从待开发水电规模来看，刚果河流域的上游以及下游河段待开发规模 118.10GW，占 8 个水电基地总装机容量的 85.08%；赞比西河干流的 2 个基地待开发规模 11.60GW，占比 8.35%。根据远景规划，8 个大型水电基地未来开发总规模有望超过 190GW。

图 1-15 非洲大型水电基地总体布局示意图

表 1-22　非洲四大流域水能资源指标

序号	河流名称	理论蕴藏量（TWh/a）	待开发梯级方案		
			电站数目（座）	装机容量（MW）	年发电量（GWh）
1	刚果河干流	1365.39	9	118100	721454
2	尼罗河干流	152.72	16	8224	41283
3	赞比西河干流	147.46	18	11595	59595
4	尼日尔河干流	104.55	5	890	4338
总计		1770.12	48	138809	826670

表 1-23　非洲大型水电基地梯级开发技术指标

序号	水电基地	所属流域	装机容量（MW）	年发电量（TWh/a）
1	刚果河上游基地	刚果河	8100	40.45
2	刚果河下游基地	刚果河	110000	681.00
3	尼罗河上游基地	尼罗河	5979	30.04
4	尼罗河中游基地	尼罗河	2245	11.24
5	赞比西河中上游基地	赞比西河	6245	31.28
6	赞比西河中下游基地	赞比西河	5350	28.32
7	尼日尔河上游基地	尼日尔河	250	1.11
8	尼日尔河中游基地	尼日尔河	640	3.22
总计			138809	826.66

上述 4 个流域集中了非洲主要的待开发水电资源，且分布集中、开发条件相对较好。报告采用数字化平台完成了 8 个基地所有待开发梯级布置方案的研究，并选取了 4 个技术经济指标相对较好的水电项目给出了具体开发方案的研究成果，可为有关项目开发提供参考。

1.3.3　刚果河基地

刚果河是仅次于尼罗河的非洲第二长河，源于赞比亚境内的东非大裂谷的高地山区，流经赞比亚、刚果民主共和国、刚果与安哥拉第国家，最终注入大西洋。根据数字平台测算，刚果河落差 1510m，平均比降 0.033%，河口处多年平均流量约 4 万 m³/s，水量充沛，水能资源丰富，是世界著名的大河，其主要水能资源集中于上游及下游。

1.3.3.1　重点河段分析

刚果河干流以赞比亚境内的谦比西河（Chambeshi River）为源头，由卢阿普拉河（Luapula River）、卢武阿河、卢阿拉巴河组成。刚果河上游河段流经多处高原及陡坡地带，水流湍急，全长约 2590km，落差约 1130m，河道平均比降 0.044%，流域面积约 47 万 km²。河流折向西流，进入中游河段。

中游河段主要位于刚果盆地中部，水流平稳，河面较宽，水量丰富，长度约 1650km，落差约 100m，河道平均比降 0.006%，流域面积约 20 万 km²。

刚果河下游较短，位于金沙萨至大西洋入海口附近的姆安达（Moanda）小镇之间。河道窄，水流急，长度约 400km，落差达 280m，河道平均比降 0.07%，流域面积约 10 万 km²，有世界罕见的利文斯顿（Livingstone）瀑布群，水能资源极为集中。

刚果河干流水能富集河段为上游和下游区域，各河段理论蕴藏量如表 1-24 所示。其中金沙萨下游河段，理论蕴藏量 965.86TWh/a，占总蕴藏量的 70.74%，适宜开发。

表 1-24　刚果河干流分河段水能理论蕴藏量

序号	河段	理论蕴藏量（TWh/a）
1	上游卢武阿河干流河段	92.06
2	上游孔戈洛至尼扬圭（Nyangwe）河段	45.34
3	中游基龙杜（Kirundu）至姆班达卡（Mhandaka）河段	137.60
4	下游金沙萨（Kinshasa）以下河段	965.86
5	其余河段	124.53
合计		1365.39

综上分析，报告重点研究刚果河干流上游的卢武阿河段，以及金沙萨以下的下游河段。

1.3.3.2 梯级布置方案

1. 刚果河上游卢武阿河干流河段

河段全长约 410km，落差 368m，河道平均比降约 0.089%。卢武阿河水能资源主要集中在姆韦鲁湖出口—基安比河段。河段两岸地形以丘陵为主，河谷宽窄相间，沿途多急流、跌水、瀑布。根据地形条件，可在姆韦鲁湖下游约 20km 的峡谷出口处布置普韦托（Pweto）梯级，正常蓄水位 925m，利用落差 42m。在普韦托坝址下游 30~40km 河段多跌水瀑布，落差约 63m，比降达 0.9%，水能资源集中，可利用地形条件，布置一座引水式电站卡伦巴（Kalumba），其正常蓄水位 880m，与普韦托电站首尾相接，共利用落差 85m，引水线路长度约 5km。卡伦巴厂房以下约 75km 河段可在峡谷收窄处布置两座首尾相接的梯级浪度（Nondo）和基瓦尼（Kilwani），正常蓄水位分别为 795m 和 700m，共利用落差 112m。基瓦尼坝址以下河段，河道展宽，河谷左右岸山体不对称，建坝条件相对较差。根据地形条件，可在基瓦尼坝址下游约 18km 处筑坝挡水，并利用左岸山体地形布置一座引水式电站皮亚纳（Piana），电站正常蓄水位 680m，水位与基瓦尼尾水相接，共利用落差 74m。在基安比镇（Kiambi）上游约 1.8km 处可布置一座梯级基班巴（Kibamba），电站正常蓄水位 605m，水位与皮亚纳厂址尾水相接，共利用落差 36m。6 个梯级的位置如图 1-16 所示，河段梯级纵剖面如图 1-17 所示，共利用落差 349m。经测算，梯级总规模 8100MW，年发电量 40.45TWh。6 个梯级的主要技术指标测算结果详见表 1-25。

2. 刚果河下游金沙萨以下河段

刚果河下游金沙萨以下河段全长约 400km，落差 280m，平均比降 0.70%。金沙萨—卢奥济河段两岸地貌以丘陵为主，无大面积城镇和田地分布，有较好的建坝条件和成库条件。

图 1-16　刚果河上游卢武阿河干流河段梯级位置示意图

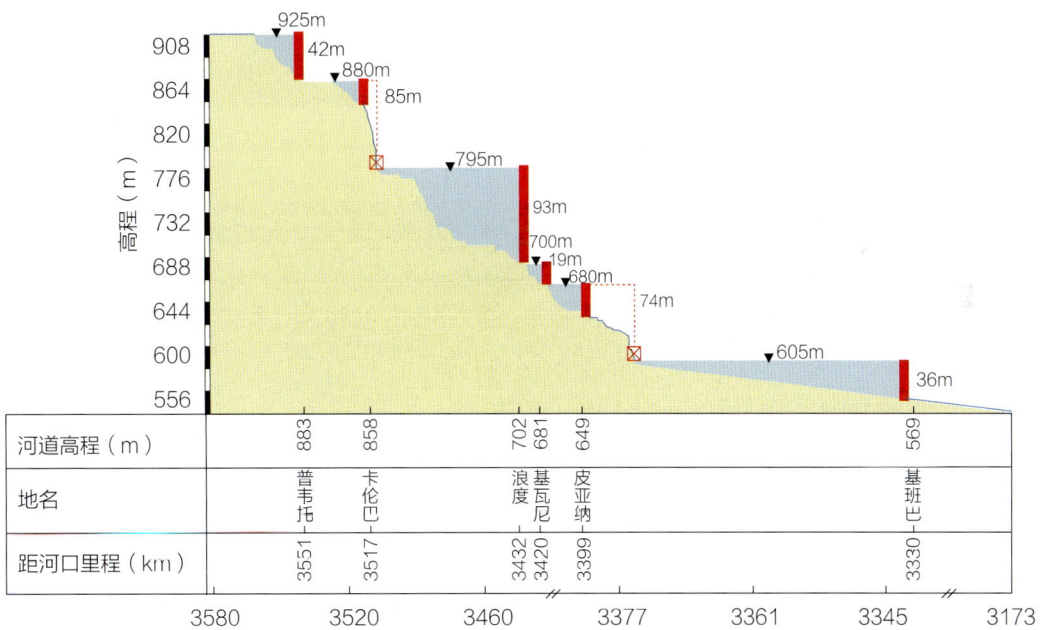

图 1-17　刚果河上游卢武阿河梯级纵剖面图

可在皮奥卡（Pioka）处布置一座梯级电站，拟按坝式开发，利用落差73m。经测算，电站装机容量35GW，年发电量221.30TWh。卢奥济—英加河段坡降较大，沿途多跌水、瀑布，两岸以山体为主，河谷收窄。其中英加镇北部有一山间盆地，地形开阔，具有较好成库条件，可在英加镇东北方向约8km处的河道上筑坝，将刚果河水引致该山间盆地中，同时在英加镇西南部约4.5km的垭口处修建约123m高的副坝拦水，与周边山体闭合形成水库。经测算，正常蓄水位以下库容可达到54亿m³，可开发装机容量60GW，年发电量367.78TWh。

英加镇—马塔迪河段两岸以丘陵为主，河谷狭长，成库条件较好，可在马塔迪镇附近河段布置一梯级电站，拟按坝式开发，利用落差30m。经测算，电站装机容量15GW，年发电量91.86TWh。马塔迪以下河段较为平缓，两岸地形平坦，开发条件差，基本不具备水电开发条件。

下游3个梯级的位置如图1-18所示，河段梯级纵剖面如图1-19所示，3个梯级的主要技术指标测算结果详见表1-25。

图1-18　刚果河下游金沙萨以下河段梯级位置示意图

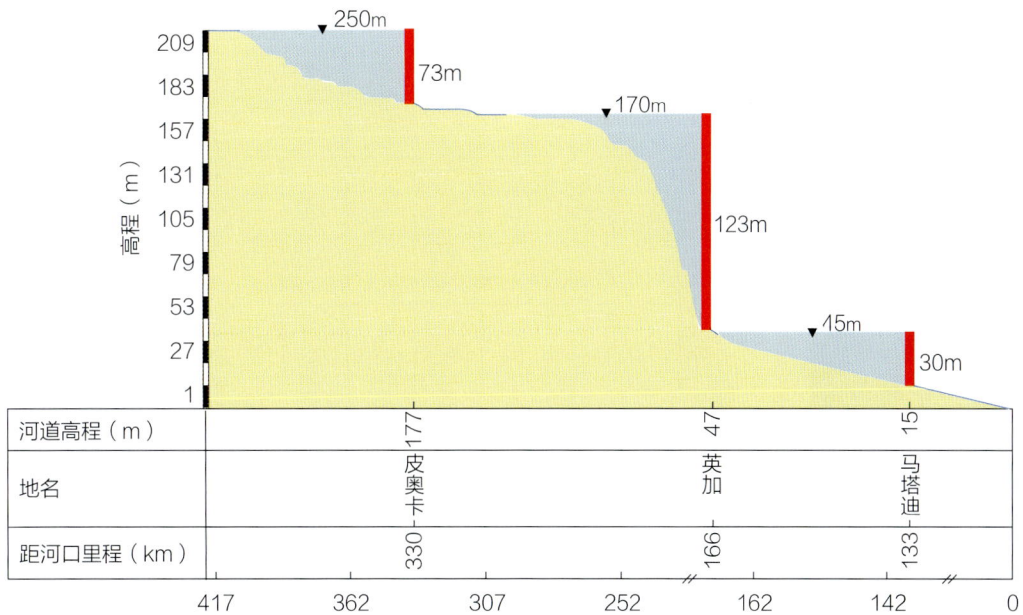

图 1-19　刚果河下游金沙萨以下梯级纵剖面图

综上分析，刚果河上游卢武阿河干流河段采用 6 级开发，总装机容量为 8100MW；刚果河下游金沙萨下游河段采用 3 级开发，总装机容量为 110GW。9 级电站的开发方案和主要技术指标测算结果见表 1-25。

9 个梯级电站中，下游的英加水电站资源条件最好，其开发方案已有大量研究成果。下游的皮奥卡和马塔迪 2 个梯级装机规模大，技术指标较好，具备集中开发利用的资源条件。报告采用数字平台重点研究并提出了 2 个电站的初步开发方案。

表1-25 刚果河干流研究河段梯级开发方案主要技术指标

项目	刚果河上游卢武阿河干流河段						刚果河下游金沙萨以下河段		
	Pweto 普韦托	Kalumba 卡伦巴	Nondo 浪度	Kilwani 基瓦尼	Piana 皮亚纳	Kibamba 基班巴	Pioka 皮奥卡	Inga 英加	Matadi 马塔迪
坝址控制流域面积（km²）	225030.59	239125.31	245307.45	245869.26	247726.07	253066.37	3707275.07	3727715.64	3728465.14
坝址多年平均流量（m³/s）	1743.99	1759.96	1791.97	1823.12	1862.90	1903.06	42511.32	42745.72	42754.31
开发方式	坝式	引水式	坝式	坝式	引水式	坝式	坝式	坝式	坝式
初估坝长（km）	0.91	1.14	0.96	0.18	1.88	1.95	2.45	1.76	0.99
正常蓄水位（m）	925.00	880.00	795.00	700.00	680.00	605.00	250.00	170.00	45.00
死水位（m）	923.00	878.00	790.00	698.00	678.00	603.00	245.00	165.00	43.00
坝址水面高程（m）	883.00	858.00	702.00	681.00	649.00	569.00	177.00	47.00	15.00
坝壅水高（m）	42.00	22.00	93.00	19.00	31.00	36.00	73.00	123.00	30.00
厂址水面高程（m）	883.00	793.00	702.00	681.00	606.00	569.00	177.00	47.00	15.00
利用落差（m）	42.00	85.00	93.00	19.00	74.00	36.00	73.00	123.00	30.00
正常蓄水位以下库容（万 m³）	15042.84	19638.08	1166079.99	6837.81	71143.95	63791.14	702785.12	538881.52	34593.55
调节库容（万 m³）	1402.16	4972.86	147857.15	1133.44	8866.63	9765.42	82577.31	80504.63	3838.13

续表

项目		刚果河上游卢武阿河干流河段						刚果河下游金沙萨以下河段		
		Pweto 普韦托	Kalumba 卡伦巴	Nondo 浪度	Kilwani 基瓦尼	Piana 皮亚纳	Kibamba 基班巴	Pioka 皮奥卡	Inga 英加	Matadi 马塔迪
调节能力		日调节	日调节	日调节	日调节	日调节	日调节	日调节	日调节	日调节
发电引用流量（m³/s）		3067.67	2723.50	3158.73	3184.43	2897.49	3361.34	59723.78	59900.79	58076.23
引水线路（km）		0	5.05	0	0	31.71	0	0	0	0
装机容量（MW）		1020.00	1750.00	2350.00	450.00	1580.00	950.00	35000.00	60000.00	15000.00
年发电量（GWh）	单独	5039	8779	11705	2258	7896	4724	221366	367780	91857
	联合	5039	8779	11705	2258	7896	4724	221366	367780	91857
枯期平均出力（MW）	单独	215.10	303.86	494.54	95.56	272.96	199.51	19417.75	31835.82	8033.10
	联合	215.10	303.86	494.54	95.56	272.96	199.51	19417.75	31835.82	8033.10
装机利用小时数	单独	4989.59	5016.47	4981.03	5018.01	4997.16	4972.61	6325	6130	6124
	联合	4989.59	5016.47	4981.03	5018.01	4997.16	4972.61	6325	6130	6124

注：合计列中梯级河段装机和电量按一半计入总值。

1.3.3.3 皮奥卡开发方案

基于数字化水电宏观选址方法，全面收集电站附近区域的建站制约性因素基础数据，经过对比分析，提出了皮奥卡水电站的初步开发方案。

1. 建设条件

皮奥卡水电站位于刚果民主共和国西部的刚果河上，坝址距首都金沙萨约140km。水库区地形平缓，无大型崩塌、滑坡等不良地质体分布，地面覆盖物以森林和草本植被为主，具备建库条件，库区内无村庄等人工建筑物，库区主要地面覆盖物分布如图 1-20 所示。库区面积约 191km^2，涉及淹没的林地、灌丛面积约 80km^2。水库区域避让自然保护区，库尾距离最近的自然生态系统类保护区预留约 20km 缓冲区，如图 1-21 所示。

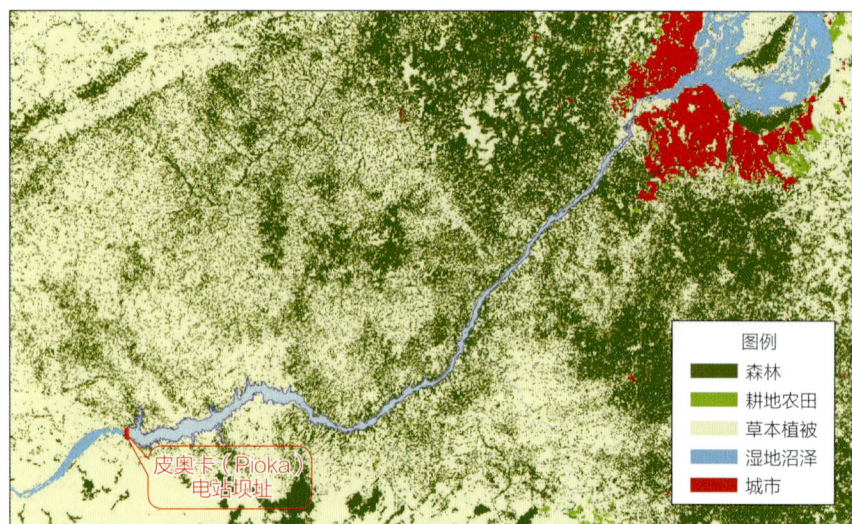

图 1-20　水电站库区主要地面覆盖物分布情况示意图

水库库尾上游有两座大型城市，刚果民主共和国首都金沙萨和刚果首都布拉柴维尔，预留 15km 缓冲区。库区范围内人口密度约为 30 人 /km^2，估算淹没会影响人口约 2400 人。

皮奥卡水电站坝址及库区地质岩层分布如图 1-22 所示，周边范围内变质岩、松散沉积岩和硅质碎屑沉积岩主要发育，区域构造稳定性好，坝址距离最近断裂带 37km。从历史统计来看，坝址无大的历史地震记录。

图 1-21　皮奥卡水电站周边主要保护区分布示意图

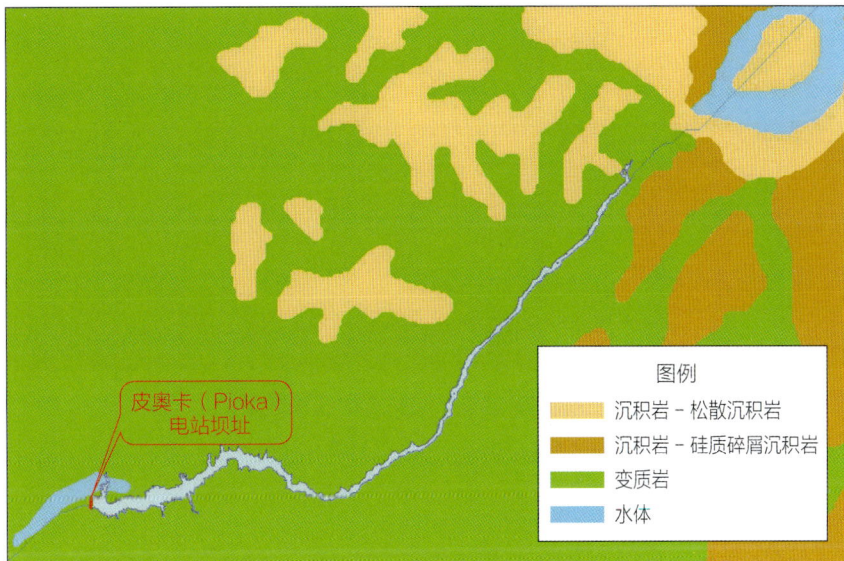

图 1-22　皮奥卡水电站周边主要岩层分布示意图

　　电站初拟的重力坝建基于基岩上，推测基础整体承载力及变形满足要求，局部软弱岩体经过适当的基础处理后可作为大坝的建基面。初拟采用坝后式厂房建基于基岩。坝址及水库区域有主干公路通过，通向坝址，运输条件较好。

2. 工程设想与投资估算

初步拟定采用坝式开发方案。水电站正常蓄水位高程 250m，坝顶高程 252m，拦河大坝坝轴线总长约 1900m，最大坝高 90m（考虑覆盖层厚度），总库容 70.20 亿 m^3。水电站枢纽主要建筑物由混凝土重力坝和坝后式厂房组成，采用坝身泄洪，为便于下泄洪水归槽，溢流坝段布置于主河道，厂房布置于地形相对较缓的左岸。

水电站发电水头 70.50m，发电引用流量 59723m^3/s。采用 50 台机组，单机容量 700MW，单机引用流量 1195m^3/s，初步拟定电站总装机 35GW。工程三维效果图如图 1-23 所示。

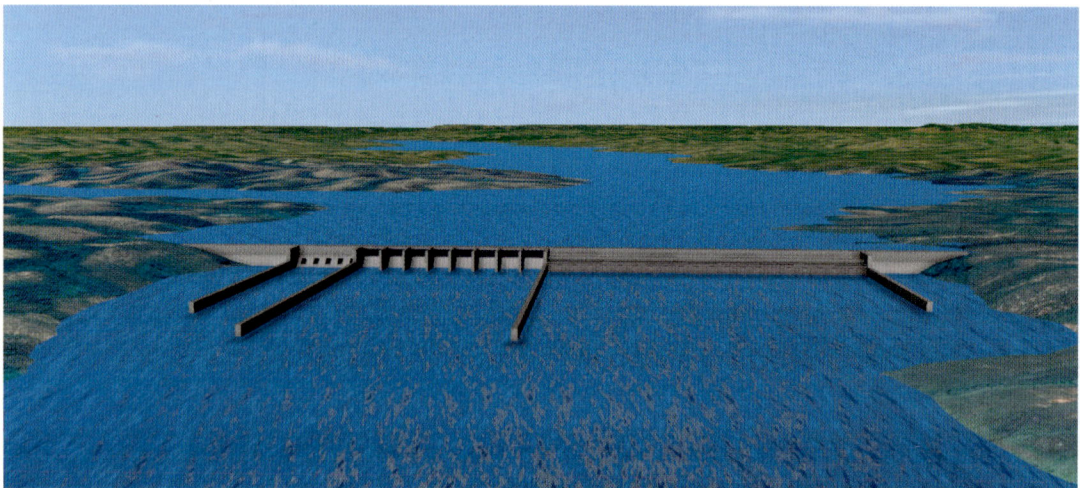

图 1-23　皮奥卡水电站工程三维效果图

经测算，皮奥卡水电站年发电量 221.30TWh，估算总投资约 890 亿美元，其中机电设备投资约 280 亿美元。参照非洲水电工程建设工期、财务参数（具体可参见报告 1.1.3 节有关内容），结合项目技术指标，测算其综合度电成本为 4.34 美分 / kWh，项目经济性较好。

1.3.3.4　马塔迪开发方案

基于数字化水电宏观选址方法，全面收集电站附近区域的建站制约性因素基础数据，经过对比分析，提出了马塔迪水电站的初步开发方案。

1. 建设条件

马塔迪水电站位于刚果民主共和国马塔迪市上游约 3km 处，距离首都金沙萨约 330km。水库区地形平缓，无大型崩塌、滑坡等不良地质体分布，地面覆盖物以草本植被和森林为主，具备建库条件，库区内无村庄等人工建筑物，库区主要地面覆盖物分布如图 1-24 所示。库区面积约 23km²，涉及淹没的林地、灌丛面积约为 9km²。

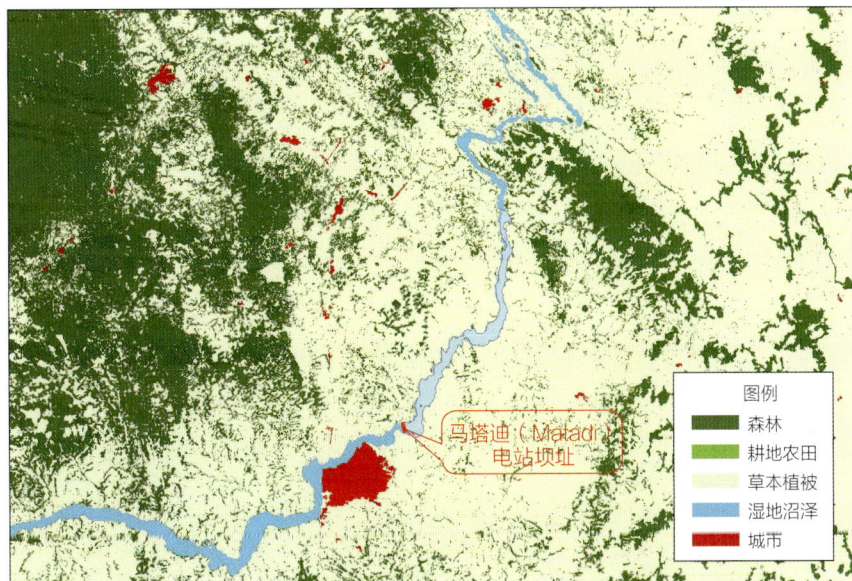

图 1-24　马塔迪水电站库区主要地面覆盖物分布情况示意图

水库区无自然保护区，距离最近的野生生物类保护区约 32km，如图 1-25 所示。坝址下游 3km 处有城市。库区范围内人口密度约为 60 人/km²，估算淹没会影响人口约 540 人。

图 1-25　马塔迪水电站周边主要保护区分布示意图

马塔迪水电站坝址及库区主要岩层分布如图 1-26 所示，周边范围内变质岩和松散沉积岩主要发育，区域构造稳定性好，坝址距离最近的断裂带 55km。从历史统计来看，坝址无大的历史地震记录。坝址及库区地质条件较好，坝址部位两岸基岩出露，推测基础整体承载力及变形满足要求，具备修建混凝土坝的条件。初拟采用混凝土重力坝，坝后式厂房布置，建基于基岩。

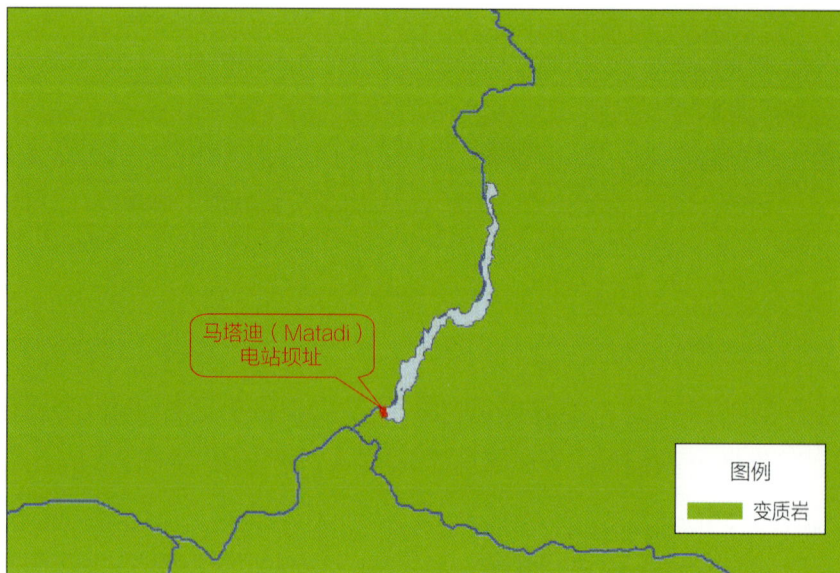

图 1-26　马塔迪水电站周边主要岩层分布示意图

水电站大坝距离马塔迪市约 6km，坝址附近有主干公路 1 条，铁路 1 条，交通便利，运输条件较好。

2. 工程设想与投资估算

初步拟定采用河床式开发方案。水电站正常蓄水位为 45m，坝顶高程为 47m，拦河大坝坝轴线总长 2300m，最大坝高约 43m，总库容 3.40 亿 m³。由于天然河道较为狭窄，需要开挖左岸坝肩作为溢洪道布置位置，泄洪建筑物主要为位于左岸的水闸，河床式厂房位于泄洪建筑物右侧，两岸接头坝采用混凝土重力坝。

马塔迪水电站发电水头 30m，发电引用流量 58076m³/s。采用 60 台机组，单机容量 250MW，单机引用流量 968m³/s，初步拟定电站总装机 15GW。工程三维效果图如图 1-27 所示。

经测算，马塔迪水电站年发电量 91.20TWh，估算总投资约 420 亿美元，其中机电设备投资约 100 亿美元。参照非洲水电工程建设工期、财务参数（具体可参见报告 1.1.3 节有关内容），结合项目技术指标，测算其综合度电成本为 4.87 美分 / kWh，项目经济性较好。

图 1-27　马塔迪水电站工程三维效果图

1.3.4　赞比西河基地

赞比西河是非洲第四大河流、南部非洲第一大河。河流发源于赞比亚西北部边境的山地，干流主要流经赞比亚、安哥拉、坦桑尼亚、莫桑比克、津巴布韦、博茨瓦纳和纳米比亚等国，最终注入印度洋莫桑比克海峡。赞比西河水系发达，两岸支流呈不对称发育。根据数字平台测算，赞比西河干流落差1327m，平均比降0.050%。

1.3.4.1　重点河段分析

河源到维多利亚瀑布河段为上游，长1386km，落差约434m，河段比降0.031%，宽多河汇口处多年平均流量为1318m³/s。上游段河谷较宽，多平原、沼泽，仅部分河段穿过急流和瀑布，水能资源总体一般。开发条件较好河段主要集中在锡托蒂（Sitoti）—卡蒂马穆利洛（Katima Mulilo）、卡宗古拉（Kazungula）—维多利亚瀑布两个河段。

维多利亚瀑布至莫桑比克境内的卡布拉巴萨（Cabora Bassa）水库为中游，长584km，落差约708m，河段比降约0.121%，卡里巴（Kariba）水库坝址处多年平均流量1504m³/s；其中维多利亚瀑布—卡里巴水库河段为赞比亚和津巴布韦界河。该河段水流湍急，是干流水能资源最为丰富的河段。河段两岸地形以丘陵地貌为主，河谷狭窄，河水深切，两岸高差均在200m以上，具备较好的建坝条件和成库条件。

卡布拉巴萨水库以下河段为下游，长690km，落差约185m，河段比降约0.027%，入海口处多年平均流量为7080m³/s。下游段水能资源主要集中在卡布拉巴萨水库—太特（Tete）市班达（Bandar）村河段。班达村以下河段比降较缓，河段两岸地形平坦开阔，沿岸有大范围城镇和农田分布，基本无建坝条件。

根据数字平台测算，赞比西河干流水能富集河段为中上游和中下游区域，各河段理论蕴藏量如表1-26所示。上游的锡托蒂—卡蒂马穆利洛河段、卡宗古拉—德卡镇河段；中下游的德卡镇—松戈村河段、松戈村—班达村河段为蕴藏量丰富河段。

表1-26　赞比西河干流分河段水能理论蕴藏量

TWh/a

序号	河段		理论蕴藏量
1	赞比西河中上游重点河段	锡托蒂—卡蒂马穆利洛河段	6.80
		卡宗古拉—德卡镇河段	45.00
2	赞比西河中下游重点河段	德卡镇—松戈村河段	18.16
		松戈村—班达村河段	56.23
3	其余河段		21.27
合计			147.46

　　赞比西河流流域范围内的国家近年来政局稳定，国民经济发展较快，对电力的需求增长迅猛，电力供应存在较大的缺口，其未来电力需求将持续增长，各国均迫切希望加快电力开发的步伐。故赞比西河开发以发电为主，部分河段兼顾航运、灌溉需求。

　　目前，赞比西河干流2座已建电站主要集中在中游河段，总装机容量3925MW；干流待开发水能资源主要集中在中上游和中下游的4个河段。综上分析，报告重点研究上述待开发河段。

1.3.4.2　梯级布置方案

1. 赞比西河中上游河段

　　中上游水能资源集中在锡托蒂—卡蒂马穆利洛和卡宗古拉—德卡镇两个河段。

　　（1）锡托蒂—卡蒂马穆利洛河段。该河段以丘陵地貌为主，河长约170km，落差约58m，河段平均比降0.034%，其中河段在锡奥马（Sioma）镇附近有瀑布、跌水。河谷地形较为狭长，两岸高差约30~60m，建坝和成库条件一般，河段两岸无大范围城镇和田地分布。根据河道两岸地形，自上至下可布置锡奥马、马托姆（Matome）和卡蒂马（Katima）三座首尾相接的梯级电站，河段梯级纵剖面如图1-28所示，正常蓄水位分别为1000、985m和965m，共利用落差58m，总装机容量660MW，年发电量约3300GWh。

3 个梯级的主要技术指标测算结果详见表 1-27 所列。

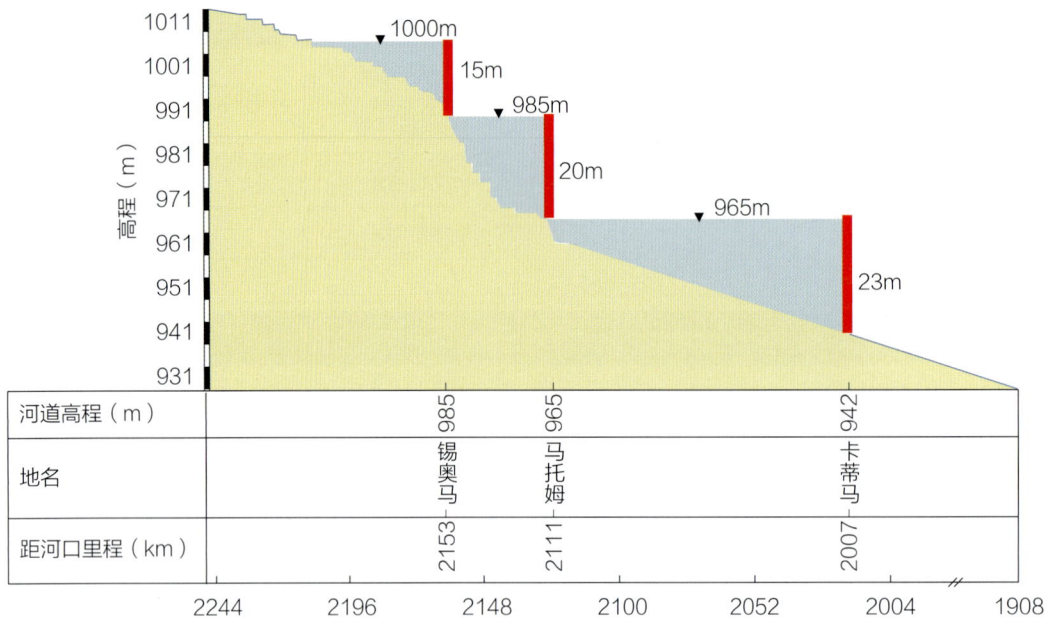

图 1-28　锡托蒂—卡蒂马穆利洛河段梯级纵剖面图

（2）卡宗古拉—德卡镇河段。该河段内有著名的维多利亚瀑布，是赞比西河上游与中游的分界点，又可将本河段分为上下两个部分。

卡宗古拉—维多利亚瀑布为上部，以丘陵地貌为主，全长约 66km，落差约40m，平均比降约 0.06%。河谷整体向下游发散，成库条件相对较差。利文斯通（Livingstone）附近河段两岸有一定数量农村和田地分布。根据地形和淹没情况，可自上而下布置卡雅玛（Kayama）和卡库米（Kakumi）两座梯级电站，正常蓄水位分别为 925m 和 905m，共利用落差 25m，总装机容量 315MW，年发电量 1583GWh。

维多利亚瀑布—德卡镇为下部，该河段全长约 110km，落差约 390m，河段比降超过 0.35%，是赞比西河水能资源最丰富河段。河谷狭长，沿途多跌水、瀑布。根据地形条件，可自上而下布置维多利亚 1、2、3、4、5、6 级和德卡1、2 级共八座首尾相接的梯级电站，河段梯级纵剖面如图 1-29 所示。其中维多利亚 1 级为引水式开发，其余七座梯级为坝式开发。规划八座梯级电站共利用落差 390m，总装机容量 5270MW，年发电量 26.40TWh。8 个梯级的主要技术指标测算结果详见表 1-28 所列。

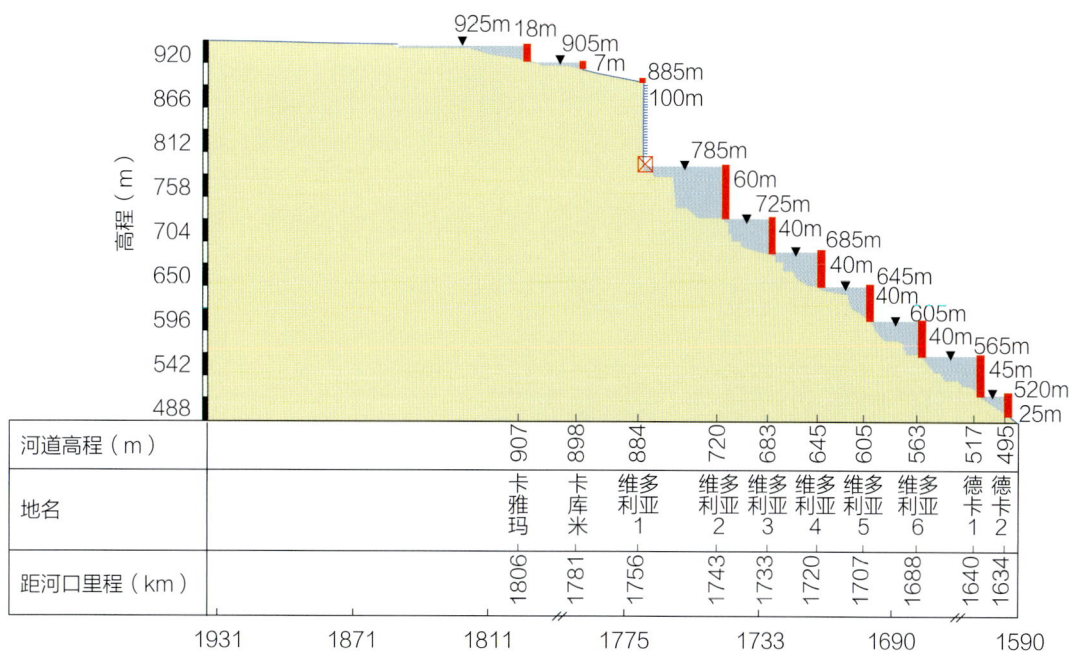

图 1-29　卡宗古拉—德卡镇河段梯级纵剖面图

2. 赞比西河中下游河段

赞比西河中下游河段水能资源主要集中在德卡镇—松戈村河段和松戈村—班达村河段。

（1）德卡镇—松戈村河段。河段全长约 800km，落差约 180m，平均比降约 0.02%。河谷由窄变宽，山间盆地，具备布置大型调节性水库的地形条件。在待开发河段中，卡里库水库至山谷出口处河段长约 21km，落差约 40m，可在卢西图（Lusitu）村上游约 30km 山谷出口处布置 1 座卢西图梯级电站，按坝式开发，利用落差 40m，装机容量 730MW，年发电量 3811GWh。为利用卢西图村—卡布拉巴萨库尾河段落差，可在卡布拉巴萨水库库尾上游 2km 处布置 1 座卢安瓜（Luangwa）梯级电站，拟按坝式开发，利用落差 47m，装机容量 1120MW，年发电量 5717GWh，总库容可达 180 亿 m^3，河段梯级纵剖面如图 1-30 所示，技术指标测算结果见表 1-29。

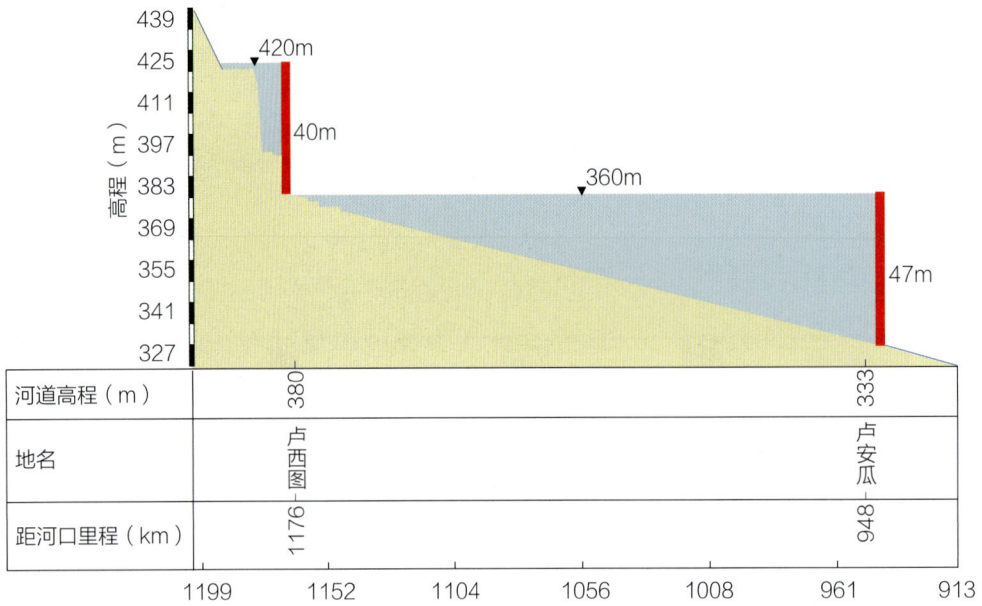

图 1-30　德卡镇—松戈村河段梯级纵剖面图

（2）松戈村—班达村河段。河段从卡布拉巴萨坝址处—班达村全长约200km，落差约215m，平均比降约0.110%。根据地形条件，可自上而下布置松戈、太特和班达三座梯级，正常蓄水位分别为230、180m和125m，共利用落差120m，初拟总装机容量3500MW，年发电量18.79GWh。河段梯级纵剖面如图1-31所示，技术指标测算结果见表1-29。

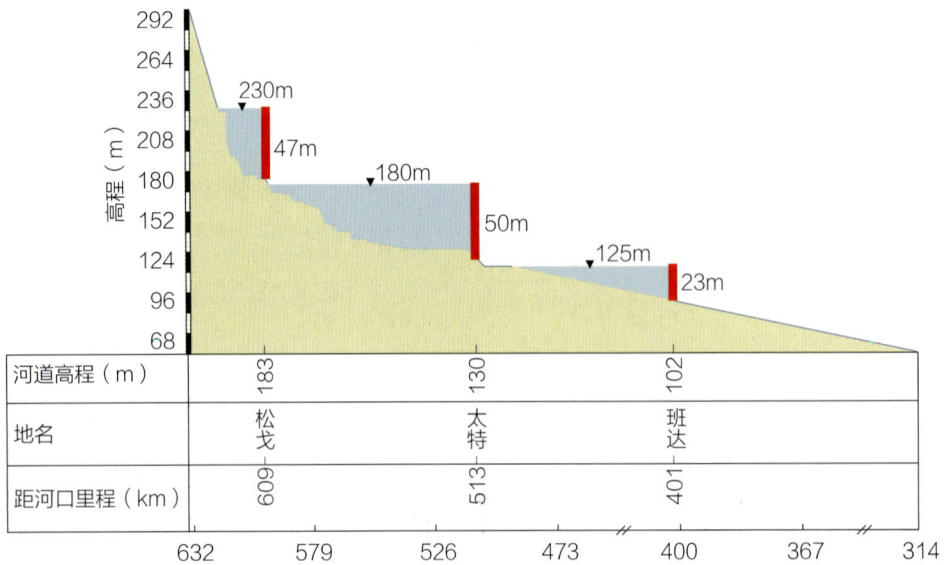

图 1-31　松戈村—班达村河段梯级纵剖面图

综上研究成果，赞比西河干流待开发电站 18 座，总装机容量 11.60GW，年发电量约 59.59TWh，梯级电站的开发方案和主要技术指标测算结果见表 1-27 至表 1-29。

待开发的 18 个梯级电站中，松戈和太特 2 个梯级电站资源条件优越，技术指标较好，报告基于数字化水电宏观选址方法，全面收集电站附近区域的建站制约性因素基础数据，采用数字平台重点研究并提出了 2 个电站的初步开发方案。

表 1-27　赞比西河中上游研究河段梯级开发方案主要技术指标

项目		锡托蒂—卡蒂马穆利洛河段		
		Sioma	Matome	Katima
		锡奥马	马托姆	卡蒂马
坝址控制流域面积（km²）		335694	345353	355627
坝址多年平均流量（m³/s）		1243	1278	1317
开发方式		坝式	坝式	坝式
初估坝长（km）		3.14	1.55	1.70
正常蓄水位（m）		1000	985	965
死水位（m）		998	983	963
坝址水面高程（m）		985	965	942
坝壅水高（m）		15	20	23
厂址水面高程（m）		985	965	942
利用落差（m）		15	20	23
正常蓄水位以下库容（万 m³）		56679	28874	95584
调节库容（万 m³）		18489	5782	24550
调节能力		日调节	日调节	日调节
发电引用流量（m³/s）		1480.62	1537.18	1546.72
引水线路（km）		0	0	0
装机容量（MW）		160	230	270
年发电量（GWh）	单独	802	1148	1347
	联合	802	1148	1347
枯期平均出力（MW）	单独	51.4	73.2	85.9
	联合	51.4	73.2	85.9
装机利用小时数	单独	5015	4991	4989
	联合	5015	4991	4989

表1-28 赞比西河中上游研究河段梯级开发方案主要技术指标

项目	卡宗古拉—德卡镇河段									
	Kayama 卡雅玛	Kakumi 卡库米	Victoria1 维多利亚1	Victoria2 维多利亚2	Victoria3 维多利亚3	Victoria4 维多利亚4	Victoria5 维多利亚5	Victoria6 维多利亚6	Deka1 德卡1	Deka2 德卡2
坝址控制流域面积（km²）	553310	553795	555201	556203	556352	556466	556583	557090	565785	570127
坝址多年平均流量（m³/s）	1416	1416	1416	1416	1417	1417	1418	1417	1418	1418
开发方式	坝式	坝式	引水式	坝式	坝式	坝式	坝式	坝式	坝式	坝式
初估坝长（km）	2.08	1.00	0.28	0.20	0.26	0.30	0.26	0.31	0.44	1.05
正常蓄水位（m）	925	905	885	785	725	685	645	605	565	520
死水位（m）	923	903	885	780	723	683	643	603	563	518
坝址水面高程（m）	907	898	884	720	683	645	605	563	517	495
坝雍水高（m）	18	7	100	60	40	40	40	40	45	25
厂址水面高程（m）	907	898	785	725	685	645	605	565	520	495
利用落差（m）	18	7	100	60	40	40	40	40	45	25
正常蓄水位以下库容（万 m³）	31376	4160	246	7153	3052	2348	2873	7750	34757	9659
调节库容（万 m³）	9057	2193	0	877	227	252	320	698	2553	1733

续表

卡宗古拉—德卡镇河段

项目		Kayama 卡雅玛	Kakumi 卡库米	Victoria1 维多利亚1	Victoria2 维多利亚2	Victoria3 维多利亚3	Victoria4 维多利亚4	Victoria5 维多利亚5	Victoria6 维多利亚6	Deka1 德卡1	Deka2 德卡2
调节能力		日调节	日调节	日调节	日调节	日调节	日调节	日调节	日调节	日调节	日调节
发电引用流量（m³/s）		2481.20	2406.02	2463.85	2464.70	2466.17	2467.71	2469.33	2466.17	2510.62	2510.62
引水线路（km）		0	0	1.11	0	0	0	0	0	0	0
装机容量（MW）		240	75	1100	880	570	570	570	570	660	350
年发电量（GWh）	单独	1206	377	5491	4397	2867	2867	2867	2867	3285	1755
	联合	1206	377	5491	4397	2867	2867	2867	2867	3285	1755
枯期平均出力（MW）	单独	80	25	345	293	192	192	192	192	219	117
	联合	80	25	345	293	192	192	192	192	219	117
装机利用小时数	单独	5024	5024	4991	4997	5030	5030	5030	5030	5054	5014
	联合	5024	5024	4991	4997	5030	5030	5030	5030	5054	5014

表1-29　赞比西河中下游研究河段梯级开发方案主要技术指标

项目	德卡镇—松戈村河段		松戈村—班达村河段		
	Lusitu	Luangwa	Songo	Tete	Bandar
	卢西图	卢安瓜	松戈	太特	班达
坝址控制流域面积（km²）	730362	921337	1145161	1184342	1268780
坝址多年平均流量（m³/s）	1505	1898	2358	2440	2614
开发方式	坝式	坝式	坝式	坝式	坝式
初估坝长（km）	0.28	0.32	0.53	1.34	0.62
正常蓄水位（m）	420	380	230	180	125
死水位（m）	418	375	228	175	123
坝址水面高程（m）	380	333	183	130	102
坝壅水高（m）	40	47	47	50	23
厂址水面高程（m）	380	333	183	130	102
利用落差（m）	40	47	47	50	23
正常蓄水位以下库容（万m³）	4391	1804182	24005	352882	212159
调节库容（万m³）	530	496385	1751	65296	44538
调节能力	日调节	年调节	日调节	日调节	日调节
发电引用流量（m³/s）	2311	3101	3609	3751	4010
引水线路（km）	0	0	0	0	0
装机容量（MW）	730	1120	1350	1450	700
年发电量（GWh）　单独	3649	5599	6765	7243	3502
年发电量（GWh）　联合	3811	5717	7268	7773	3750
枯期平均出力（MW）　单独	212.1	370.6	393.7	420.9	203.6
枯期平均出力（MW）　联合	252.7	423.7	575.2	608.4	288.3
装机利用小时数　单独	4999	4999	5011	4995	5003
装机利用小时数　联合	5221	5105	5383	5360	5357

1.3.4.3　松戈开发方案

基于数字化水电宏观选址方法，全面收集电站附近区域的建站制约性因素基础数据，经过对比分析，提出了松戈水电站的初步开发方案。

1.　建设条件

松戈水电站位于莫桑比克共和国西部太特省境内的赞比西河上。水库区为峡谷地貌，两岸无大型崩塌、滑坡等不良地质体分布，周边地面覆盖物分布以树林和草本植被为主，具备建库条件，库区内无村庄等人工建筑物，电站库区主要地面覆盖物分布如图 1-32 所示。库区面积约 12km^2，涉及淹没的树林、灌丛等地面覆盖物总面积约为 9km^2。坝址及水库区域周边无自然保护区。距离最近的城镇松戈约 5km，大部分区域人口密度小于 20 人 /km^2，估算淹没会影响人口约 200 人。

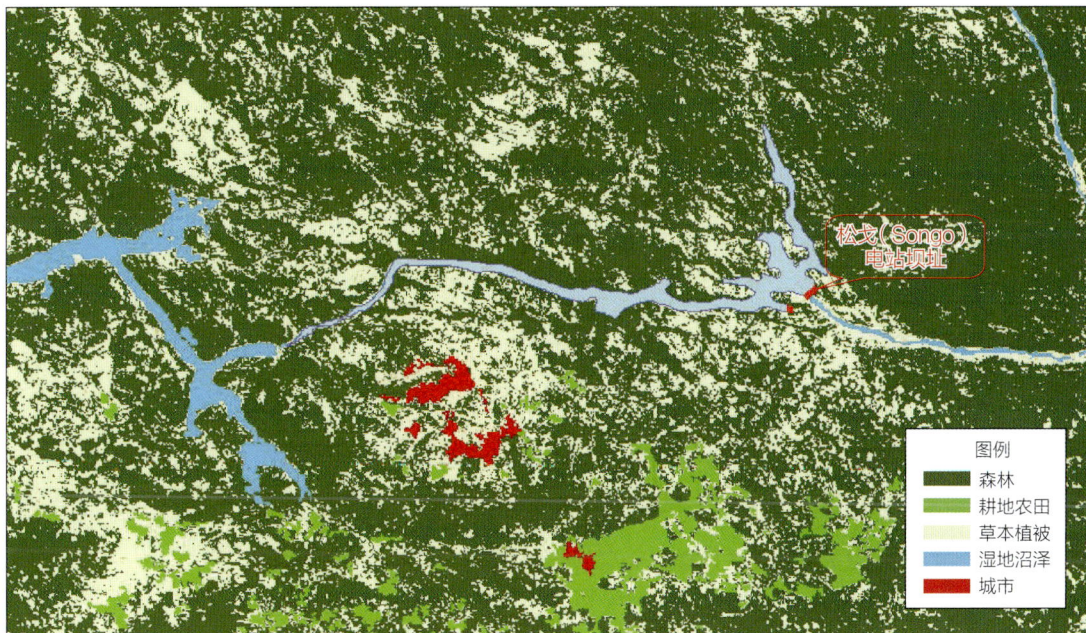

图 1-32　松戈水电站库区主要地面覆盖物分布情况示意图

松戈水电站坝址及库区主要岩层分布如图 1-33 所示，周边范围内酸性深成岩、变质岩和硅质碎屑沉积岩主要发育，区域构造稳定性好，坝址区 30km 范围内无断裂带。从历史统计来看，坝址无大的历史地震记录。坝址部位两岸基岩出露，推测基础整体承载力及变形满足要求，具备修建混凝土坝的条件。电站周边无大型城市，坝址附近约 10km 处有一条公路。

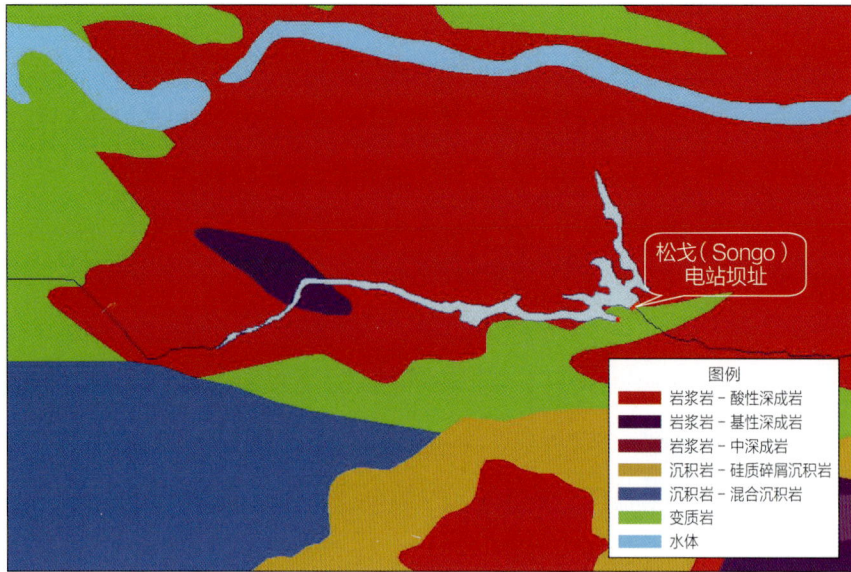

图 1-33 松戈水电站周边主要岩层分布示意图

2. 工程设想与投资估算

根据松戈水电站坝址区水文、地形、地质条件，初步拟定采用坝式开发方案。电站正常蓄水位 230m，挡水建筑物采用混凝土坝，坝顶高程 232m，坝轴线总长 530m，最大坝高 49m，总库容约 2.4 亿 m^3。水电站枢纽主要建筑物由混凝土坝和坝后式厂房组成。采用坝身泄洪，溢流坝段布置于主河道，厂房布置于地形相对平坦的右岸。松戈水电站工程三维效果图如图 1-34 所示。

松戈水电站发电水头 47m，发电引用流量 3609m^3/s。采用 5 台机组，单机容量 270MW，单机引用流量 721.8m^3/s，初步拟定电站总装机 1350MW。

经测算，松戈水电站与卡布拉巴萨水电站联合运行条件下多年平均年发电量 7.3TWh，估算总投资约 20.4 亿美元，其中机电设备投资约 6 亿美元。参照非洲水电工程建设工期、财务参数（具体可参见报告 1.1.3 节有关内容），结合项目技术指标，测算其综合度电成本为 2.72 美分 / kWh，项目经济性好。

图 1-34 松戈水电站工程三维效果图

1.3.4.4 太特开发方案

基于数字化水电宏观选址方法，全面收集电站附近区域的建站制约性因素基础数据，经过对比分析，提出了太特水电站的初步开发方案。

1. 建设条件

太特水电站位于莫桑比克共和国西部，赞比西河上。水库区地形较平缓，无大型崩塌、滑坡等不良地质体分布，地面覆盖物分布以森林、草本植被为主，具备建库条件，库区内无村庄等人工建筑物，库区主要地面覆盖物分布如图1-35所示。库区面积约154km²，涉及淹没的林地、草地面积约为115km²。水库区域及周边无自然保护区。电站下游距离莫桑比克太特省首府太特市20km。库区范围内人口密度约20人/km²，估算淹没会影响人口约2300人。

太特水电站坝址及库区地质岩层分布如图1-36所示，周边范围内基性深成岩、变质岩、松散沉积岩和硅质碎屑沉积岩主要发育，坝址及库区地质条件较好。坝址部位两岸基岩出露，推测基础整体承载力及变形满足要求，具备修建混凝土坝的条件。区域构造稳定性较好，坝址距离最近断裂带5km。从历史统计来看，坝址周边无大的历史地震记录。电站大坝距离最近的城市太特市约20km，坝址及附近有1条公路可通向坝址区域。

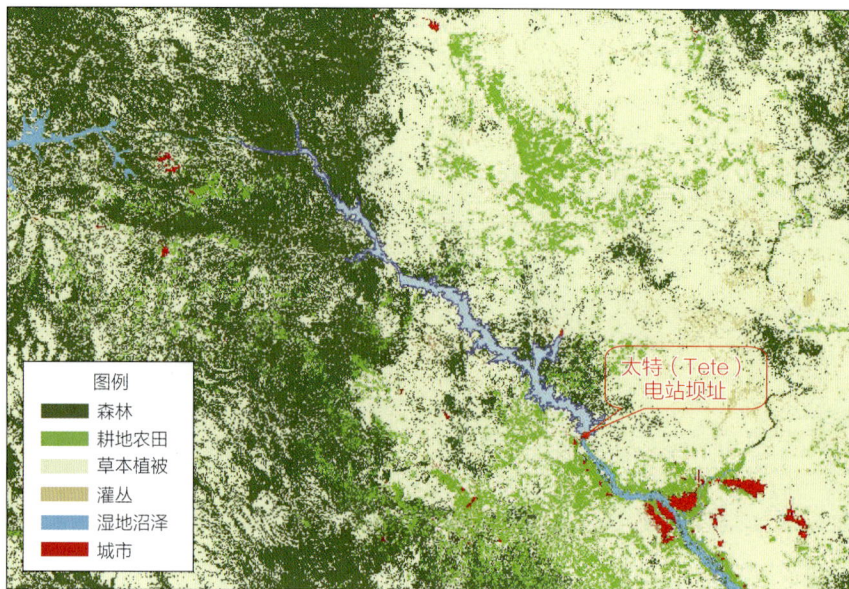

图 1-35　太特水电站库区主要地面覆盖物分布情况示意图

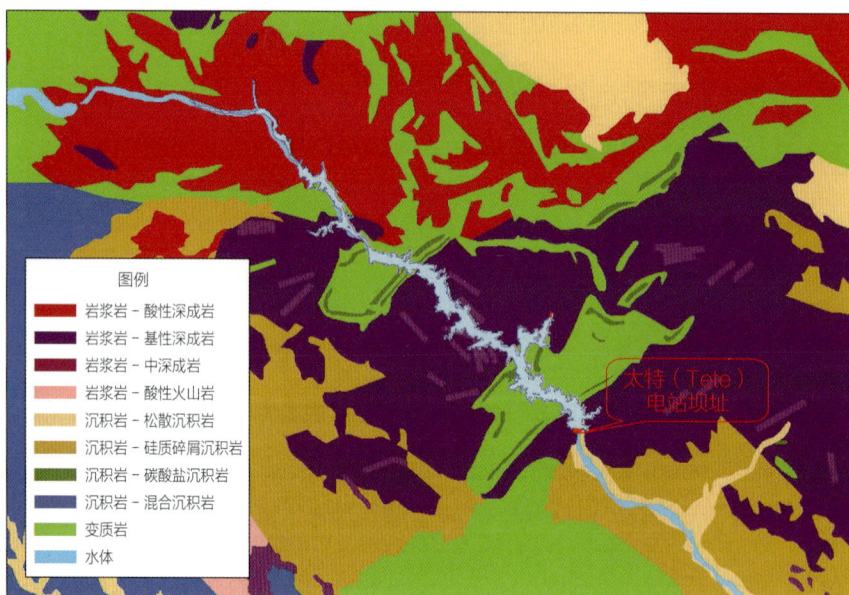

图例
- 森林
- 耕地农田
- 草本植被
- 灌丛
- 湿地沼泽
- 城市

图 1-36　太特水电站周边主要岩层分布示意图

图例
- 岩浆岩 - 酸性深成岩
- 岩浆岩 - 基性深成岩
- 岩浆岩 - 中深成岩
- 岩浆岩 - 酸性火山岩
- 沉积岩 - 松散沉积岩
- 沉积岩 - 硅质碎屑沉积岩
- 沉积岩 - 碳酸盐沉积岩
- 沉积岩 - 混合沉积岩
- 变质岩
- 水体

2. 工程设想与投资估算

根据太特水电站坝址区水文、地形、地质条件，初步拟定采用坝式开发方案。电站正常蓄水位 180m，挡水建筑物采用黏土心墙坝，坝顶高程 182m，坝轴线总长约 1300m，最大坝高约 52m（考虑覆盖层厚度），总库容约 35 亿 m^3。水电站枢纽主要建筑物包括黏土心墙坝、溢洪道和坝后式厂房。坝址左岸山体可布置开敞式溢洪道，厂房可布置在河道右岸平缓处。太特水电站工程三维效果图如图 1-37 所示。

太特水电站发电水头 50m，发电引用流量 $3751m^3/s$。采用 5 台机组，单机容量 290MW，单机引用流量 $750.2m^3/s$，初步拟定电站总装机 1450MW。

经测算，太特水电站年发电量 7.8TWh，估算总投资约 29 亿美元，其中机电设备投资约 8 亿美元。参照非洲水电工程建设工期、财务参数（具体可参见报告 1.1.3 节有关内容），结合项目技术指标，测算其综合度电成本为 3.57 美分 / kWh，项目经济性好。

图 1-37　太特水电站工程三维效果图

1.3.5　尼罗河基地

尼罗河正源源自布隆迪的鲁武武河（Ruvuvu），与尼亚瓦龙古河（Nyavarongu）汇流后称卡盖拉河（Kagera），流经卢旺达和坦桑尼亚与乌干达的边界地区，上段多急流与瀑布；下段水流平稳、水量丰富，通航条件好，最终注入维多利亚湖。根据数字平台测算，卡盖拉河全长约 540km，落差 210m，河道平均比降约 0.039%。

1.3.5.1　重点河段分析

河流自维多利亚湖北端流出后称维多利亚尼罗河（Victoria Nile River），进入乌干达境内依次流入基奥加湖与艾伯特湖（Albert Lake），全长约 480km，落差 520m，河道平均比降 0.108%，是水能资源较丰富地区；尼罗河中游河段为尼穆莱（Nimule）至喀土穆（Khartoum）河段，又称为白尼罗河，全程约 1826km，落差约 215m，平均比降 0.012%；白尼罗河和青尼罗河汇合后称为尼罗河，属下游河段，长约 3000km。

目前，尼罗河干流喀土穆以下河段已建有阿斯旺（Aswan）等 4 个电站，总装机容量 4087MW，河段水能资源已基本开发完毕；干流待开发水能资源主要集中在中上游河段，报告重点研究中上游的卡盖拉、维多利亚尼罗河和白尼罗河河段。

1.3.5.2　梯级布置方案

1. 卡盖拉河段

该河段上游段以山地为主，河段坡降整体较缓，沿河多湖泊和沼泽，河谷形状相对发散，建坝条件和成库条件较差。根据河道两岸地形和初步成库条件分析，河段从上至下可布置基卡加蒂（Kikagati）和卡盖拉两座首尾相接的梯级电站，正常蓄水位分别为 1285m 和 1240m，河段梯级纵剖面如图 1-38 所示，2 个梯级共利用落差 123m。

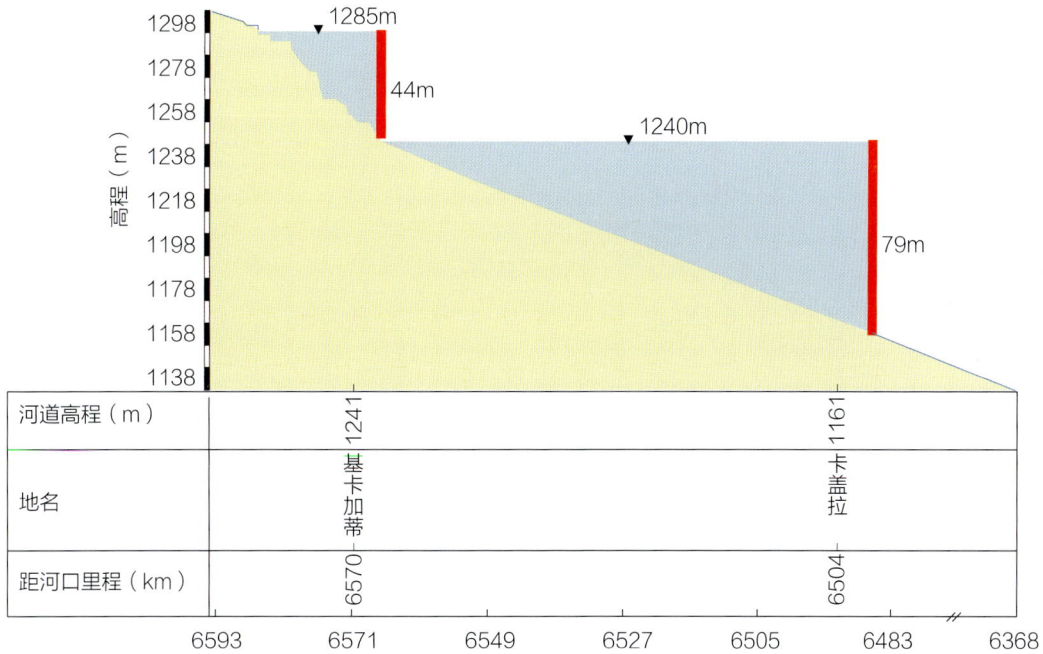

图1-38　卡盖拉河段梯级纵剖面图

经测算，梯级总规模292MW，年发电量1469GWh。2个梯级的主要技术指标测算结果详见表1-30所列。

2. 维多利亚尼罗河河段

维多利亚尼罗河自维多利亚湖引出，流入艾伯特湖。其待开发河段中，上段布贾加里（Bujagali）坝址处—卡鲁玛（Karuma）村河段长约310km，落差约70m，坡降相对平缓，流经洼地后，形成约2590km²的天然湖泊基奥加湖（Chioga Lake）。河谷整体较为开阔，地形相对发散，成库条件较差。根据地形条件和初步成库条件分析，可自上而下布置伊坦达（Itanda）、卢姆利（Lumuli）和卡鲁玛1（大坝部分）三座首尾相接的梯级，其中伊坦达（Itanda）电站水库水位与上游布贾加里电站尾水相接。规划伊坦达和卢姆利两座电站拟按坝式开发，正常蓄水位分别为1095m和1065m，共利用落差50m。经测算，梯级总规模612MW，年发电量3058GWh。河段梯级纵剖面如图1-39所示（卡鲁玛1电站并入后面河段展示）。3个梯级的主要技术指标测算结果详见表1-30所列，卡鲁玛1电站拟按照混合式开发，坝址处坝壅水高约13m，库区包括整个基奥加湖，利用湖面可形成巨大库容。

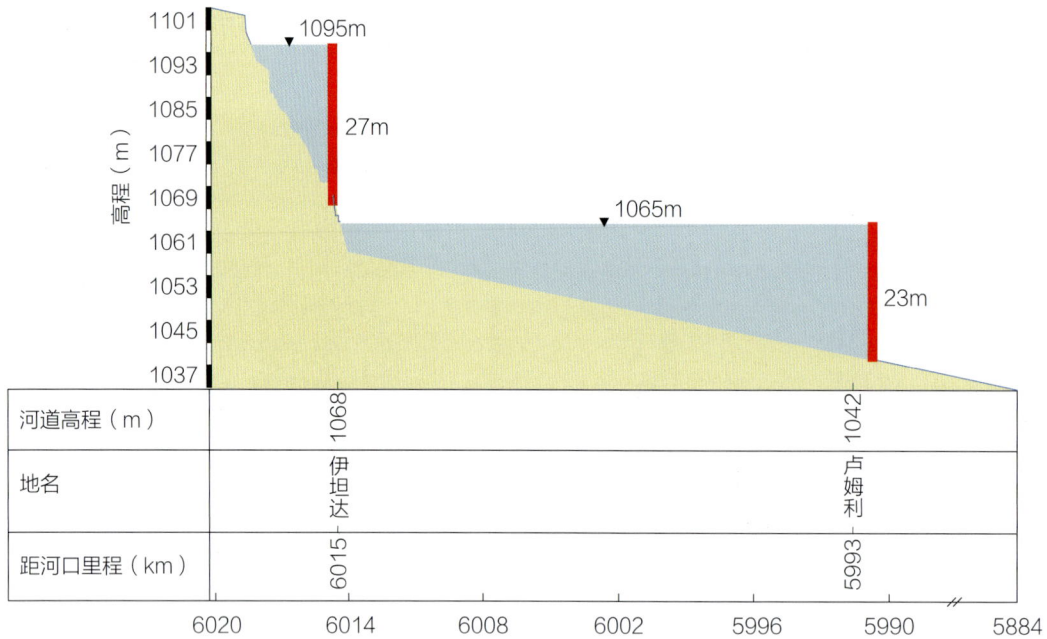

图1-39 维多利亚尼罗河上段梯级纵剖面图

下段卡鲁玛村—艾伯特湖河段长约165km，落差约405m，河段比降超过0.245%，是维多利亚尼罗河水能资源最丰富河段。河谷狭长，沿途多跌水、瀑布。根据地形条件和初步成库条件分析，河段可自上而下布置卡鲁玛1（厂房部分）、2、3、4级、普朗奥（Purongo）1、2级和帕拉（Paraa）共七座首尾相接的梯级，其中卡鲁玛1为混合式开发，卡鲁玛2、3、4级为坝式开发，普朗奥1、2级和帕拉电站为引水式开发。河段梯级纵剖面如图1-40所示，七座梯级电站共利用落差400m。经测算，梯级总规模5075MW，年发电量25.52TWh。7个梯级的主要技术指标测算结果详见表1-30所列。

3. 白尼罗河河段

白尼罗河自艾伯特湖出口至喀土穆青尼罗河汇口，其中艾伯特湖—朱巴镇河段全长约360km，落差约170m，平均比降约0.046%。两岸地形以浅丘为主，河谷向下游发散，根据地形条件和初步成库条件分析，从上至下可布置卡约科济（Kayokeji）1、2、3级和朱巴（Juba）1、2级共五座首尾相接的梯级电站，拟按坝式开发，经测算，梯级总规模2245MW，共利用落差150m。河段梯级纵剖面如图1-41所示，梯级的主要技术指标测算结果详见表1-31

所列。河流经朱巴镇后先后进入南苏丹沼泽区和北苏丹沙漠区，平均坡降仅为 0.004%，两岸地形平坦开阔，基本无建坝条件。

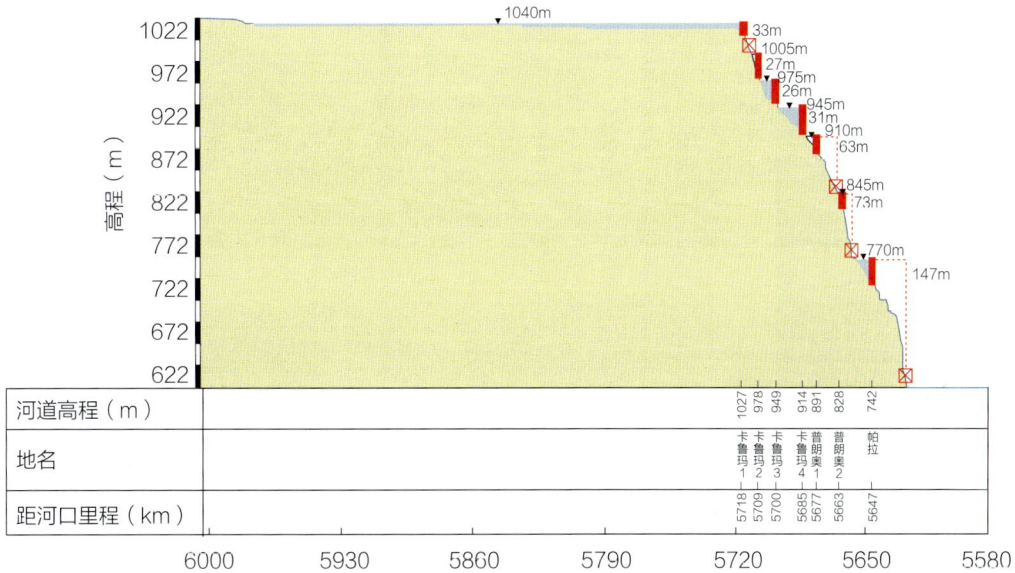

图 1-40　维多利亚尼罗河下段梯级纵剖面图

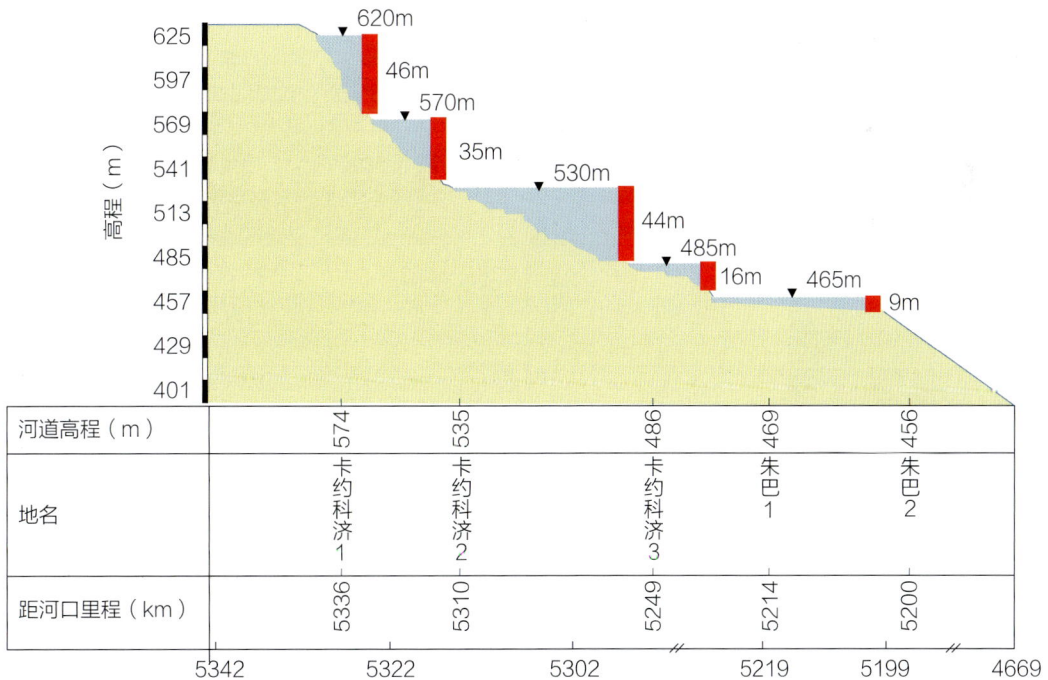

图 1-41　白尼罗河河段梯级纵剖面图

综上分析，尼罗河干流待开发电站 16 座，总装机容量 8224MW，年发电量约 41.28TWh，梯级电站的开发方案和主要技术指标测算结果见表 1-30 和表 1-31。

表1-30 卡盖拉河干流以及维多利亚尼罗河研究河段梯级开发方案主要技术指标

项目	卡盖拉河研究河段		维多利亚尼罗河研究河段								
	Kikagati 基卡加蒂	Kagera 卡盖拉	Itanda 伊坦达	Lumuli 卢姆利	Karuma 1 卡鲁玛1	Karuma 2 卡鲁玛2	Karuma 3 卡鲁玛3	Karuma 4 卡鲁玛4	Purongo 1 普朗奥1	Purongo 2 普朗奥2	Paraa 帕拉
坝址控制流域面积（km²）	42302	46672	265736	265988	348420	348545	348715	348970	349134	350457	350828
坝址多年平均流量（m³/s）	159	175	910	911	1006	1006	1006	1007	1008	1011	1012
开发方式	坝式	坝式	坝式	坝式	混合式	坝式	坝式	坝式	引水式	引水式	引水式
初估坝长（km）	0.59	2.56	1.58	1.38	0.53	0.79	1.14	1.56	1.07	0.72	1.03
正常蓄水位（m）	1285	1240	1095	1065	1040	1005	975	945	910	845	770
死水位（m）	1283	1239.8	1093	1063	1039.8	1003	973	943	908	843	768
坝址水面高程（m）	1241	1161	1068	1042	1027	978	949	914	891	828	742
坝雍水高（m）	44	79	27	23	13	27	26	31	19	17	28
厂址水面高程（m）	1241	1161	1068	1042	1007	978	949	914	847	772	623
利用落差（m）	44	79	27	23	33	27	26	31	63	73	147
正常蓄水位以下库容（万m³）	125746	611359	15228	22336	1453123	1873	6139	12634	2001	610	5683

续表

项目		卡盖拉泛研究河段		维多利亚尼罗河研究河段								
		Kikagati 基卡加蒂	Kagera 卡盖拉	Itanda 伊坦达	Lumuli 卢姆利	Karuma 1 卡鲁玛1	Karuma 2 卡鲁玛2	Karuma 3 卡鲁玛3	Karuma 4 卡鲁玛4	Purongo 1 普朗奥1	Purongo 2 普朗奥2	Paraa 帕拉
调节库容（万 m³）		19564	4380	2628	4078	94900	259	914	2042	477	152	929
调节能力		年调节	年调节	日调节	日调节	年调节	日调节	日调节	日调节	日调节	日调节	日调节
发电引用流量（m³/s）		278.01	301.14	1597.59	1604.01	1735.18	1732.33	1754.39	1763.03	1576.65	1580.46	1602.98
引水线路（km）		0	0	0	0	2.29	0	0	0	10.69	6.34	18.50
装机容量（MW）		97	195	332	280	460	360	350	425	730	850	1900
年发电量（GWh）	单独	483	979	1661	1397	2345	1832	1762	2132	3649	4253	9445
	联合	483	986	1661	1397	2345	1838	1768	2138	3669	4277	9481
枯期平均出力（MW）	单独	35.4	64.2	112.1	94.2	169.0	123.9	119.0	143.9	228.8	266.8	600.2
	联合	35.4	71.8	112.1	94.2	169.0	132.7	127.5	154.1	248.5	289.6	651.1
装机利用小时数	单独	4978	5023	5004	4990	5097	5088	5035	5017	4999	5004	4971
	联合	4978	5058	5004	4990	5097	5106	5050	5031	5026	5031	4990

注：合计列中界河梯级装机和电量按一半计入总值。

表1-31 白尼罗河研究河段梯级开发方案主要技术指标

项目		白尼罗河研究河段				
		Kayokeji 1	Kayokeji 2	Kayokeji 3	Juba 1	Juba 2
		卡约科济 1	卡约科济 2	卡约科济 3	朱巴 1	朱巴 2
坝址控制流域面积（km²）		462770	463574	465093	471845	472088
坝址多年平均流量（m³/s）		1087	1088	1092	1108	1108
开发方式		坝式	坝式	坝式	坝式	坝式
初估坝长（km）		0.68	1.03	2.05	1.78	1.39
正常蓄水位（m）		620	570	530	485	465
死水位（m）		618	568	528	483	463
坝址水面高程（m）		574	535	486	469	456
坝壅水高（m）		46	35	44	16	9
厂址水面高程（m）		574	535	486	469	456
利用落差（m）		46	35	44	16	9
正常蓄水位以下库容（万m³）		124343	23575	178798	14791	1711
调节库容（万m³）		44637	2902	20978	4217	623
调节能力		日调节	日调节	日调节	日调节	日调节
发电引用流量（m³/s）		1913.88	1932.10	1919.08	1976.37	1976.37
引水线路（km）		0	0	0	0	0
装机容量（MW）		700	530	670	230	115
年发电量（GWh）	单独	3515	2642	3371	1141	571
	联合	3515	2642	3371	1141	571
枯期平均出力（MW）	单独	177.5	133.3	170.3	57.6	28.8
	联合	177.5	133.3	170.3	57.6	28.8
装机利用小时数	单独	5021	4986	5032	4962	4965
	联合	5021	4986	5032	4962	4965

1.3.6　尼日尔河基地

尼日尔河发源于几内亚境内的富塔贾隆（FoutaDiallon）高原靠近塞拉利昂边境地区的丛山之中，源头海拔900m，干流流经几内亚、马里、尼日尔和尼日利亚等国，注入几内亚湾。支流伸展到科特迪瓦、布基纳法索、乍得、喀麦隆等国，年入海平均流量6300m³/s。根据数字平台测算，尼日尔河全长约4131km，落差596m，河道平均比降约0.014%。

1.3.6.1　重点河段分析

尼日尔河是西非重要通航河流，通航河段占全河长度75%，同时，灌溉也是尼日尔河开发的重要组成部分，其干流整体较为平缓，水能资源开发条件一般。因此，考虑未来河流沿线国家经济社会快速发展以及居民生活水平提高，尼日尔河干流开发将综合航运、灌溉和发电多方面影响。

目前，尼日尔河干流2座已建水电站主要集中在中游河段，总装机1338MW；干流待开发水能资源主要集中在上游锡吉里（Siguiri）—森多村（Sendo）村河段和中游昂松戈—本巴（Boumba）河段。综上分析，报告重点研究上述待开发河段。

1.3.6.2　梯级布置方案

1. 锡吉里—森多村河段

该河段两岸以浅丘为主，河长约275km，落差约50m，河段平均比降0.018%。河谷相对开阔，两岸山体较为破碎，建坝和成库条件一般。沿河有锡吉里、库鲁巴（Kourouba）、焦利巴（Dioliba）、巴马科（Bamako）等重要城镇以及较大面积农田分布。根据河道两岸地形，自上至下可布置萨马亚那（Samayana）和卡蒂波古（Katibougou）两座梯级电站，正常蓄水位分别为335m和305m，共利用落差27m。经测算，总装机容量250MW，年发电量1114GWh。2个梯级的河段梯级纵剖面如图1-42所示，主要技术指标测算结果详见表1-32所列。

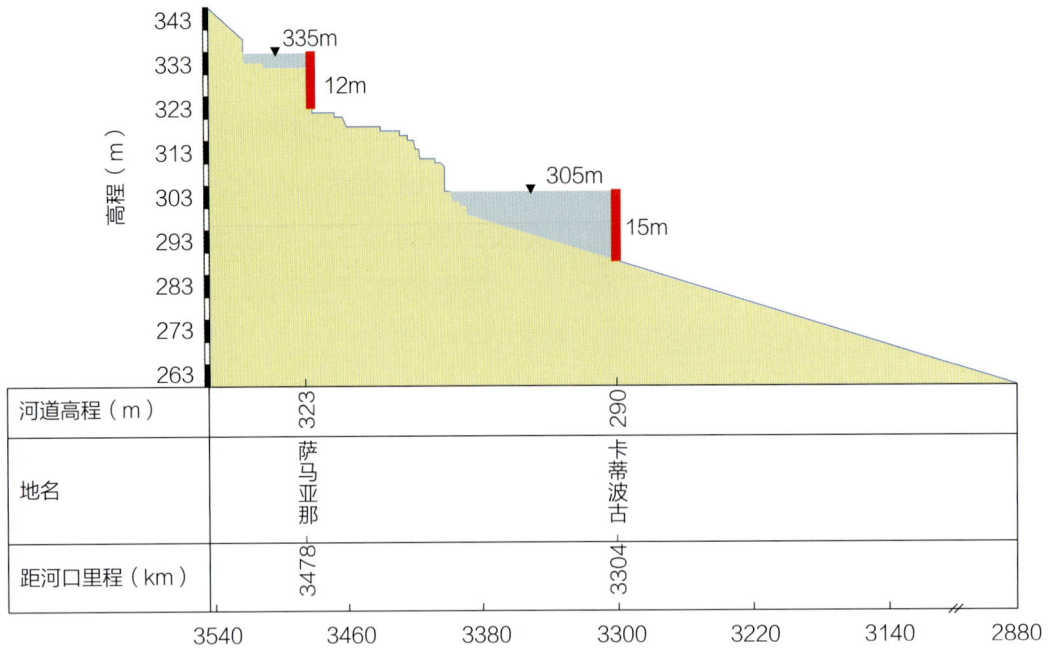

图 1-42　锡吉里—森多村河段梯级纵剖面

2. 昂松戈—本巴河段

　　河段长约 500km，落差约 75m，平均比降约 0.015%。其中昂松戈—本巴河段位于沙漠地带，雨季洪水期流量较大，河水位上涨，河面宽约 3km；枯期流量骤减，水位下降，河面宽度减至约 900m，在沿岸形成大面积洪泛区，洪泛区上有农田分布。河谷两岸山体闭合，建坝和成库条件相对较好。沿线有昂松戈、拉贝藏加（Labbezanga）、阿约鲁（Ayorou）、蒂拉贝里（Tillaberi）、尼亚美（Niamey）、萨伊（Say）等城镇分布。根据地形和淹没情况，可自上而下布置亚萨安（Yasaan）、布伯恩（Bubbon）、博西亚（Bossia）三座梯级，正常蓄水位分别为 240、210m 和 185m，共利用落差 57m。经测算，总装机容量 640MW，年发电量 3224GWh。3 个梯级的河段梯级纵剖面如图 1-43 所示，主要技术指标测算结果详见表 1-32 所列。

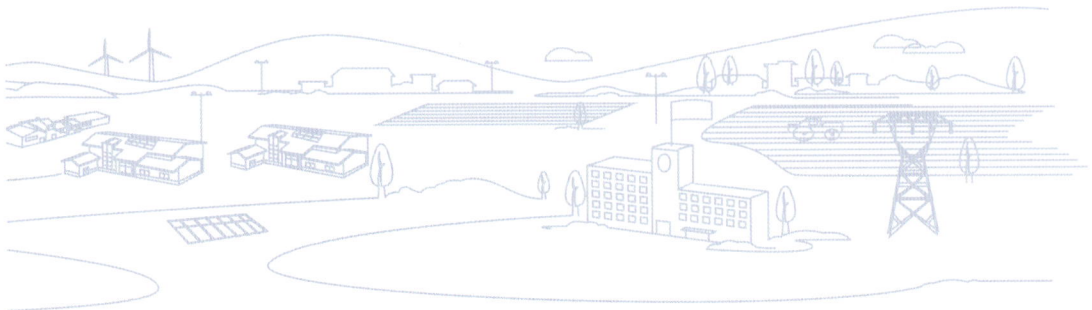

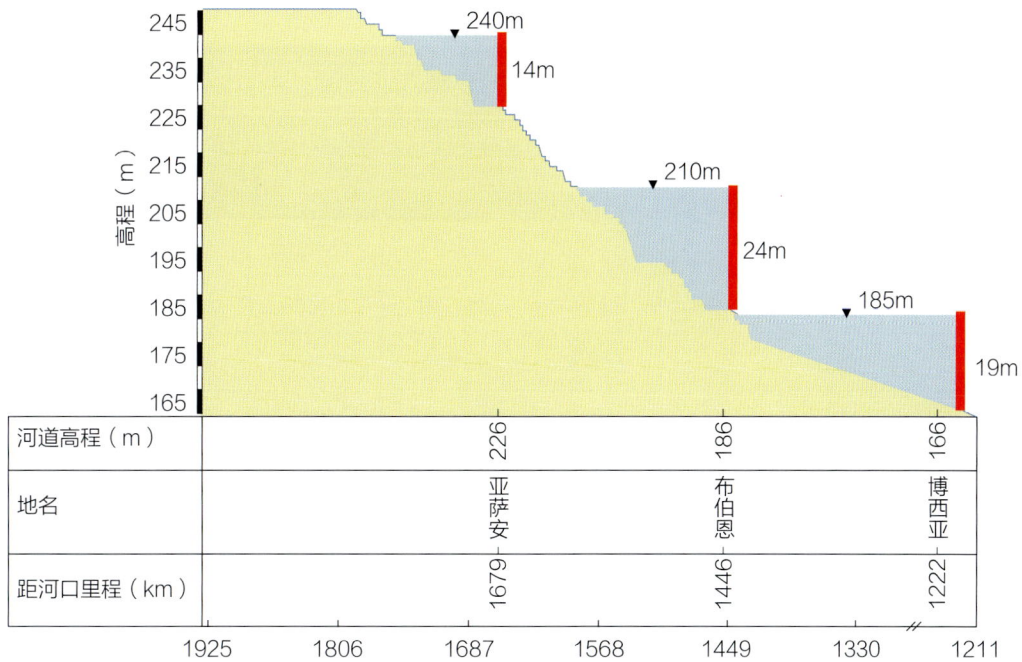

图 1-43 昂松戈—本巴河段梯级纵剖面图

综上分析，尼日尔河干流待开发电站 5 座，总装机容量 890MW，年发电量约 4338GWh。梯级电站的开发方案和主要技术指标测算结果见表 1-32。

表 1-32 尼日尔河干流研究河段梯级开发方案主要技术指标

项目	尼日尔河干流研究河段				
	Samayana	Katibougou	Yasaan	Bubbon	Bossia
	萨马亚那	卡蒂波古	亚萨安	布伯恩	博西亚
坝址控制流域面积（km²）	113363	122555	552521	686819	738872
坝址多年平均流量（m³/s）	1302	1408	722	897	965
开发方式	坝式	坝式	坝式	坝式	坝式
初估坝长（km）	3.41	2.83	2.01	2.02	0.55
正常蓄水位（m）	335	305	240	210	185
死水位（m）	333	303	238	208	183
坝址水面高程（m）	323	290	226	186	166
坝壅水高（m）	12	15	14	24	19
厂址水面高程（m）	323	290	226	186	166
利用落差（m）	12	15	14	24	19

续表

项目		尼日尔河干流研究河段				
		Samayana	Katibougou	Yasaan	Bubbon	Bossia
		萨马亚那	卡蒂波古	亚萨安	布伯恩	博西亚
正常蓄水位以下库容（万 m^3）		68604	83237	134685	770108	322323
调节库容（万 m^3）		30780	19319	43808	158199	79202
调节能力		日调节	日调节	日调节	季调节	日调节
发电引用流量（m^3/s）		1203	1388	1203	1599	1628
引水线路（km）		0	0	0	0	0
装机容量（MW）		100	150	120	290	230
年发电量（GWh）	单独	451	663	599	1438	1141
	联合	451	663	599	1438	1187
枯期平均出力（MW）	单独	14.7	20.6	9.1	42.5	17.3
	联合	14.7	20.6	9.1	42.5	34.7
装机利用小时数	单独	4514	4419	4994	4957	4961
	联合	4514	4419	4994	4957	5163

2 风能资源评估与开发

非洲风能资源丰富，开发潜力巨大。报告对非洲 57 个国家和地区进行了评估，测算得出非洲风能理论蕴藏总量可达 366.1PWh/a，适宜集中式开发的装机规模约 52208.5GW，主要集中在北部非洲撒哈拉沙漠及周边、西部非洲的大西洋沿岸、东部非洲的印度洋沿岸和南部非洲的部分内陆地区，年发电量 140.9PWh，现有开发规模尚不足技术可开发量的万分之一。综合考虑资源特性和开发条件，采用数字化平台，开展了埃及马特鲁、苏丹杜伟姆、肯尼亚北霍尔等 12 个大型风电基地的选址开发方案研究，提出了主要技术和经济性指标，总装机规模 21.4GW。研究成果将助力非洲风能资源的开发和利用、提振风电基础设施投资信心，推进非洲能源清洁化发展进程。

2.1　方法与数据

风能是空气流动所产生的动能，是太阳能的一种转化形式。由于太阳辐射造成地球表面各部分受热不均匀，引起大气层中压力分布不平衡，在水平气压梯度作用下，空气沿水平方向运动形成风。风资源评估基础数据主要包括资源类数据、地理信息类数据以及人类活动和经济性资料等。

报告选用理论蕴藏量、技术可开发量和经济可开发量 3 个指标开展风能资源的评估测算。

2.1.1　资源评估方法

风能资源理论蕴藏量是指评估区域内一定高度上可利用风的总动能，单位为千瓦时。数字化评估风能资源理论蕴藏量，可将评估转化为计算每个格点面积与该格点对应风功率密度乘积的累加。

风能资源技术可开发量是指在评估年份技术水平下可以进行开发的装机容量总和，单位为 kW。评估分析主要包括可用面积计算、装机面积计算、装机密度计算 3 个关键环节，分析流程如图 2-1 所示。

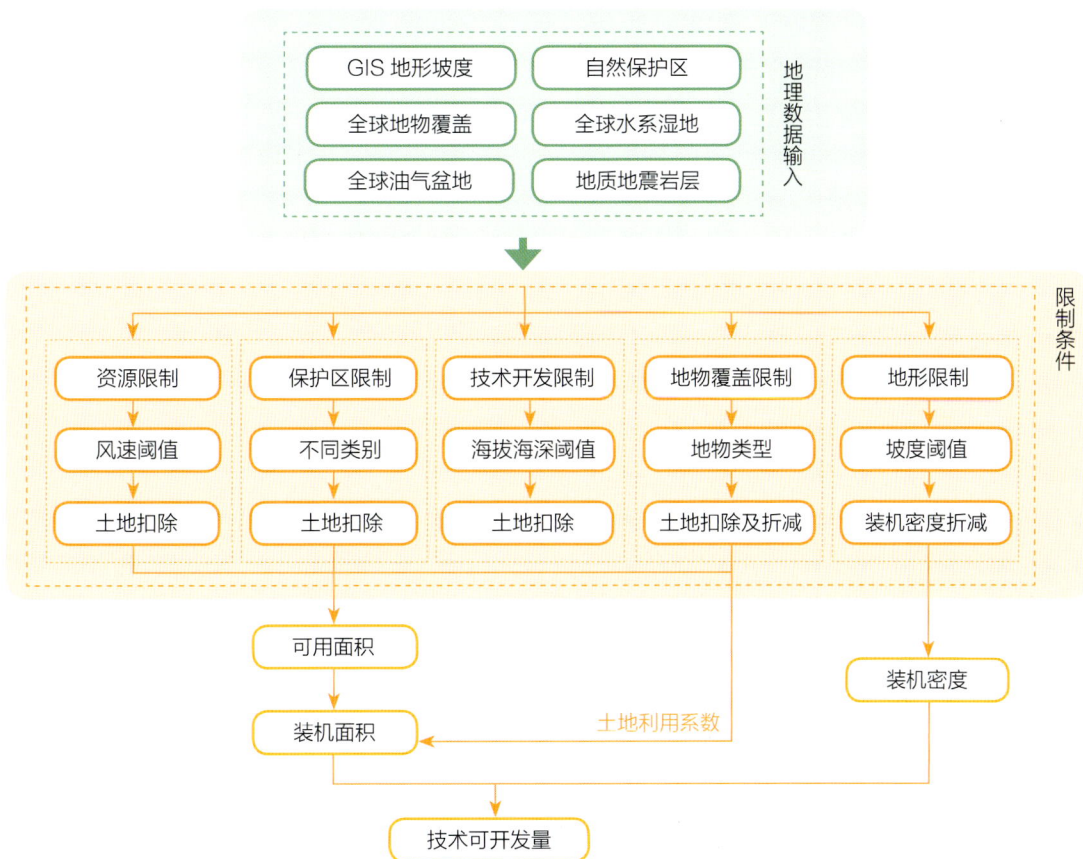

图 2-1 风电技术可开发量评估流程示意图

　　具体来说，技术可开发量评估的关键在于剔除因地形、海拔、土地利用及风速等限制而产生的不可利用面积。一方面，扣除选定区域内不宜开发的土地，得到风电开发可利用面积，结合不同地物类型设定土地利用系数，进而得到有效装机面积；另一方面，在典型风资源条件下，测算平坦地表单位面积的装机容量，结合目前不同地形坡度下风电工程实际情况，确定相应的装机密度影响因子，计算每个格点的有效装机面积与单位面积装机容量、装机密度影响因子的乘积并累加得到区域的风电技术可开发量。

根据风能资源禀赋，通常采用年均风速作为技术指标、结合当前技术条件下的风机发电出力特性进行机组选型，采用逐小时风速数据开展计算与统计，按照选定的风机功率曲线，考虑风机效率、切入、切出风速影响等，计算得到年发电量。

风能资源经济可开发量是指在评估年份技术水平下，开发风电的度电成本低于受电地区可承受电力价格的总装机容量，单位为千瓦。报告采用平准化度电成本法，建立了一种适用于清洁能源资源经济可开发量的计算模型，通过选定待评估地区、确定技术参数、确定成本参数、确定财务参数、确定政策参数、计算度电成本、经济性判断和结果计算等 8 个主要流程实现风能资源经济可开发量评估，其基本框架如图 2-2 所示。将每个地理格点视为一个计算单元，计算每个格点的度电成本并与给出的综合参考电价进行对比，将具有经济性的格点容量按照地域面积进行累加，即可得到该区域的风能资源经济可开发量。

风能资源开发经济性分析中，基地的建设投资除设备成本、建设成本（不含场外道路）、运维成本等外，还需要重点计算并网成本与场外交通成本。

并网成本是指将开发的清洁能源发电资源接入电网所需新增建设电网设施的费用。一般清洁能源基地工程多建设在远离城镇等人口密集的地区，需要修建更长的并网工程，增加了开发投资成本。并网主要受格点风电接网与消纳方式影响，需要开展针对性测算。对于本地消纳的风电，其并网成本是风电厂到最近电网接入点的输电成本，与接入电压等级和距离有关，多采用交流输电方式，输电成本包括受端变电站和输电线路建设费用。对于需要远距离外送消纳的风电，其并网成本是风电厂到本地电力汇集站以及远距离外送工程的输电成本之和，外送工程多采用直流输电方式，输电距离不同，输电成本也不同，成本包括送受端换流站和直流线路建设费用。清洁能源并网成本测算构成见图2-3。不同规模、不同距离的电源并网需要采用不同输电方式和电压等级，相应的成本水平差异较大。报告基于中国工程经验，提出了不同输电方式、电压等级的不同并网成本因子，结合待评估格点的最短并网距离，量化测算了并网条件对不同区域清洁能源资源开发成本的影响。

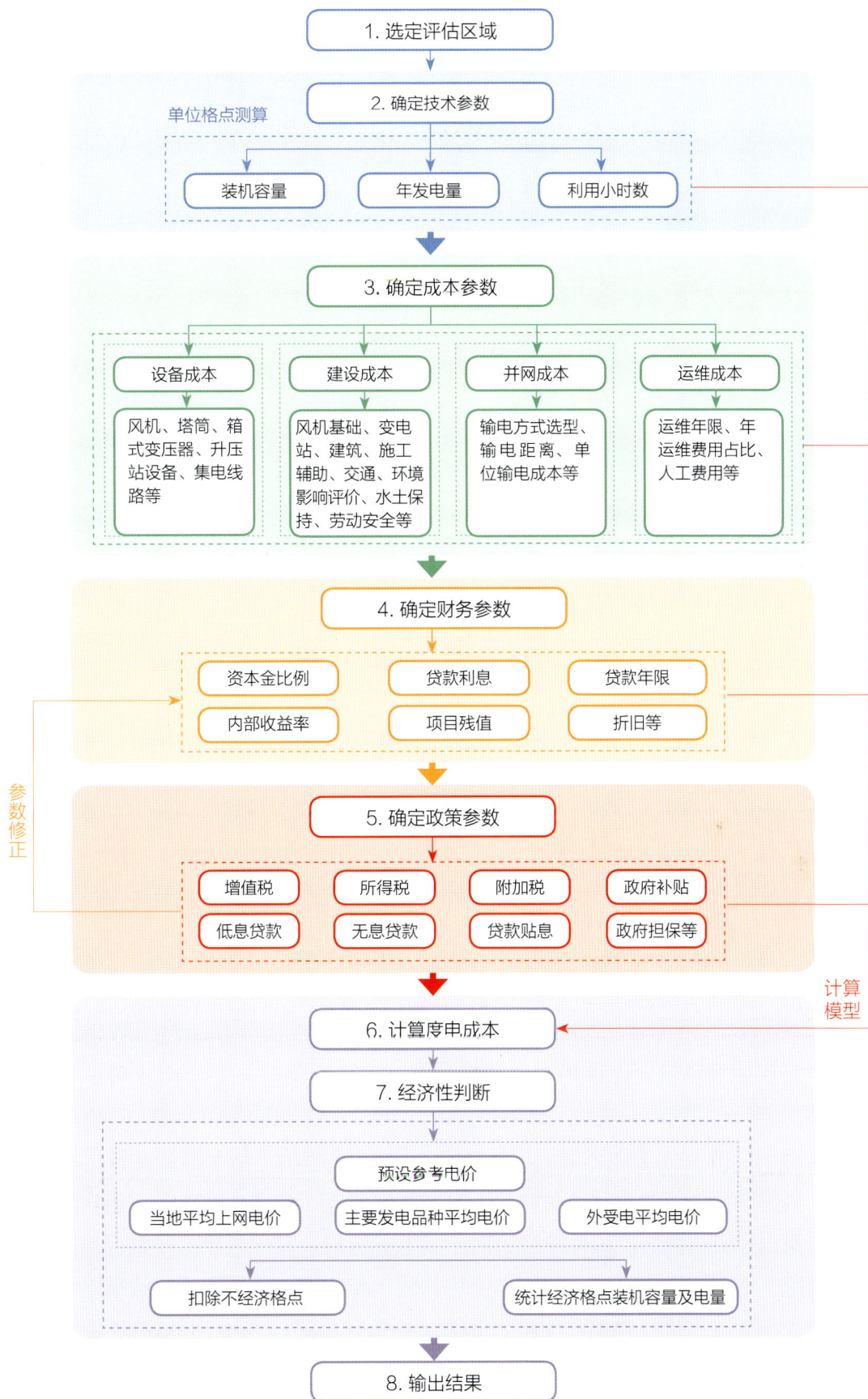

图 2-2　基于平准化度电成本的经济可开发量评估流程示意图

2.1　方法与数据

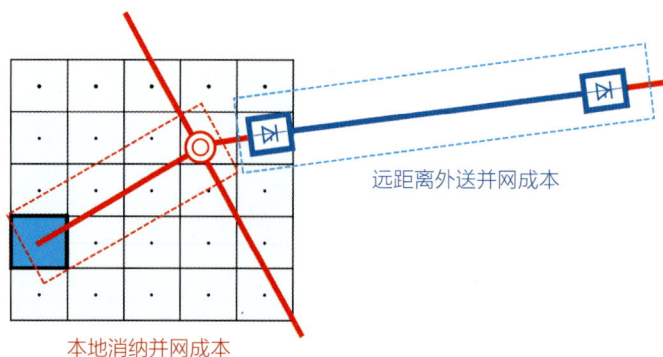

图 2-3　风电开发并网成本构成示意图

场外交通成本是指为开发清洁能源发电资源而新增建设从现有交通设施路网（包括公路、铁路等）到资源地的交通设施费用。本报告主要考虑公路交通设施。一般大型清洁能源发电基地与现有公路之间有一定距离，需要修建必要的场外引接公路才能满足工程建设需要，这部分增加的建设成本应计入资源的开发总成本。报告采用了交通成本因子法，基于覆盖全球的公路路网数据，计算待开发格点到最近外部运输道路的长度，即最短公路运距，综合山地、平原等不同地形条件下场外运输道路的平均单位里程成本，可以量化测算场外交通对开发成本的影响。

2.1.2　宏观选址方法

风电场选址研究应贯彻资源保护、统一规划、综合利用、科学开发的原则。开展风电场规划选址时，需充分了解区域内风能资源状况，掌握风速、风向、风能密度等风能资源的时间与空间分布，初步确定适宜建站的资源富集地区。然后再详细考虑限制性因素，风电场选址应规避森林、耕地、城市等不适宜集中式风电开发的地面覆盖物、保护区、地震高发区等，选取没有或较少限制性因素、工程建设条件好的区域进行基地开发。

风电场的数字化宏观选址流程示意图如图 2-4 所示，基于覆盖全球范围基础数据，其关键流程包括资源储量计算、开发条件分析、数字化选址、设备排布、发电量估算、投资估算等。具体来说，对于风电场选址，首先分析拟开发区域的风能资源情况，在了解平均风速、风速年变化、风功率密度、风向和风能玫瑰图等资源特性基础上，基于地理信息技术的规划方法，以风能资源数据和地理数据为基础，综合考虑土地利用性质、保护区、工程地质等限制性因素，利用空间分析工具，筛选适宜的开发用地。随后根据平原、山地不同的用地类型进行技术可开发量评估，并开展风机自动排布，根据风机排布结果，计算电场装机容量、发电量、年利用小时数、出力特性等技术参数。结合初选场址的并网条件、外部交通条件开展经济性测算分析，获得经济可开发量评估、投资匡算以及平均度电成本。

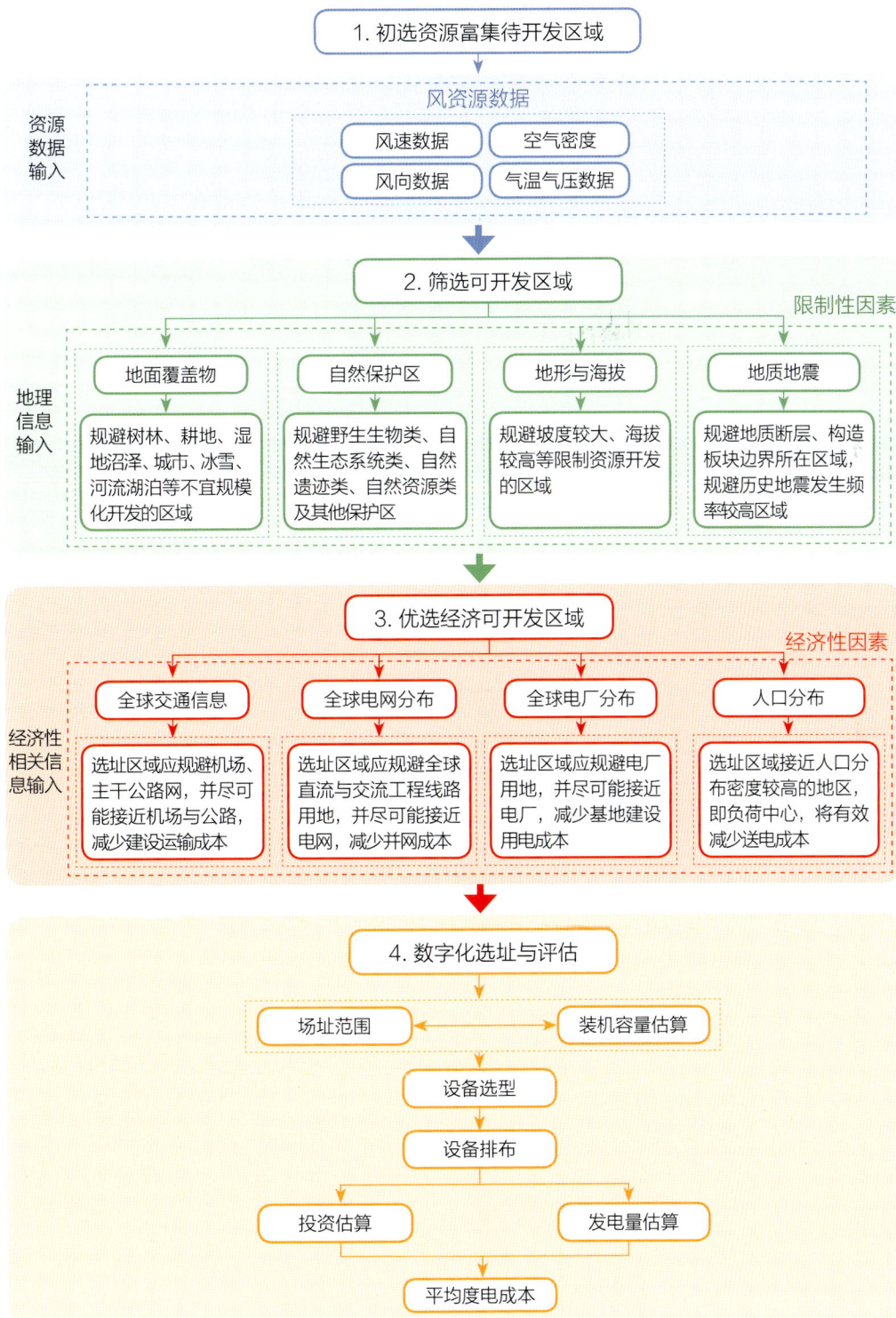

```
                    ┌─────────────────────────┐
                    │ 1. 初选资源富集待开发区域 │
                    └─────────────────────────┘
                                 │
        资源      ┌─────────────── 风资源数据 ───────────────┐
        数据      │  ┌──────────┐        ┌──────────┐       │
        输入      │  │ 风速数据 │        │ 空气密度 │       │
                  │  └──────────┘        └──────────┘       │
                  │  ┌──────────┐     ┌──────────────┐      │
                  │  │ 风向数据 │     │ 气温气压数据 │      │
                  │  └──────────┘     └──────────────┘      │
                  └────────────────────────────────────────┘
                                 │
                    ┌─────────────────────────┐              限制性因素
                    │    2. 筛选可开发区域     │
                    └─────────────────────────┘
```

图中"限制性因素"部分：

地面覆盖物	自然保护区	地形与海拔	地质地震
规避树林、耕地、湿地沼泽、城市、冰雪、河流湖泊等不宜规模化开发的区域	规避野生生物类、自然生态系统类、自然遗迹类、自然资源类及其他保护区	规避坡度较大、海拔较高等限制资源开发的区域	规避地质断层、构造板块边界所在区域，规避历史地震发生频率较高区域

地理信息输入

```
                    ┌─────────────────────────┐
                    │  3. 优选经济可开发区域   │
                    └─────────────────────────┘
                                                          经济性因素
```

图中"经济性因素"部分：

全球交通信息	全球电网分布	全球电厂分布	人口分布
选址区域应规避机场、主干公路网，并尽可能接近机场与公路，减少建设运输成本	选址区域应规避全球直流与交流工程线路用地，并尽可能接近电网，减少并网成本	选址区域应规避电厂用地，并尽可能接近电厂，减少基地建设用电成本	选址区域接近人口分布密度较高的地区，即负荷中心，将有效减少送电成本

经济性相关信息输入

```
                    ┌─────────────────────────┐
                    │   4. 数字化选址与评估     │
                    └─────────────────────────┘
                                 │
              ┌──────────┐              ┌──────────────┐
              │ 场址范围 │ ◄──────────► │ 装机容量估算 │
              └──────────┘              └──────────────┘
                                 │
                          ┌──────────┐
                          │ 设备选型 │
                          └──────────┘
                                 │
                          ┌──────────┐
                          │ 设备排布 │
                          └──────────┘
                                 │
              ┌──────────┐              ┌──────────────┐
              │ 投资估算 │              │ 发电量估算   │
              └──────────┘              └──────────────┘
                                 │
                        ┌──────────────┐
                        │ 平均度电成本 │
                        └──────────────┘
```

图 2-4 风电场宏观选址流程示意图

2.1.3 基础数据与参数

2.1.3.1 基础数据

为实现数字化风能资源评估，报告建立了资源类、地理信息类、人类活动和经济性资料等 3 类 16 项覆盖全球范围的资源评估基础数据库。

其中，资源类数据主要包括全球中尺度风资源数据，包含风速、风向、空气密度、温度等，其采用了 Vortex 计算生产的全球风能气象资源数据[1]，时间分辨率为典型年的逐小时数据，空间分辨率为 9km×9km，关键基础数据介绍如表 2-1 所示。

表 2-1　全球风能资源和地理信息基础数据

序号	数据名称	空间分辨率	数据类型
1	全球中尺度风资源数据	9km×9km	栅格数据
2	全球地面覆盖物分类信息	30m×30m	栅格数据
3	全球主要保护区分布	—	矢量数据
4	全球主要水库分布	—	矢量数据
5	全球湖泊和湿地分布	1km×1km	栅格数据
6	全球主要断层分布	—	矢量数据
7	全球板块边界分布 空间范围：南纬 66°—北纬 87°	—	矢量数据
8	全球历史地震频度分布	5km×5km	栅格数据
9	全球主要岩层分布	—	矢量数据
10	全球地形卫星图片	0.5m×0.5m	栅格数据
11	全球地理高程数据 空间范围：南纬 83°—北纬 83° 间陆地	30m×30m	栅格数据
12	全球海洋边界数据	—	矢量数据
13	全球人口分布	900m×900m	栅格数据
14	全球交通基础设施分布	—	矢量数据
15	全球电网地理接线图	—	矢量数据
16	全球电厂信息及地理分布	—	矢量数据

注：2~16 项数据来源同表 1-1。

---

[1] 资料来源：Vortex ERA5downscaling: validation results, 2017 November.
　　　　　　 Vortex System Technical Description, 2017 January.

2.1.3.2 计算参数

报告重点关注并评估全球范围内适宜集中式开发的风能资源，将低风速区域、保护区、森林、耕地和城市等区域作为不适宜开发区域排除在外。

专栏 2-1　　　　　　　**风电的集中式和分散式开发**

在风资源条件好、人口密度低、地面粗糙度小的地区，大面积连片开发风电资源，集中接入电网，工程的建设、运维集约化，效率高，可以显著减少工程投资，获得大规模清洁电力，有利于加快能源清洁转型。作为大型电力基础设施，集中开发的大型风电场建设要求高，对土地资源利用有较严格的要求，不能占用各类自然保护区、文物和风景名胜区、林地和耕地等，一般选址在草原和荒漠，或风资源条件优越的山地，开发场景如下图所示。中国从 2005 年开始，采用大规模集中开发方式在北部、西北部风资源富集地区加速风电开发，并快速建立和完善了风电设计、制造、建设和运维产业链，风电成本快速下降。

专栏 2-1 图 1　集中式风电开发场景

分散式风电，一般位于用电负荷附近，利用工业园区的开阔地带，或者利用农田、山地、林地等特殊微地形条件产生的散落分布的低风速资源。分散式风电不以大规模、远距离输送电力为目的，产生的清洁电力就近接入当地电网消纳，开发场景如下图所示。准确、高效的资源评估是分散式风电开发的基本要求，照搬集中式风电场的评估办法成本高昂，建立测风塔耗时长。经过多年的实践，中国分散式风电开发已经基本形成了一套集成了中尺度数值模拟、小尺度数值模式计算、邻近区域测风塔数据或激光测风雷达数据校核的系统性方法。2015 年开始，中国采取了"集中"和"分散"并举的策略 ❶，因地制宜开发中东部地区的低风速风电资源，预计到 2020 年规模将超过 20GW。

专栏 2-1 图 2　分散式风电开发场景

---

1. 技术指标测算参数

结合工程建设实践，一般认为年均风速低于 5m/s 的地区，资源开发效率较低、经济性较差，不宜进行集中式风电开发。海拔超过 4000m 的高原，空气稀薄，风功率密度下降，同时多有冰川分布，建设难度大、开发经济性差，严重影响自然环境，不推荐进行集中式开发。野生生物、自然环境、风景名胜等各类保护区，森林、耕地、湿地沼泽、城市、冰雪等覆盖的地面区域不宜开发。对于适宜开发的灌丛、草本植被以及裸露地表等 3 种区域，结合风力发电技术特点以及当前设备水平，分别设置了利用系数。不同地形坡度将显著影响单位土地面积上的装机能力，报告对 0°~30° 不同坡度条件，设定了坡度利用系数。具体技术指标和参数见表 2-2。

按此推荐参数计算得到的结果是评估范围内适宜集中开发的风电技术可装机规模，也可简称为"技术可开发量"。

表 2-2　全球风能资源评估模型采用的主要技术指标和参数

类型	限制因素	阈值	参数（%）
资源限制	风速	＞5m/s	—
技术开发限制	陆地海拔	＜4000m	—
	近海海深	＜150m	—
保护区限制	自然生态系统	不宜开发	0
	野生生物类	不宜开发	0
	自然遗迹类	不宜开发	0
	自然资源类	不宜开发	0
	其他保护区	不宜开发	0
地物覆盖限制	森林	不宜开发	0
	耕地	不宜开发	0
	湿地沼泽	不宜开发	0
	城市	不宜开发	0
	冰雪	不宜开发	0
地物覆盖限制	灌丛	适宜开发	80
	草本植被	适宜开发	80
	裸露地表	适宜开发	100

续表

类型	限制因素	阈值	参数（%）
地形坡度限制	0°~1.7°	适宜开发	100
	1.8°~3.4°	适宜开发	50
	3.5°~16.7°	适宜开发	30
	16.8°~30°	适宜开发	15
	>30°	不宜开发	0

2. 经济指标测算参数

研究采用平准化度电成本法建立了一种适用于风能资源经济可开发量的计算模型。为了对未来规划水平年的基地投资水平与开发经济性进行评估，研究综合多元线性回归预测法与基于深度自学习神经元网络算法关联度分析预测法，建立了风电开发投资水平预测模型。结合非洲发展水平以及风电技术装备、非技术类投资成本的预测结果，提出了 2035 年非洲风电综合初始投资的组成及其推荐取值，主要包含设备及安装、建筑工程和其他费用 3 个大类别，见表 2-3。报告给出了主要的财务参数、场外交通成本、并网成本参数等的推荐取值，详情见表 2-4 和表 2-5。其中，场外交通成本按照中国工程经验，综合山地、平原、一级公路建设费用水平进行测算；并网成本参照中国超高压交流、直流输电工程造价水平进行测算。

表 2-3 非洲 2035 年陆地风电开发初始投资组成与推荐取值

美元 /kW

序号	投资组成	总造价
1	设备及安装	586~677
1.1	设备费	555~642
1.2	安装费	30~35
2	建筑工程	170~197
3	其他	52~61
总计		808~935

表 2-4　非洲 2035 年陆地风电经济性计算的财务参数推荐取值

序号	指标	参数
1	贷款年限	7 年
2	贷款比例	70%
3	贷款利率	3%
4	贴现率	2%
5	建设年限	1 年
6	运行年限	20 年
7	残值比例	0
8	运维占比	2.8%
9	场外交通	800 美元 / km

表 2-5　非洲 2035 年陆地风电开发并网经济性参数推荐取值

交流输电		
电压等级（kV）	输电距离（km）	单位输电成本[美元/（km·kW）]
1000	500	0.28
745~765（750）	400	0.34
500	300	0.39
380~400（400）	220	0.59
300~330	200	0.65
220	150	1.06
110~161（110）	100	1.37
直流输电		
电压等级（kV）	输电距离（km）	单位输电成本[美元/（km·kW）]
±800	1500-3000	0.15

2.2 资源评估

风速、地面覆盖物、保护区分布影响区域集中开发利用风能的技术可行性，公路、电网等基础设施条件影响区域风能开发的经济性水平。报告基于覆盖非洲的数据、信息，采用统一指标和参数完成了非洲风能资源评估研究。

2.2.1 风速分布

报告采用 Vortex 公司生产得到的风资源数据开展资源评估测算，资源数据包括：风速、风向、空气密度和温度等。非洲蕴藏着巨大的风能开发潜力，风速分布如图 2-5 所示。北部沿海和环撒哈拉的埃及、利比亚、阿尔及利亚、突尼斯、西撒哈拉、毛里塔尼亚、尼日尔、乍得、苏丹，东部沿海的索马里、埃塞俄比亚、肯尼亚、坦桑尼亚，南部的南非等国的风资源条件优异，年平均风速在 6m/s 以上，利于开发大型风电基地。

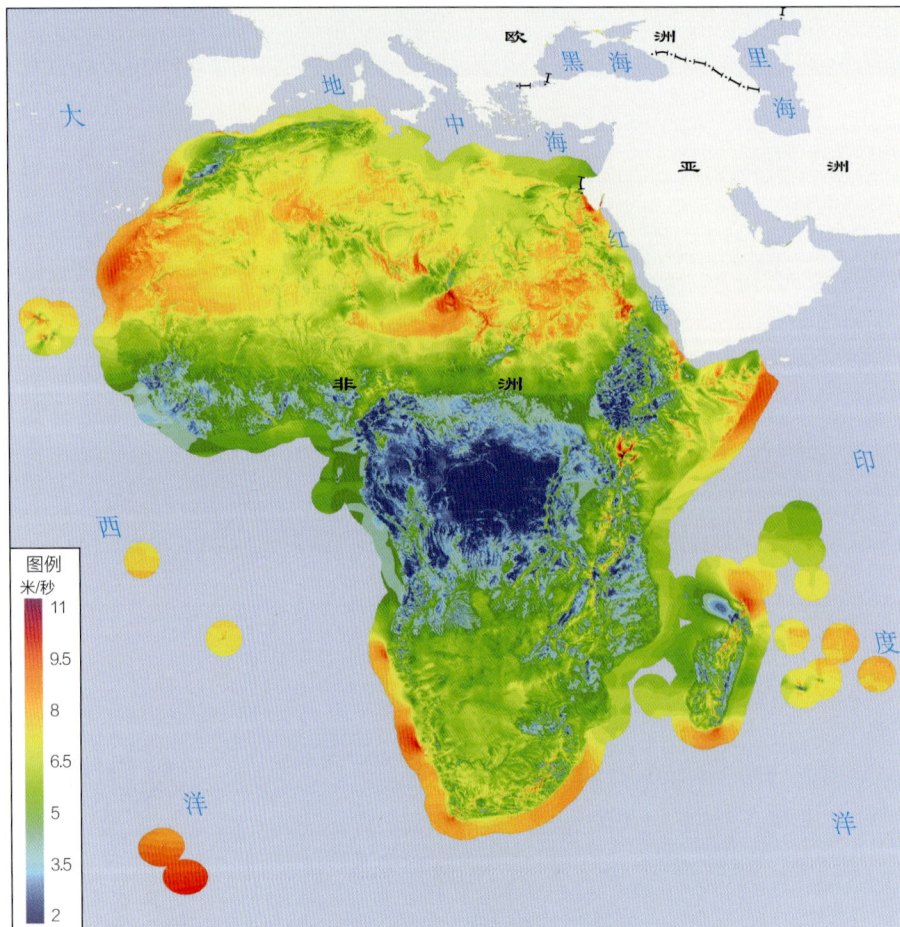

图 2-5 非洲风速分布示意图

专栏 2-2　　　　全球风资源中尺度数值模拟

　　地球大气系统是一个极其复杂的非线性系统，其动力、热力过程可以通过偏微分方程组描述，但是方程组的复杂性导致难以获得解析解。随着大气探测技术、通信技术和计算机技术不断发展，借助现代高性能计算集群可以实现大规模数值模拟计算，并成为最高效的风资源气象数据获取手段。影响风机发电的天气与气候现象具有中尺度特性，所以一般使用中尺度模式开展模拟计算，并对原始方程模式进行必要简化以有效节省时间及计算成本。天气研究与预测模型（Weather Research & Forecasting Model，WRF）作为中尺度气象模式的典型代表，能够有效捕捉大、中尺度环流过程，适合宏观区域风能资源普查研究，也广泛应用于大气研究和气象预报领域。西班牙 Vortex 公司即采用了中尺度 WRF 模型，通过嵌套模拟链实现了从数百米到数百千米多种空间尺度的覆盖。模型采用了多种覆盖全球范围的地球物理和气象数据库。Vortex 公司把再分析生产的风速数据与全球超过 400 个站点的实测风速数据集进行了对比分析和检测校核。报告采用的是 Vortex 公司生产的全球范围 9km 分辨率，50、100m 和 150m 共 3 个高程的风资源图谱及逐小时时间序列数据，该数据也是世界银行 World Bank Wind Atlas 平台的基础数据之一，在全球获得广泛应用。

2.2.2　地面覆盖物

从适宜大规模集中开发的土地资源角度分析，森林、耕地、湿地水体、城市和冰川是影响风电资源集中开发的主要地表覆盖物限制性因素。中部与东部非洲的大部分地区属于热带雨林气候与热带草原气候，全年气温都在 20℃以上，其中热带雨林地区植被种类丰富，地面覆盖物以树林与草本植被为主。撒哈拉以南非洲广大区域主要为热带雨林与热带草原气候，降水适宜，土地肥沃，适宜耕种和畜牧业发展。位于西部非洲的尼日利亚拥有非洲最大面积的耕地，南部非洲的赞比亚大力发展农业，是非洲农业大国。图 2-6 给出了非洲上述 5 种主要限制风电集中开发的地面覆盖物分布情况。

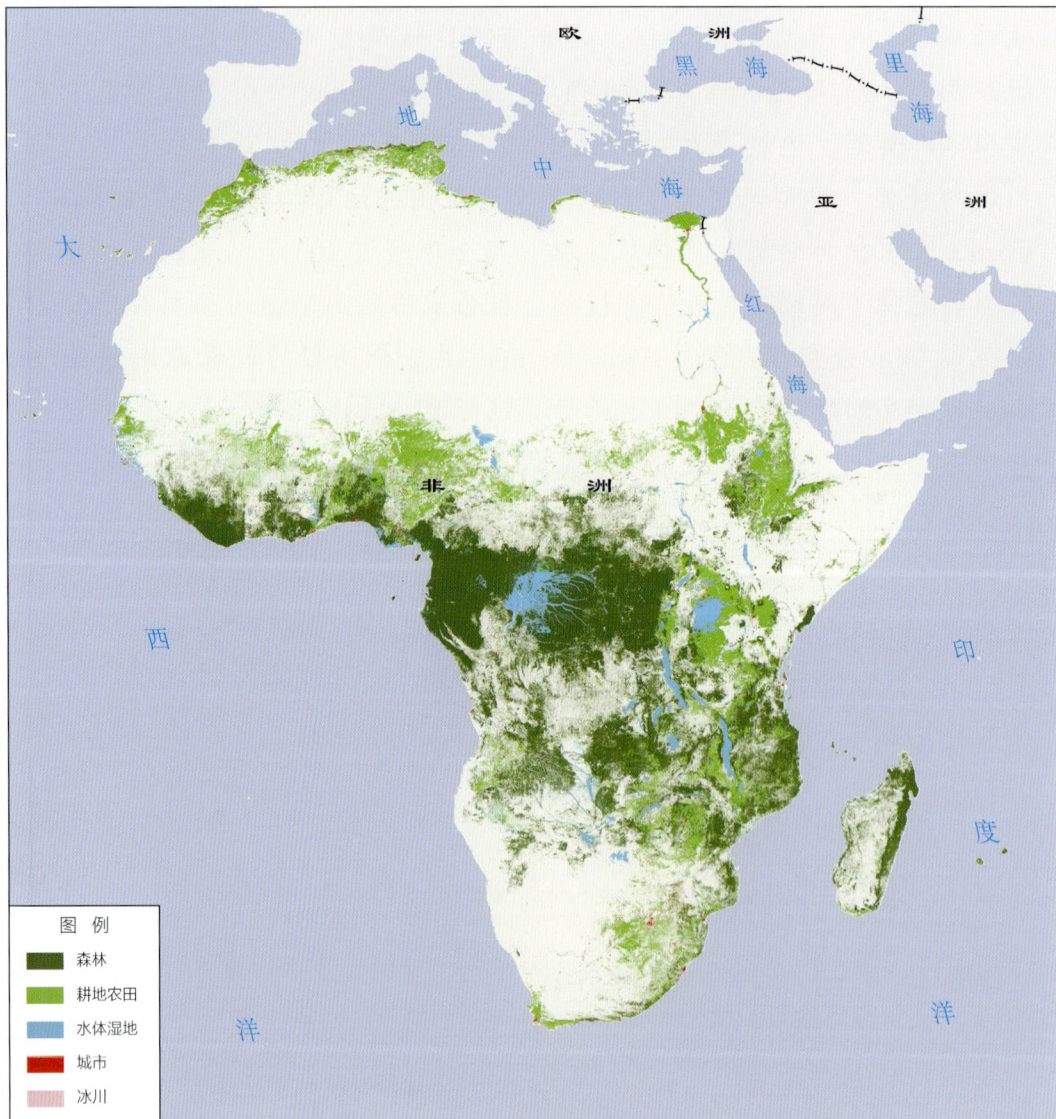

图 2-6　非洲森林、耕地、水体湿地、城市和冰川分布情况示意图

2.2.3 保护区分布

保护区是影响风电资源开发土地性质的限制性因素，一般情况下，大型风电基地的选址开发应规避所有类型的保护区。东部非洲大部分地区属于热带草原气候，广阔的热带草原为各种动物栖息提供了天然场所，野生动物种类繁多，分布着众多自然生态系统野生生物类、自然资源类保护区，全洲保护区总面积高达424万km²。博茨瓦纳野生植物资源非常丰富，是非洲野生动物种类和数量较多的国家，也是最关注野生动植物保护的国家之一，政府在国境范围内设立了3个国家公园和多个大型保护区，保护区总面积约17万km²，高达全国总面积的近30%。研究中考虑的非洲保护区分布情况如图2-7所示。

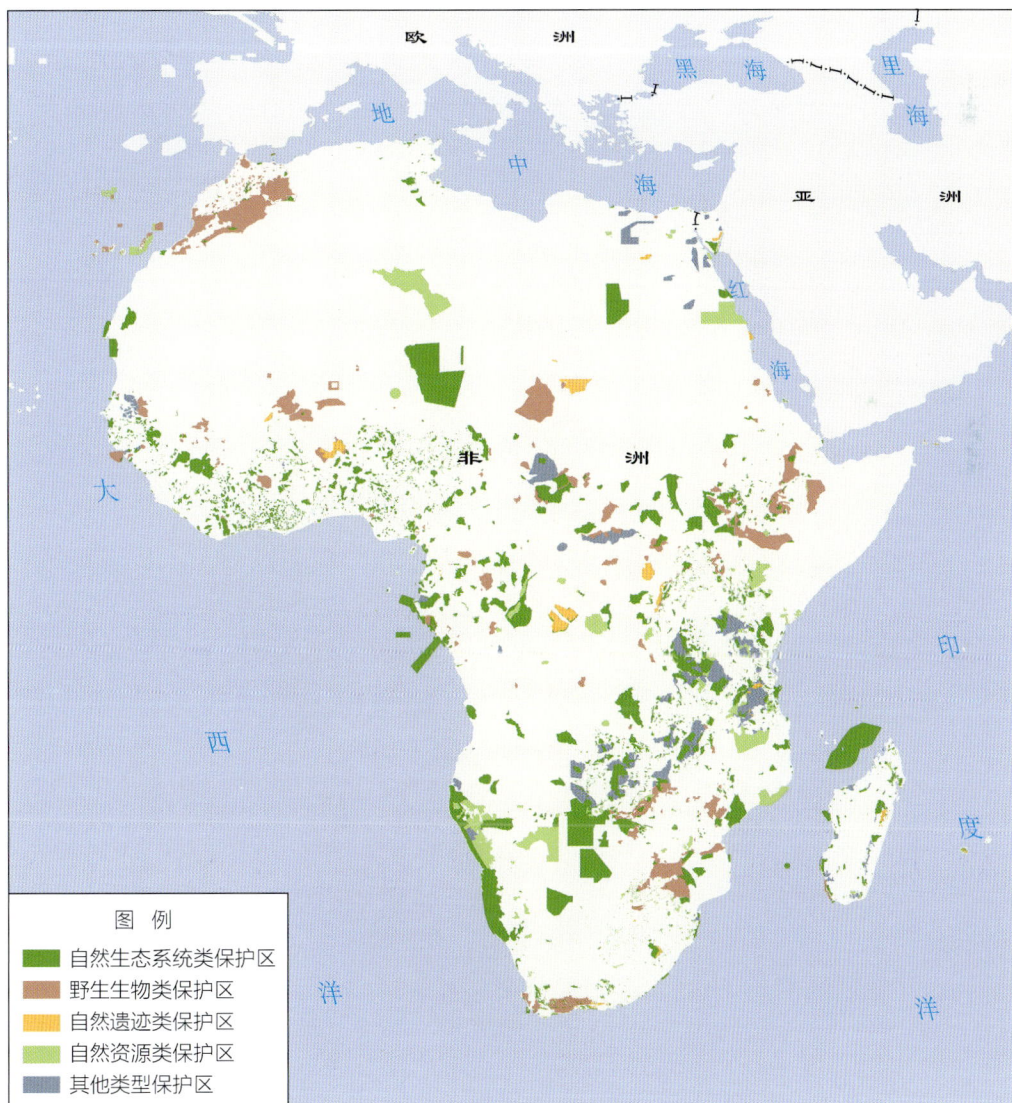

图2-7 非洲主要保护区分布情况示意图

2.2.4 交通设施

风能资源富集地区的交通设施发达程度越高、公路干网等分布越广泛，越有利于大型风电基地的开发建设，利于工程设备与材料的进场运输，提高基地开发经济性。开展风电资源开发经济性的研究，需要结合交通设施的分布情况进行综合分析和测算。非洲主干公路和铁路分布情况示意如图 2-8 所示。

公路方面，基于全球基础信息数据库统计，非洲高等级公路的总里程约 42 万 km，公路总里程约 249 万 km，基本遍布非洲全境。具体来看，北部非洲特别是撒哈拉腹地，鲜有公路穿越，多数地区距离最近的干线公路距离超过 200km；中部非洲的安哥拉、刚果民主共和国树林密布，公路交通设施较少。

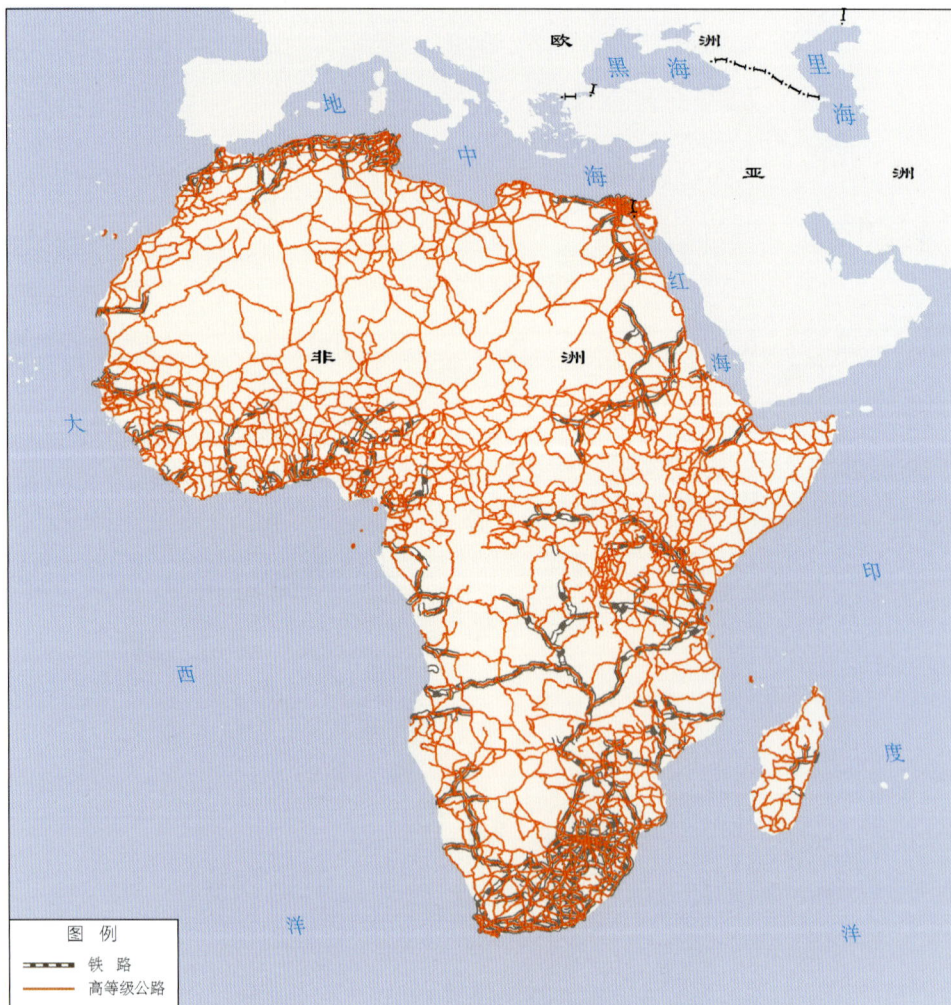

图 2-8 非洲公路和铁路分布情况示意图

铁路方面，基于全球基础信息数据库统计，非洲铁路里程总计约 8 万 km，主要分布在北部非洲地中海沿岸的摩洛哥、阿尔及利亚、突尼斯、埃及，东部非洲的埃塞俄比亚与坦桑尼亚，南部非洲的南非、赞比亚和纳米比亚，西部非洲的科特迪瓦与尼日利亚等国。总体来看，非洲铁路里程短，发展空间巨大。

2.2.5 电网设施

电网基础设施条件越好，大型风电基地的并网成本越小，越有利于开展集中式风电开发。非洲风能资源开发经济性的评估考虑了并网条件的影响，在平准化度电成本中增加了并网成本内容。

根据数据统计，非洲高压电网线路路径总长度约 26.3 万 km，其中 300kV 以上的交流线路长度超过 74000km，±500kV 直流线路约 5546km，表 2-6 是对非洲不同电压等级的交直流电网线路建设情况的统计。

表 2-6　非洲不同电压等级的交、直流线路建设情况

交流线路		直流线路	
电压等级（kV）	线路长度（km）	电压等级（kV）	线路长度（km）
745～765kV	2897	±500	5546
380～500kV	54435	±400 以下	942
300～330kV	16926	—	—
220～275kV	118971	—	—
110～161kV 及以下	63574	—	—
总计	256803	总计	6488

专栏 2-3　　　　　　　　　　　　**非洲电网设施现状**

非洲电网基础设施薄弱，整体电力普及率低。

一方面，各国普遍存在电网覆盖程度低、输送能力弱、供电可靠性低等问题。南非是非洲电网基础最好的国家，最高电压等级达到交流765kV、直流±533kV；北部非洲各国形成 500/400kV 交流主网架。除北部非洲和南非等少数国家外，多数国家最高电压等级在 330kV 及以下，部分国家甚至尚无高压输电网，几乎都未实现全国联网，且设施年久失修、老化严重，令风能、太阳能等清洁能源的集中开发与外送面临较大挑战。

另一方面，非洲整体电力普及率低，2016 年仅为 52%，北部非洲电力普及率较高，仅在部分边远区域存在少量无电人口；广大撒哈拉以南非洲电力普及率仅为 43%，尚存约 6 亿无电人口，占全世界的一半以上。2016 年非洲总用电量约 636.6TWh，不足全球总用电量的 3%，人均用电量518kWh，不足世界平均水平的 1/5，呈现"南北两端高，中间低"的特点，非洲具有巨大的电力需求缺口，迫切需要大力开发风能、太阳能等清洁能源。

非洲电网 110kV 及以上基础设施热力分布情况示意图如图 2-9 所示。总体上，非洲电网基础设施薄弱，非洲大陆的撒哈拉沙漠、刚果盆地热带雨林腹地以及安哥拉西部没有高压电网覆盖[1]。上述区域在 300km 以内没有高压电网（图中的灰色区域），大型风电基地开发的并网条件相对较差，多数风电资源只能就近汇集后远距离外送消纳，需要建设新的大容量、远距离输电通道。

---

[1] 因为资料获取原因，暂不含索马里电网的信息。

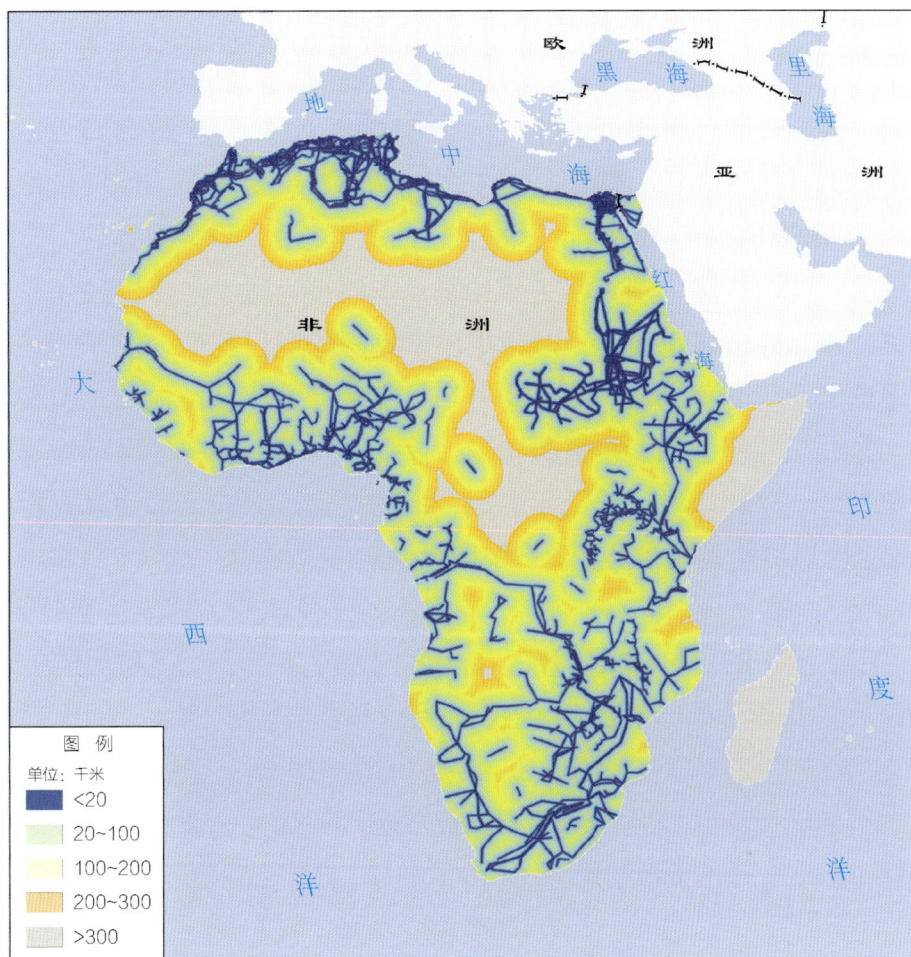

图 2-9 非洲电网设施热力分布示意图

2.2.6 评估结果

1. 理论蕴藏量评估

根据 100m 高度的风速数据测算，非洲风能资源理论蕴藏量 366.1PWh/a，占全球总量的 18%，非洲东部、北部以及南部部分地区均居全球最具有风能资源开发潜力的区域之列。

2. 技术可开发量评估

综合考虑资源和各类技术限制条件后，经评估测算，非洲适宜集中开发的风电规模约 52208.5GW，年发电量约 140.9PWh/a。

从分布上看，非洲技术可开发风能资源主要集中在撒哈拉至地中海沿岸的北部地区，阿尔及利亚、利比亚、苏丹、毛里塔尼亚、马里、尼日尔和埃及境内风能资源占到全洲总量的 70% 以上。上述地区海拔基本在 1000m 以下，地物覆盖类型以裸露地表和少量灌丛为主，除摩洛哥、突尼斯、尼日尔和阿尔及利亚境内的保护区之外，绝大部分地区非常适合建设大型风电基地。非洲中部大部分地区，如喀麦隆、刚果民主共和国、安哥拉等国，风资源较差且多分布热带雨林，不宜建设风电基地；撒哈拉沙漠南缘的尼日利亚以及东部的埃塞俄比亚、坦桑尼亚等国家农业耕地广泛分布，部分地区不具备建设大型风电基地的条件；非洲东部野生动植物资源丰富、保护区众多，部分地区不适宜建设集中式风电基地。总体来说，从资源禀赋、地物覆盖、保护区等因素来看，非洲大部分陆上区域均具备集中开发建设风电基地的条件。

单位国土面积的风电装机容量及其年发电量是表征一个区域风电技术可开发资源条件的重要指标，但是装机容量受地形坡度影响较大，相比而言，采用年发电量与装机容量的比值，即装机利用小时数（容量因子，Capacity Factor）更能够反映区域风电资源技术开发条件的优劣。非洲风电技术可开发区域及其利用小时分布示意图见图 2-10。

从非洲风电技术指标的分布来看，全洲风电技术可开发装机的平均利用小时约 2700 小时（平均容量因子约 0.31），其中肯尼亚北部、乍得北部、利比亚南部与乍得和尼日尔的交界处、苏丹东部的红海沿岸、索马里东部的印度洋沿岸、西撒哈拉的大西洋沿岸、利比亚东北部的地中海沿岸，风电利用小时在 4000~4500，开发条件优越，最大值出现在肯尼亚北部的北霍尔（North Horr）附近，超过 5500 小时。

3. 开发成本评估

按照陆上风电技术装备 2035 年造价水平预测结果测算，综合考虑交通和电网基础设施条件，非洲集中式风电的平均开发成本[1]为 4.12 美分，各国的平均开发成本约 2.88~7.03 美分。按照当前全球约 8 美分的平均电价水平评估[2]，非洲近乎全部的技术可开发装机均满足经济性要求。按照全球风电平均成本 5 美分

---

[1] 非洲集中式风电的平均开发成本为洲内各国家平均开发成本及其年发电量的加权平均值。

[2] 可再生能源发电价格参考国际可再生能源署（IRENA）的报告：《RENEWABLE POWER GENERATION COSTS IN 2018》，燃气、燃煤和核电价格参考国际能源署（IEA）的报告：《Projected Costs of Generating Electricity》。

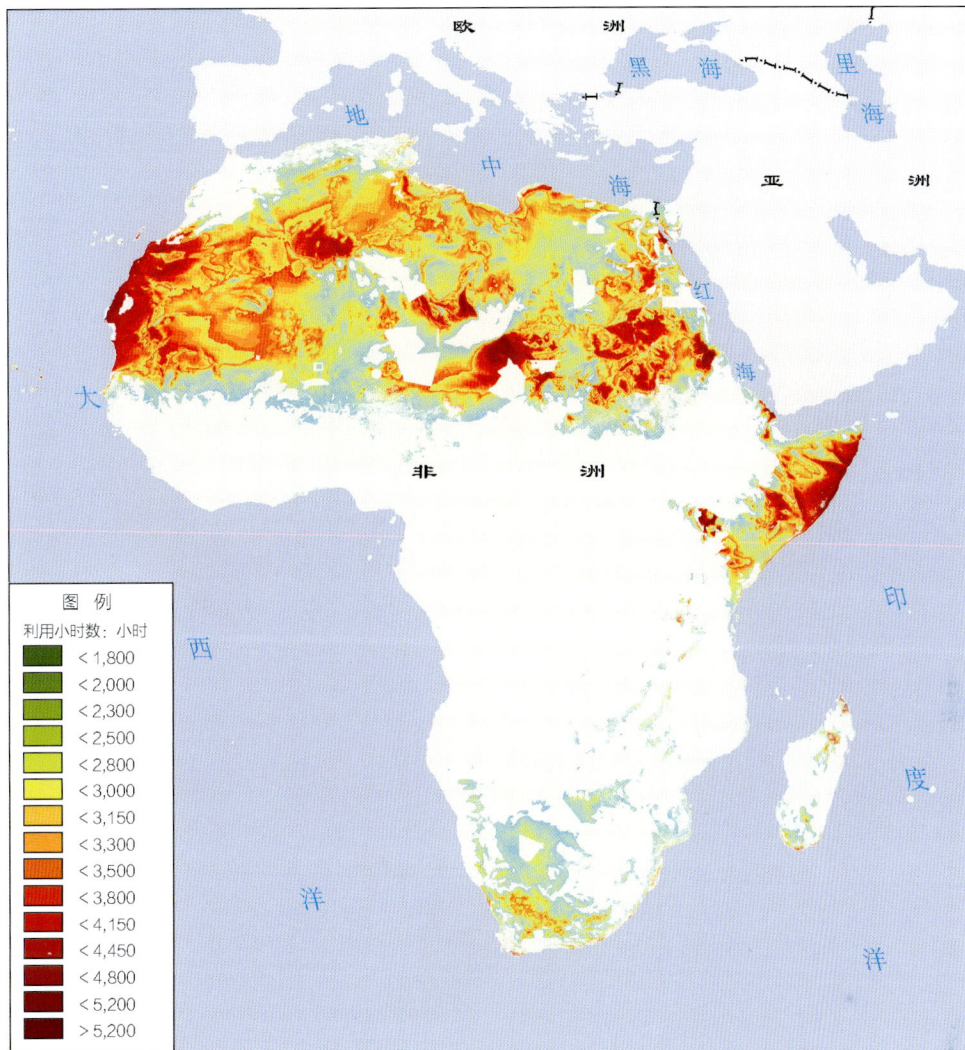

图 2-10 非洲风电技术可开发区域及其利用小时分布示意图

评估，非洲 2035 年造价水平下的风电经济可开发规模约 42.6TW，技术可开发量占比约 82%。非洲风电资源开发成本分布示意图见图 2-11。

从非洲风电开发的国别经济性指标来看，风资源条件优异，同时交通、电网基础设施条件相对较好的国家和地区风电开发成本低，经济性更好。整体而言，非洲可开发的风电资源，绝大部分经济性较好，但是阿尔及利亚、布基纳法索、苏丹、乍得等 22 个国家和地区存在风电开发成本高于 8 美分的情况，这些国家存在因成本而限制开发的区域。从最经济的开发区域来看，苏丹、西撒哈拉、埃及、厄立特里亚、肯尼亚、吉布提、摩洛哥、毛里塔尼亚、南非、利比亚、埃塞俄比亚、阿尔及利亚、突尼斯、坦桑尼亚、乍得等国和地区风电的最低开发成本均低于 2.5 美分，开发经济性好，其中开发成本最低的出现在苏丹东部红海州（Red Sea）陶卡尔（Tokar）西部，为 1.68 美分。

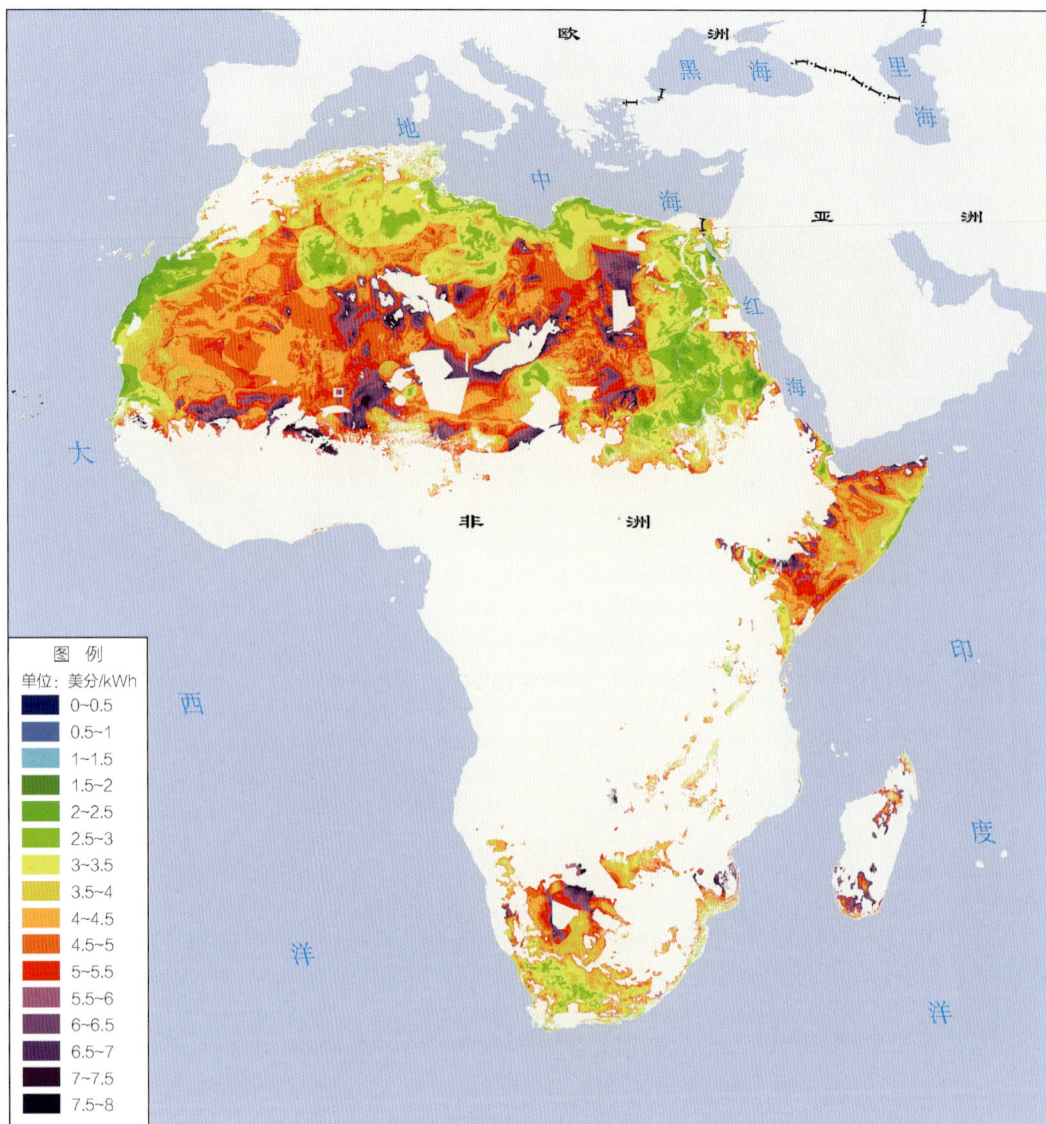

图 2-11 非洲风电开发成本分布示意图

专栏 2-4　　　苏丹风能资源

　　苏丹地处非洲东北部，国土总面积约 187.97 万 km²。根据测算，境内最高海拔 2942m，最大地形坡度 48.6°。

　　苏丹风能资源较好，距地面 100m 高度全年风速范围为 3.1~10m/s，全国平均风速 6.2m/s。全年风速大于 6m/s 的区域主要分布在北部、中部及东部地区，西南部部分地区年平均风速均低于 3.5m/s，资源相对较差。

1. 主要限制性因素

苏丹境内设有不同类型的保护区，包括自然生态系统类保护区 0.85 万 km^2、野生生物类保护区 $279km^2$ 等，保护区总面积约 0.92 万 km^2，具体如专栏 2-4 表 1 所列，以上区域均不宜进行风资源规模化开发。

专栏 2-4 表 1　苏丹主要保护区面积测算结果

万 km^2

总面积	自然生态系统	野生生物	自然遗迹	自然资源	其他
0.92	0.85	0.03	0.04	0	0

苏丹地物覆盖类型以裸露地表为主，面积 119.06 万 km^2，占其总陆地面积的 63.49%；草本植被覆盖面积 37.34 万 km^2，占总陆地面积的 19.91%；耕地面积 19.24 万 km^2，占总陆地面积的 10.26%。苏丹主要地面覆盖物分析结果见专栏 2-4 表 2。草本植被和裸露地表适宜集中开发风电，按照确定的土地利用系数测算，苏丹可进行风能集中式开发的面积约 157.8 万 km^2，占总陆地面积的 83.9%。

专栏 2-4 表 2　苏丹主要地面覆盖物分析结果

万 km^2

国土总面积	河流面积	陆地面积								
		总计	森林	灌丛	草本植被	耕地	湿地沼泽	裸露地表	城市	冰雪
188.00	0.44	187.56	0.30	10.99	37.34	19.24	0.15	119.09	0.15	0

苏丹全境几乎没有发生过地震，风电开发应规避分布在中部及东北部的主要地层断裂带及裂谷地带。苏丹岩层分布以松散沉积岩、硅碎屑沉积岩和变质岩为主。

苏丹人口 3610 万，人口密度超过 3.5 万/ km^2 的人口密集地区主要集中在中东部城市地区，其他区域人口密度较低，规模化开发风电一般应远离人口密集地区。

2. 评估结果

根据测算，苏丹陆地风能资源理论蕴藏量32760TWh/a；集中式开发的技术可开发量6355GW，年发电量17456TWh，平均利用小时数2747（容量因子0.31）。苏丹北部地区风能装机条件好，部分平原地区的装机能力可以达到5MW/km²，全国风电技术可开发量与开发成本分布示意图如专栏2-4图1所示。

根据测算，苏丹陆地风电的平均开发成本为3.55美分/kWh，其中开发条件最好的地区，开发成本低至1.68美分/kWh。苏丹适合风电大规模经济开发的区域主要分布于北部及东部。

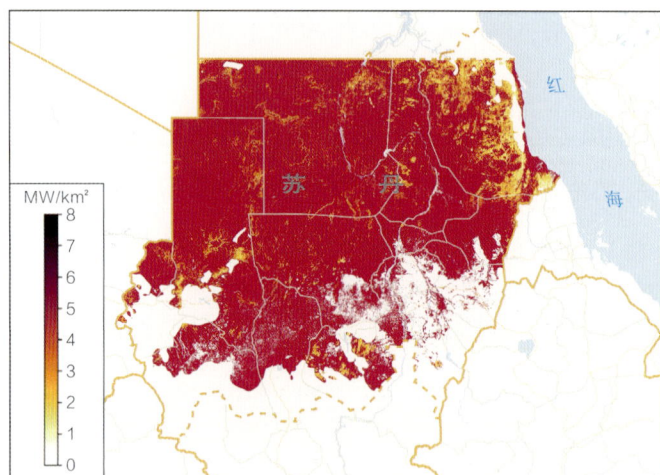

（a）技术可开发量分布

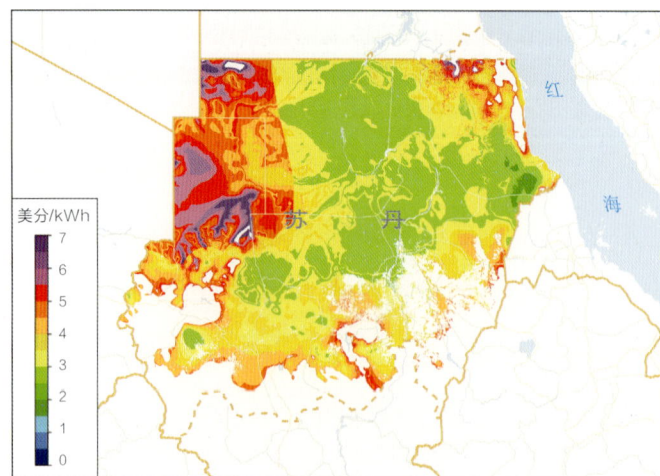

（b）开发成本分布

专栏2-4图1 苏丹风电技术可开发量以及开发成本分布示意图

专栏 2-5 肯尼亚风能资源

肯尼亚地处非洲东部，国土总面积约 58.26 万 km²。根据测算，境内最高海拔高度 4871m，最大地形坡度 52.2°。

肯尼亚风能资源较好，距地面 100m 高度全年风速范围为 1.9~11.0m/s，全国平均风速 5.3m/s，风速分布差异大。全年风速大于 6m/s 的区域主要分布在北部及东部地区，西部及西南部大部分地区年平均风速均低于 3.5m/s，资源相对较差。

1. 主要限制性因素

肯尼亚境内设有大量的保护区，包括自然资源类保护区 4.56 万 km²、自然生态系统类保护区 4.47 万 km² 等，保护区总面积 9.12 万 km²，具体见专栏 2-5 表 1 所列，以上区域均不宜进行风资源规模化开发。

专栏 2-5 表 1　肯尼亚主要保护区面积测算结果

万 km²

总面积	自然生态系统	野生生物	自然遗迹	自然资源	其他
9.12	4.47	0.05	0.03	4.56	0.01

肯尼亚地表草本植被覆盖面积 30.79 万 km²，占其总陆地面积 53.94%；灌丛面积 9.96 万 km²，占总陆地面积 17.46%；耕地 8.38 万 km²，占总陆地面积 14.69%。肯尼亚主要地面覆盖物分析结果见专栏 2-5 表 2。灌丛、草本植被和裸露地表适宜集中开发风电，按照确定的土地利用系数测算，肯尼亚可进行风能集中式开发的面积约 34.9 万 km²，占比 59.9%。

专栏 2-5 表 2　肯尼亚主要地面覆盖物分析结果

万 km²

国土总面积	河流面积	陆地面积								
		总计	森林	灌丛	草本植被	耕地	湿地沼泽	裸露地表	城市	冰雪
58.26	1.20	57.06	5.34	9.96	30.79	8.38	0.21	2.26	0.12	0

肯尼亚地震发生频率不高，历史地震发生频率高的地区主要集中于西部和北部山区，东部平原地区的地震频率较低，风电开发应规避主要地层断裂带、地震带及地震高发区域。肯尼亚岩层分布以松散沉积岩、碳酸盐沉积岩和中间火山岩为主。

肯尼亚人口 4610 万，人口密度超过 3.5 万 /km^2 的人口密集地区主要集中在西部及中部城市地区，东部及北部人口密度较低，规模化开发风电一般应远离人口密集地区。

2. 评估结果

根据测算，肯尼亚陆地风能资源理论蕴藏量 7662TWh/a；集中式开发的技术可开发量 1005GW，年发电量 2695TWh，平均利用小时数 2681（容量因子 0.31）。肯尼亚北部及东部地区风能开发条件好，部分北部和东部平原地区的装机能力可以达到 5MW/ km^2，全国风电技术可开发量以及开发成本分布图谱如专栏 2-5 图 1 所示。

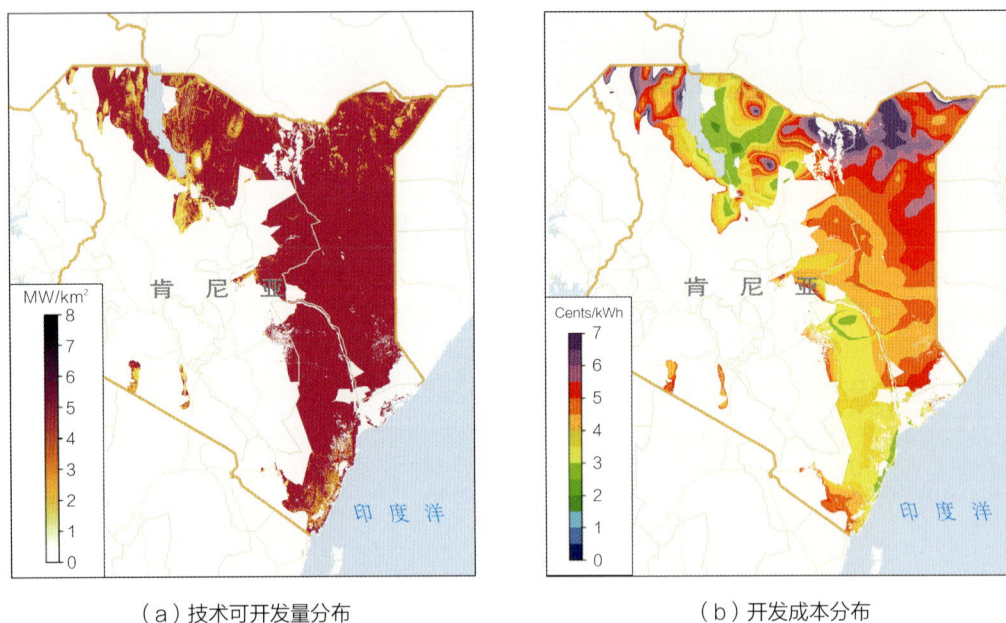

（a）技术可开发量分布　　　　　（b）开发成本分布

专栏 2-5 图 1　肯尼亚风电技术可开发量以及开发成本分布示意图

根据测算，肯尼亚陆地风电的平均开发成本为 4.31 美分 / kWh，其中开发条件最好的地区，开发成本低至 1.88 美分 / kWh。肯尼亚适合风电大规模经济开发的区域主要分布于北部及东南部。

从风电开发的平均经济水平来看，西撒哈拉的全国平均开发成本最低，为 2.88 美分，成本范围为 1.74~5.07 美分。

非洲 57 个国家和地区风能资源评估结果见表 2-7，包括理论蕴藏量、集中式开发规模以及按国别平均的开发成本。其中，技术可开发量的评估结果是按照报告 2.1.3 给定的评估参数计算获得，是满足集中式开发条件区域的装机容量。具体来看，非洲有近 20 个国家和地区基本不具备集中式风电开发条件。其中加蓬、赤道几内亚、利比里亚主要因为森林覆盖率高；几内亚比绍、几内亚、塞拉利昂、科特迪瓦、加纳、多哥、贝宁、中非等国家是因为风速低；圣多美和普林西比、毛里求斯等海岛，则因为森林覆盖率高且国土面积小，不利于集中式风电开发。

表 2-7　非洲 57 个国家和地区风能资源评估结果

序号	国家	理论蕴藏量（TWh/a）	集中式开发规模（GW）	年发电量（TWh/a）	可利用小时数	可利用面积比例（%）	平均开发成本（美分/kWh）
1	埃及	17262.2	3250.7	8452.8	2600	73.14	3.62
2	利比亚	31143.5	7260.1	19299.9	2658	89.41	4.14
3	阿尔及利亚	47353.7	8793.9	23862.9	2713	83.44	4.12
4	摩洛哥	6297.5	198.9	563.3	2828	13.35	3.02
5	突尼斯	3619.2	361.6	997.1	2757	54.63	3.17
6	毛里塔尼亚	24268.1	4849.3	14278.4	2944	98.05	4.22
7	马里	19224.6	4274.1	11371.6	2661	70.54	4.74
8	塞内加尔	2253.6	258.4	565.2	2187	26.44	4.05
9	冈比亚	96.6	1.8	3.2	1835	3.42	5.09
10	布基纳法索	2233.1	168.2	286.8	1704	12.42	6.75
11	西撒哈拉	8495.8	1220.7	4233.3	3468	94.38	2.88
12	佛得角	93.5	5.2	16.3	3093	52.52	5.67
13	几内亚比绍	239.1	0	0	1718	0.01	5.15
14	几内亚	1042.2	0	0	0	0	—
15	塞拉利昂	235.1	0	0	0	0	—
16	利比里亚	271.2	0	0	0	0	—
17	科特迪瓦	1423.3	0	0	0	0	—
18	加纳	1169.3	3.5	6.1	1740	0.31	4.68

序号	国家	理论蕴藏量（TWh/a）	集中式开发规模（GW）	年发电量（TWh/a）	可利用小时数	可利用面积比例（%）	平均开发成本（美分/kWh）
19	多哥	259.5	0.3	0.5	1609	0.11	5.04
20	贝宁	679.4	0.8	1.3	1625	0.14	5.00
21	尼日尔	19144.7	3757.8	9329.0	2483	63.16	4.84
22	尼日利亚	6076.7	262.5	500.6	1907	5.94	4.67
23	喀麦隆	1395.4	12.5	24.4	1958	0.56	4.51
24	赤道几内亚	51.6	0	0	0	0	—
25	圣多美和普林西比	5.6	0	0	0	0	—
26	乍得	23145.6	2901.5	8665.9	2987	48.90	4.23
27	苏丹	32760.4	6354.9	17455.7	2747	71.26	3.55
28	南苏丹	3750.1	76.1	152.5	2002	2.59	4.66
29	中非	2573.4	0.0	0.0	0	0	—
30	埃塞俄比亚	9638.7	889.8	2450.8	2754	18.05	4.39
31	厄立特里亚	1469.6	142.2	359.2	2523	31.08	4.02
32	索马里	18234.2	2193.0	6668.3	3040	75.21	4.12
33	吉布提	381.1	40.1	108.4	2703	55.57	3.24
34	肯尼亚	7662.3	1005.1	2695.1	2681	36.70	4.31
35	乌干达	756.8	0	0	0	0	—
36	坦桑尼亚	5519.5	83.7	188.9	2258	2.32	3.90
37	卢旺达	38.9	0	0	0	0	—
38	布隆迪	42.3	0	0	0	0	—
39	刚果民主共和国	5007.4	2.4	4.8	2028	0.03	4.46
40	刚果	697.1	0	0	0	0	—
41	加蓬	518.0	0	0	0	0	—
42	安哥拉	5774.3	0.1	0.2	2240	0	5.57
43	赞比亚	5468.0	115.1	225.9	1963	3.46	4.59
44	马拉维	802.8	10.1	23.4	2332	2.28	3.68
45	莫桑比克	6679.4	294.3	584.5	1986	7.91	4.79
46	科摩罗	12.4	0	0	0	0	—

续表

序号	国家	理论蕴藏量（TWh/a）	集中式开发规模（GW）	年发电量（TWh/a）	可利用小时数	可利用面积比例（%）	平均开发成本（美分/kWh）
47	马达加斯加	5714.3	249.2	586.7	2353	13.21	5.36
48	塞舌尔	7.6	0	0	0	0	—
49	毛里求斯	56.1	6.0×10^{-3}	1.7×10^{-2}	2804	0.19	6.67
50	留尼汪（法）	18.5	0.0	0.0	2616	0.07	7.03
51	纳米比亚	9453.8	688.7	1399.2	2031	19.24	4.48
52	博茨瓦纳	6302.3	835.9	1739.1	2081	28.90	4.78
53	津巴布韦	3166.7	133.5	261.1	1955	7.62	4.34
54	南非	16870.1	1599.0	3750.9	2348	33.63	3.75
55	斯威士兰	149.1	1.5	2.8	1881	2.81	4.5
56	莱索托	279.1	2.2	4.3	1944	5.23	4.85
57	圣赫勒拿（英）	4.7	0.1	0.3	3753	14.70	6.88
	总计	366136.3	52208.5	140911.8	2699	37.62%	4.12

注：1. 非洲总计数据不包含埃及亚洲部分的评估结果。

2. 非洲风电利用小时数为洲内年总发电量与总技术可开发量的比值。

3. 非洲风电可利用面积比例为洲内总可利用面积与全洲总面积的比值。

4. 非洲风电平均开发成本为洲内各国家平均开发成本及其年发电量的加权平均值。

2.3 基地开发

2.3.1 开发现状

从 2013 年起，非洲风电装机开始较快增长，2018 年总装机规模达到 5465MW，非洲历年风电总装机容量如图 2-12（a）所示[1]。

其中，南非、摩洛哥和埃及风电装机容量较大，分别为 2161MW、1094MW 和 841MW，发电量分别为 6900GWh、3841GWh 和 2334GWh，具体情况如表 2-8 所示[2]。从图 2-12（b）中可知，自 2010 年到 2018 年，南非和摩洛哥风电装机容量增长较快。2017 年南非新建了 Longyuan Mulilo Green Energy De Aar 2 North Wind Energy Facility 风电场，装机容量 144MW，2016 年新建了 Amakhala Emoyeni 风电场，装机容量 134.4MW。2017 年摩洛哥新建了 Midelt 风电场，装机容量 150MW，2014 年新建了 Parc Eolien Tarfaya 风电场，装机容量 301MW。

根据国际可再生能源署（International Renewable Energy Agency，IRENA）统计，从 2010 年至 2018 年，非洲风电加权平均的初投资水平下降加快，从 2200 美元 /kW 降至 1400 美元 /kW。非洲风电加权平均的度电成本从 10 美分 / kWh 降至 5.7 美分 / kWh[3]。

表 2-8　2018 年非洲主要国家风电开发情况

国家	风电装机容量（MW）	风电发电量（GWh）
南非	2161	6900
摩洛哥	1094	3841
埃及	841	2334
埃塞俄比亚	324	779

[1] 资料来源：International Renewable Energy Agency. Renewable capacity statistics 2019[R]. Abu Dhabi: IRENA, 2019.

[2] 资料来源：彭博社 . 全球装机和发电量统计 [EB/OL]，2020-02-24.

[3] 资料来源：International Renewable Energy Agency. Renewable Power Cost in 2018[R]. Abu Dhabi: IRENA, 2019.

（a）非洲历年风电总装机容量　　　　　　　　（b）非洲主要国家历年风电装机容量

图 2-12　非洲风电装机容量

2.3.2　基地布局

根据非洲风能资源评估结果，综合考虑资源特性和开发条件，大型风电基地宜在技术指标高、开发成本低的区域进行布局。综合当地用电需求，根据非洲能源互联网主要战略输电通道布局，未来将在北部非洲开发埃及马特鲁、利比亚米苏拉塔、突尼斯加贝斯、阿尔及利亚盖尔达耶和摩洛哥扎格风电基地，2035 年开发规模可达到 10.00GW；在东部非洲开发苏丹红海、苏丹杜伟姆、埃塞俄比亚吉吉加和肯尼亚北霍尔风电基地，2035 年开发规模可达到 4.40GW；在南部非洲开发纳米比亚吕德里茨、南非弗雷泽堡和博茨瓦纳奥拉帕风电基地，2035 年开发规模可达到 7.00GW。

报告基于数字化选址模型和软件，对上述 12 个风电基地的开发条件、装机规模、工程设想、发电特性和投资水平进行了研究，提出了初步开发方案。12 个风电基地的总装机规模约 21.40GW，年发电量 68.13TWh/a，根据远景规划，未来开发总规模有望超过 50GW。按照 2035 年非洲陆上风电造价预测成果，基于项目基本情况进行投资估算，非洲风电基地总投资约 200.28 亿美元，度电成本区间为 1.75~3.61 美分 / kWh。

非洲大型风电基地总体布局示意图见图 2-13。

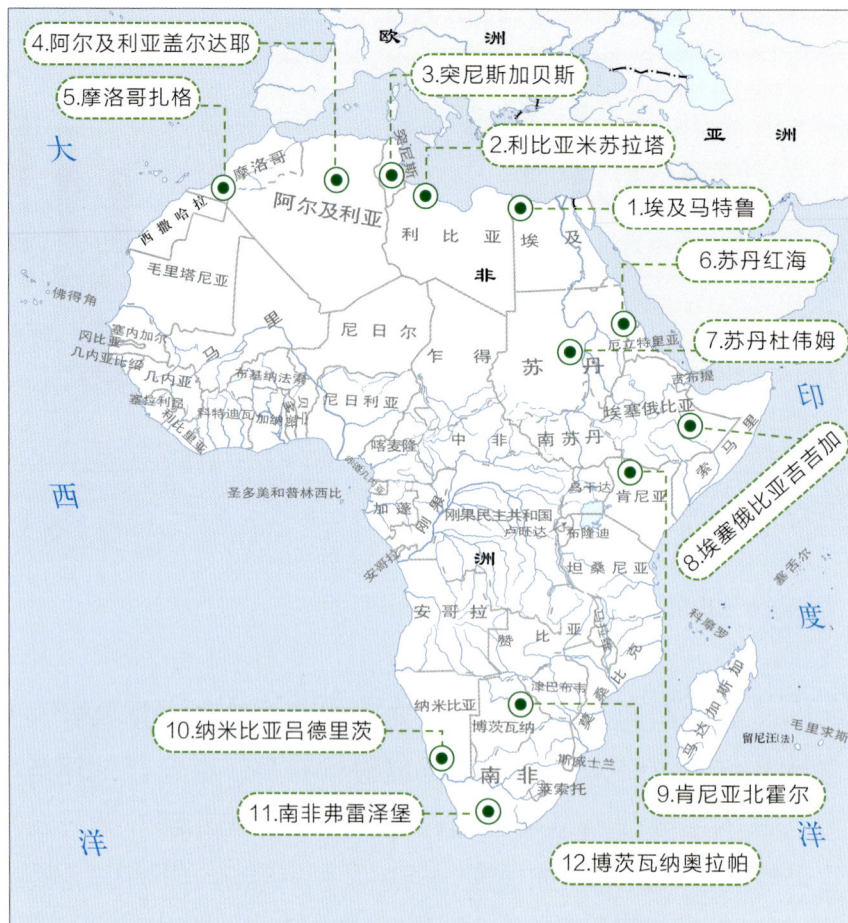

图 2-13 非洲大型风电基地布局示意图

2.3.3 基地概述

报告提出的非洲 12 个大型风电基地选址的总体情况如下。

1. 埃及马特鲁基地

基地位于埃及马特鲁省东北部，年平均风速 6.69m/s，主导风向为 N[1]。基地占地面积 1001.88km²，海拔高程范围为 197~224m，主要地形为平原。基地选址避让了保护区，范围内没有地面覆盖物、地形坡度等影响因素，可装机土地利用率 100%。按照初步开发方案，基地装机容量 5.00GW，年发电量13201GWh；项目总投资 43.85 亿美元，综合度电成本 3.13 美分 / kWh。

---

[1] 风向代码见图 2-18（a）。后同。

2. 利比亚米苏拉塔（Misurata）基地

基地位于利比亚米苏拉塔省南部，年平均风速 6.48m/s，主导风向为 NW。基地占地面积 207.31km²，海拔高程范围为 39.5~99.5m，主要地形为平原。基地选址避让了保护区，范围内基本没有地面覆盖物、地形坡度等影响因素，可装机土地利用率达 97.29%。按照初步开发方案，基地装机容量约 1.00GW，年发电量达 3024GWh；项目总投资约 8.76 亿美元，综合度电成本为 2.73 美分 / kWh。

3. 突尼斯加贝斯（Gabes）基地

基地位于突尼斯加贝斯省南部，年平均风速 7.51m/s，主导风向为 E。基地占地面积 278.38km²，海拔高程范围为 229.5~453.5m，主要地形为平原和丘陵。基地选址避让了保护区，范围内基本没有地面覆盖物、地形坡度等影响因素，可装机土地利用率 99.96%。按照初步开发方案，基地装机容量约 1.00GW，年发电量 3338GWh；项目总投资 8.78 亿美元，综合度电成本 2.48 美分 / kWh。

4. 阿尔及利亚盖尔达耶（Ghardaia）基地

基地位于阿尔及利亚盖尔达耶省北部，年平均风速 6.87m/s，主导风向为 N。基地占地面积 301.61km²，海拔高程范围为 720~780.5m，主要地形为高原平地。基地选址避让了保护区，范围内基本没有地面覆盖物、地形坡度等影响因素，可装机土地利用率 99.88%。按照初步开发方案，基地装机容量 1.50GW，年发电量 4169GWh；项目总投资 14.29 亿美元，综合度电成本 3.23 美分 / kWh。

5. 摩洛哥扎格（Zag）基地

基地位于摩洛哥南部省南部，年平均风速 8.12m/s，主导风向为 NW。基地占地面积 588.44km²，海拔高程范围为 227.5~929m，主要地形为山地。基地选址避让了保护区，范围内没有地面覆盖物、地形坡度等影响因素，可装机土地利用率 99.51%。按照初步开发方案，基地装机容量 1.50GW，年发电量 5335GWh；项目总投资 14.02 亿美元，综合度电成本 2.47 美分 / kWh。

6. 苏丹红海（Red Sea）基地

基地位于苏丹红海省南部，年平均风速 9.80m/s，主导风向为 NE。基地占地面积 315.40km²，海拔高程范围为 284.5~1154.5m，主要地形为山地。基地选址避让了保护区，范围内没有地面覆盖物、地形坡度等影响因素，可装机土地利用率 96.62%。按照初步开发方案，基地装机容量 1.00GW，年发电量 4897GWh；项目总投资 9.08 亿美元，综合度电成本 1.75 美分 / kWh。

7. 苏丹杜伟姆（Ed Dueim）基地

基地位于摩洛哥北科尔多凡省（Northern Kordofan）中东部，年平均风速 7.73m/s，主导风向为 N。基地占地面积 207.65km²，海拔高程范围为 488~610.5m，主要地形为平原和丘陵。基地选址避让了保护区，范围内基本没有地面覆盖物、地形坡度等影响因素，可装机土地利用率 97.72%。按照初步开发方案，基地装机容量 1.00GW，年发电量 3542GWh；项目总投资 8.72 亿美元，综合度电成本 2.32 美分 / kWh。

8. 埃塞俄比亚吉吉加（Jijiga）基地

基地位于埃塞俄比亚哈勒尔盖省（Harerge）中东部，基地年平均风速 7.75m/s，主导风向为 SW。基地占地面积 302.00km²，海拔高程范围为 885.5~1030m，主要地形为高原平地。基地选址避让了保护区，考虑地面覆盖物、地形坡度等因素影响，可装机面积 241.60km²，利用率 80.00%。按照初步开发方案，基地装机容量 1.20GW，年发电量 3995GWh；项目总投资 15.33 亿美元，综合度电成本 3.61 美分 / kWh。

9. 肯尼亚北霍尔（North Horr）基地

基地位于肯尼亚东部省（Eastern）东北部，年平均风速 10.68m/s，主导风向为 ESE。基地占地面积 444.32km²，海拔高程范围为 675~1323.5m，主要地形为高原山区。基地选址避让了保护区，受地面覆盖物、地形坡度等因素影响，可装机面积 360.82km²，利用率 81.21%。按照初步开发方案，基地装机容量 1.20GW，年发电量 6784GWh；项目总投资 15.09 亿美元，综合度电成本 2.09 美分 / kWh。

10. 纳米比亚吕德里茨（Luderitz）基地

基地位于纳米比亚吕德里茨省东北部，年平均风速 6.59m/s，主导风向为 ENE。基地占地面积 207.76km²，海拔高程范围为 1076.5~1444.5m，主要地形为高原平地和丘陵。基地选址避让了保护区，范围内基本没有地面覆盖物、地形坡度等影响因素，可装机土地利用率 99.48%。按照初步开发方案，基地装机容量 1.00GW，年发电量 2798GWh；项目总投资 9.52 亿美元，综合度电成本 3.20 美分 / kWh。

11. 南非弗雷泽堡（Fraserburg）基地

基地位于南非北开普省（Northern Cape）中东部，年平均风速 7.21m/s，主导风向为 SE。基地占地面积 1584.26km²，海拔高程范围为 1347.5~1652m，主要地形为高原山区。基地选址避让了保护区，受地面覆盖物、地形坡度等因素影响，可装机面积 1256.82km²，利用率 79.33%。按照初步开发方案，基地装机容量 5.00GW，年发电量 14481GWh；项目总投资 43.99 亿美元，综合度电成本 2.86 美分 / kWh。

12. 博茨瓦纳奥拉帕（Orapa）基地

基地位于博茨瓦纳中部省（Central）北部，年平均风速 6.22m/s，主导风向为 E。基地占地面积 252.00km²，海拔高程范围为 1068~1134m，主要地形为高原平地。基地选址避让了保护区，受地面覆盖物、地形坡度等因素影响，可装机面积 200.8km²，利用率 79.68%。按照初步开发方案，基地装机容量 1.00GW，年发电量 2563GWh；项目总投资 8.85 亿美元，综合度电成本 3.25 美分 / kWh。

各大型风电基地主要技术经济指标如表 2-9 所示。

表2-9 非洲主要大型风电基地技术经济指标

序号	基地名称	国家	占地面积（km²）	主要地形	年均风速（m/s）	装机容量（GW）	年发电量（GWh）	总投资（亿美元）	度电成本（美分/kWh）
1	马特鲁	埃及	1001.88	平原	6.69	5	13201	43.85	3.13
2	米苏拉塔	利比亚	207.31	平原	6.48	1	3024	8.76	2.73
3	加贝斯	突尼斯	278.38	平原和丘陵	7.51	1	3338	8.78	2.48
4	盖尔达耶	阿尔及利亚	301.61	高原平地	6.78	1.5	4169	14.29	3.23
5	扎格	摩洛哥	588.44	山地	8.12	1.5	5335	14.02	2.47
6	红海	苏丹	315.40	山地	9.80	1	4897	9.08	1.75
7	杜伟姆	苏丹	207.65	平原和丘陵	7.73	1	3542	8.72	2.32
8	吉吉加	埃塞俄比亚	302.00	高原平地	7.75	1.2	3995	15.33	3.61
9	北霍尔	肯尼亚	444.32	高原山区	10.68	1.2	6784	15.09	2.09
10	吕德里茨	纳米比亚	207.76	高原平地和丘陵	6.59	1	2798	9.52	3.20
11	弗雷泽堡	南非	1584.26	高原山区	7.21	5	14481	43.99	2.86
12	奥拉帕	博茨瓦纳	252.00	高原平地	6.22	1	2563	8.85	3.25
合计			—	—	—	21.4	68127	200.28	

2.3.4 基地选址研究

报告给出了苏丹红海和肯尼亚北霍尔 2 个风电基地选址研究的详细结果，可供项目开发研究参考。

2.3.4.1 苏丹红海风电基地

1. 主要开发条件分析

风资源条件。红海风电基地位于苏丹红海省南部，距地面 100m 高度的全年平均风速范围 9.22~10.01m/s，综合平均风速 9.80m/s，区域主导风向 NE，总体资源条件优越，适宜进行风能资源的规模化开发。风速图谱如图 2-14 所示。

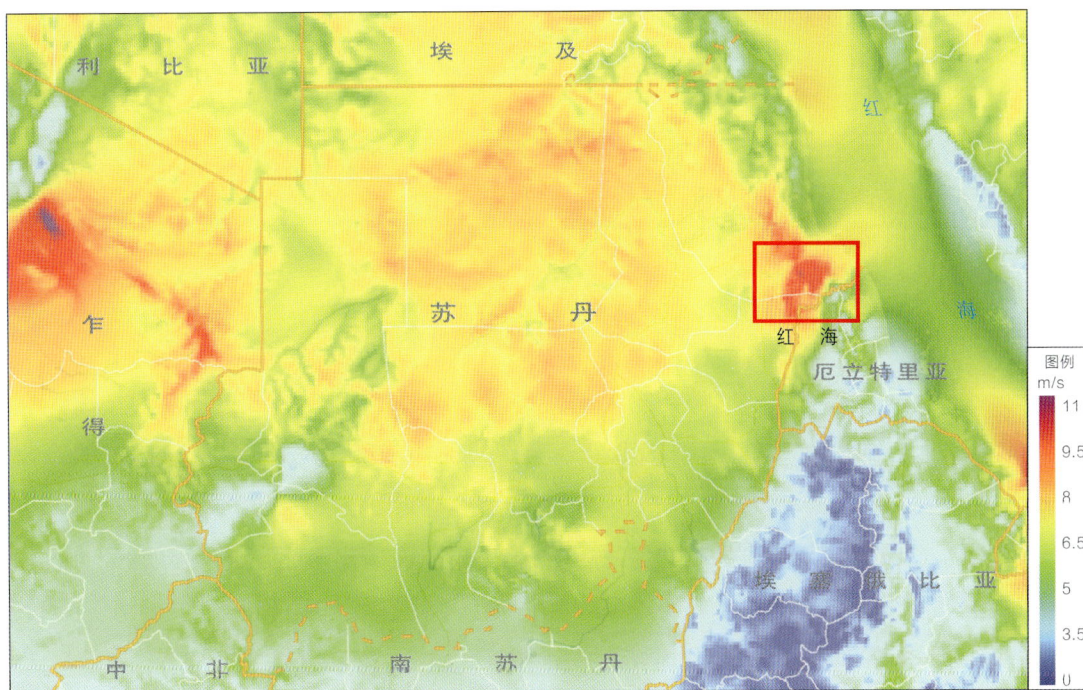

图 2-14　红海风电基地风速分布示意图

地形地貌。基地地处苏丹南部山地，东临红海，西临阿特巴拉河，北接阿巴达卜山（Abadab）。区域内的海拔高程范围 284.5~1154.5m，最大坡度 34.6°，基本为山地和丘陵，可以开发大型山地风电基地。

主要限制性因素。红海风电基地距红海约 110km，占地总面积 315.40km²，选址及其周边主要限制因素分布如图 2-15 所示。区域内地物覆盖类型主要为裸露地表。区域内无自然保护区等限制性因素，选址主要避让东南部 65km 处的野生生物类保护区以及北部 180km 处的苏丹港（Bursudan）人口密集区。交通设施方面，北部 160km 处有 Port Sudan 机场，东南部 20km 有公路通过。电网电源方面，西北部 150km 处有 1 条双回线 220kV 交流输电通道，西部 4km 和 182km 处各有 1 条规划的 220kV 和 500kV 双回线交流输电通道，接入电网条件较好，北部约 180km 处有一座 38MW 燃油电厂。

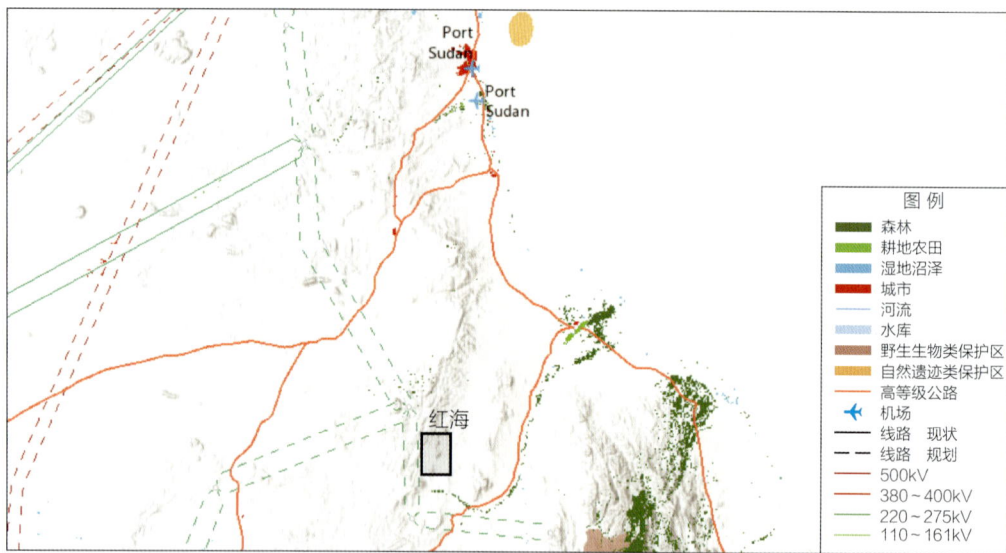

图 2-15　红海风电基地选址示意图

基地范围内变质岩、松散沉积岩和基性深成岩主要发育。西部 15km 处和东部 30km 处接触断层和裂谷分布，距离最近的存在历史地震记录的地区约 290km，地质结构稳定。基地岩层分布及地震情况如图 2-16 所示。区域内无大型城镇等人类活动密集区，距离最近人口密集区域（3.5 万 /km²）超过 180km，距离基地最近的大型城市为苏丹港。

2. 开发规模与资源特性

经测算，基地风能资源理论蕴藏总量为 14791GWh/a。装机容量 1.00GW，年发电量 4897GWh，利用小时数 4846。基地风能年发电量的地理区域分布如图 2-17（a）所示，基地中部及西北部地形起伏相对较大，装机密度较低；基地

8760 逐小时出力系数热力分布如图 2-17（b）所示，其横坐标代表 24 小时，纵坐标代表 365 天，反映了 8760 小时风电出力随时间变化的规律。

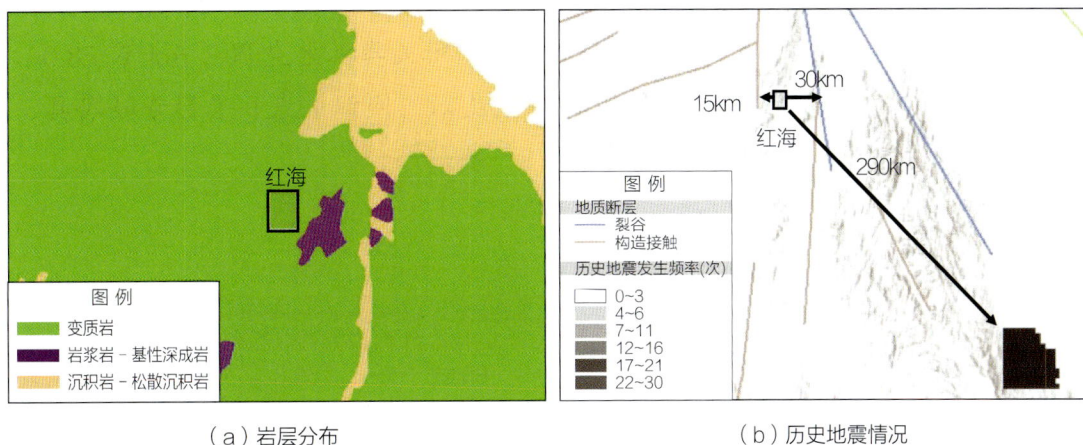

（a）岩层分布   （b）历史地震情况

图 2-16 红海风电基地岩层分布及地震情况示意图

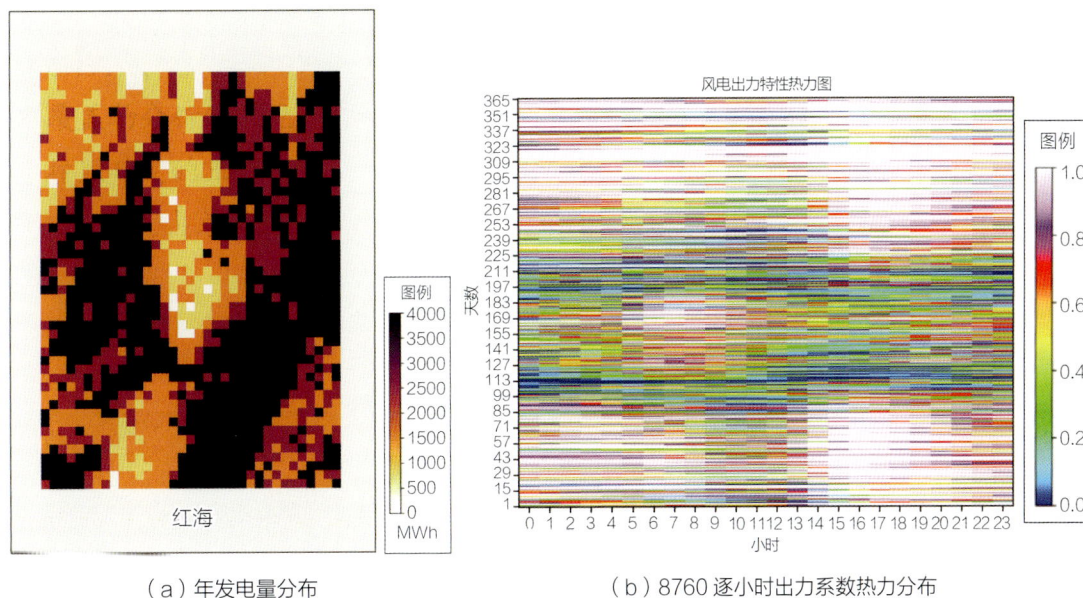

（a）年发电量分布   （b）8760 逐小时出力系数热力分布

图 2-17 红海风电基地年发电量分布和 8760 逐小时出力系数热力分布图

  选择代表点对基地发电特性进行分析。基地的风向玫瑰图和风速威布尔分布图如图 2-18 所示，风速和风功率的典型日变化和年变化曲线如图 2-19 所示，对应风能发电出力的典型日变化和年变化曲线如图 2-20 所示。从风频分布来看，主要风速分布集中在 9~12m/s。从日变化来看，大风时段主要集中在 16—20 点［世界标准时间（GMT），下同。折算成苏丹当地时间为 19—23 点］，中风速时段从 1—5 点，小风时段主要集中在 10—13 点。从月度变化来看，11 月—次年 3 月风速大，发电能力强，6—9 月风速小，发电能力弱。

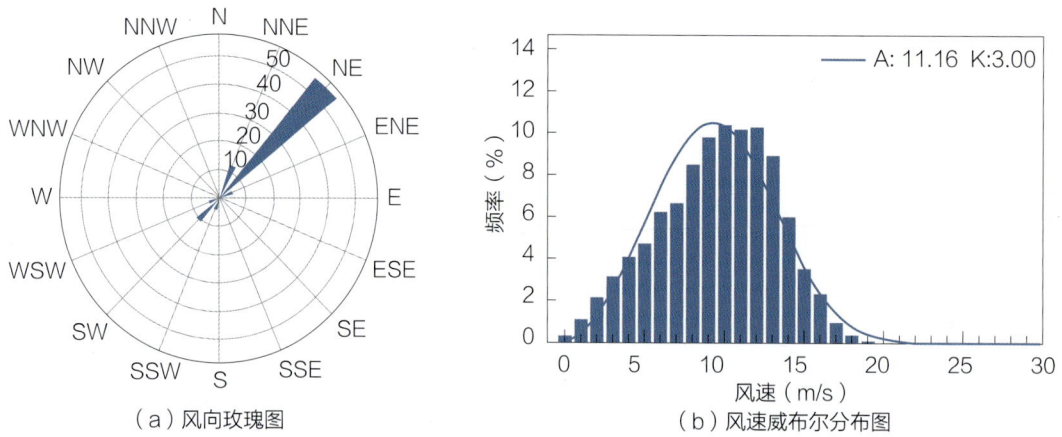

（a）风向玫瑰图　　　　　　（b）风速威布尔分布图

图 2-18　红海风电基地风向玫瑰图和风速威布尔分布图

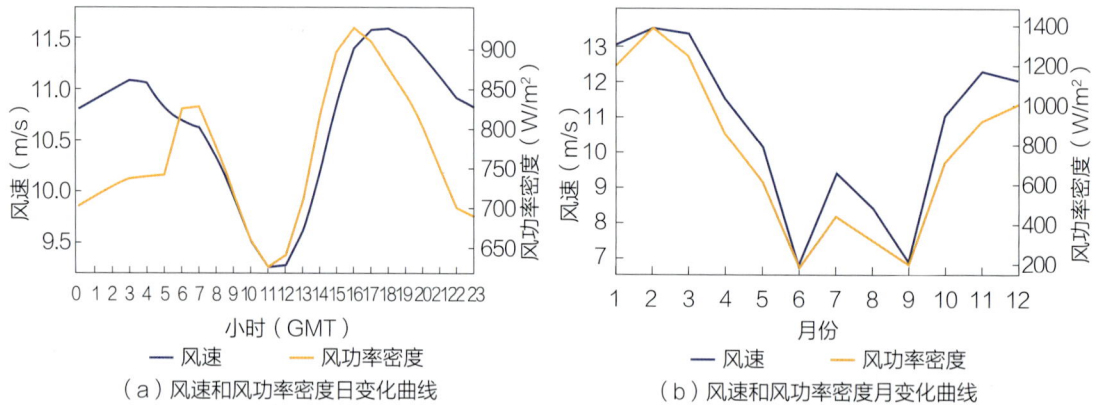

（a）风速和风功率密度日变化曲线　　　（b）风速和风功率密度月变化曲线

图 2-19　红海风电基地风速和风功率密度的典型日变化和年变化曲线

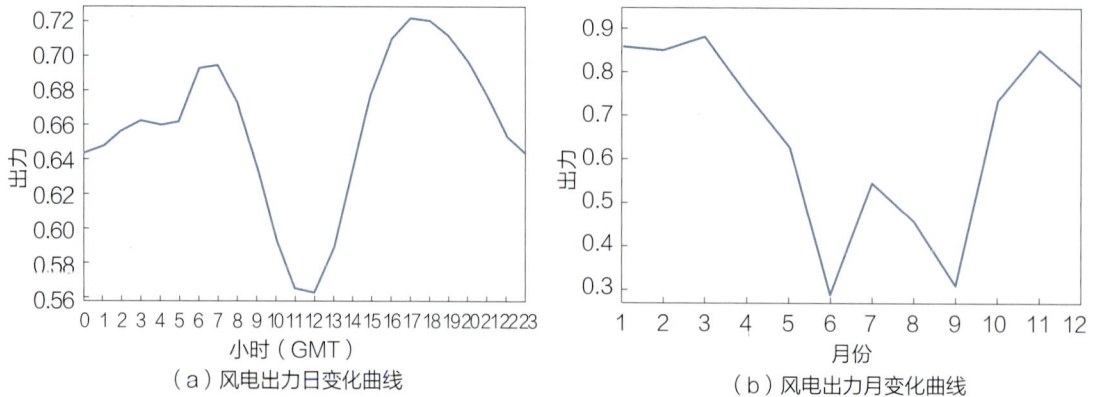

（a）风电出力日变化曲线　　　　　　（b）风电出力月变化曲线

图 2-20　红海风电基地典型日出力和年出力曲线

3. 工程设想与经济性分析

基地装机容量 1.00GW，暂按单机容量 3.0MW、叶轮直径 140m 的风机开展风机排布研究。综合考虑风向和地形等条件，并基于中国大型风电场设计经验及相关风机排布原则，采用风电基地宏观选址规划数字化方法，开展风机自动排布。风机排布采用不等间距、梅花型布机方式，2 行（沿主风能方向）分别采用 7、10.5 倍叶轮直径不等间距布置，每 6 行设置一个 2.5km 风速恢复带；行内间距（垂直主风能方向）采用 3 倍叶轮直径。按此原则测算，基地内需布置风机 334 台，典型区域布置效果如图 2-21 所示。

图 2-21　北霍尔风电基地部分区域风机布置示意图

按照对陆上风电技术装备 2035 年经济性水平预测，综合考虑交通和电网基础设施条件，基地总投资估算 9.08 亿美元，其中并网及交通成本 0.5 亿美元。风电基地投资匡算见表 2-10。按此测算，基地开发后平均度电成本 1.75 美分 / kWh。基于 12% 内部收益率测算的上网电价 3.16 美分 / kWh。

表 2-10　红海风电基地投资匡算表

编号	项目内容	数额
1	设备成本（亿美元）	6.23
2	建设成本（亿美元）	1.81
3	其他成本（亿美元）	0.54
4	并网及交通成本（亿美元）	0.5
	单位千瓦投资（美元）	908

2.3.4.2 肯尼亚北霍尔风电基地

1. 主要开发条件分析

风资源条件。北霍尔风电基地位于肯尼亚东部省东北部，距地面 100m 高度的全年平均风速范围 10.13~11.00m/s，综合平均风速 10.68m/s，区域主导风向 ESE，总体资源条件优越，适宜进行风能资源的规模化开发。风速图谱如图 2-22 所示。

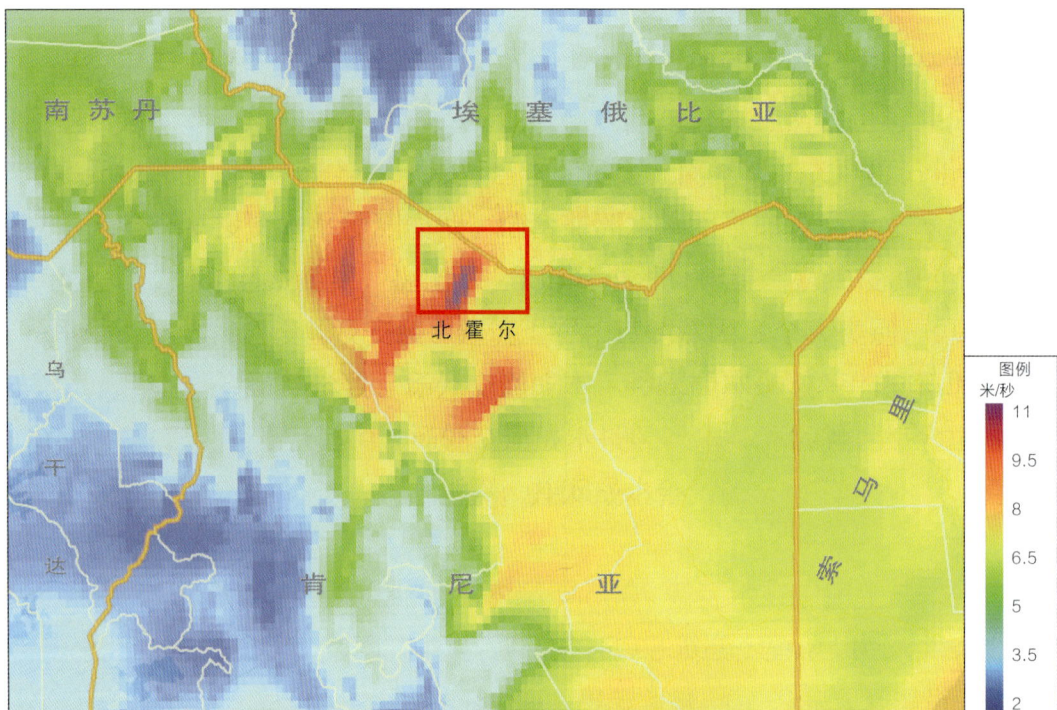

图 2-22　北霍尔风电基地风速分布示意图

地形地貌。区域地处肯尼亚东北部山地地带，区域内海拔高程范围 675~1323.5m，最大坡度 16.6°，基本为山地和低矮丘陵，可以开发大型风电基地。

主要限制性因素。基地占地总面积 444.32km²，选址及其周边主要限制因素分布示意图如图 2-23 所示。区域内地物覆盖类型主要为草本植被和灌丛。区域内无自然保护区等限制性因素，选址主要避让北部 28km 处的野生生物类保护区东南部 100km 处的自然资源类保护区以及西北部 120km 处的自然生态系统类保护区。交通设施方面，西部 120km、西南部 108km 以及东部 140km 处分别有 Thangrial 机场、Lovengalani 机场和 Moyale 机场。东部 9km 有公路通过，南部 15km 以及西部 40km 处均有公路通过，交通便利。电网方面，基地东部 65km 有 1 条 ±500kV 直流输电通道，接入电网条件较好。

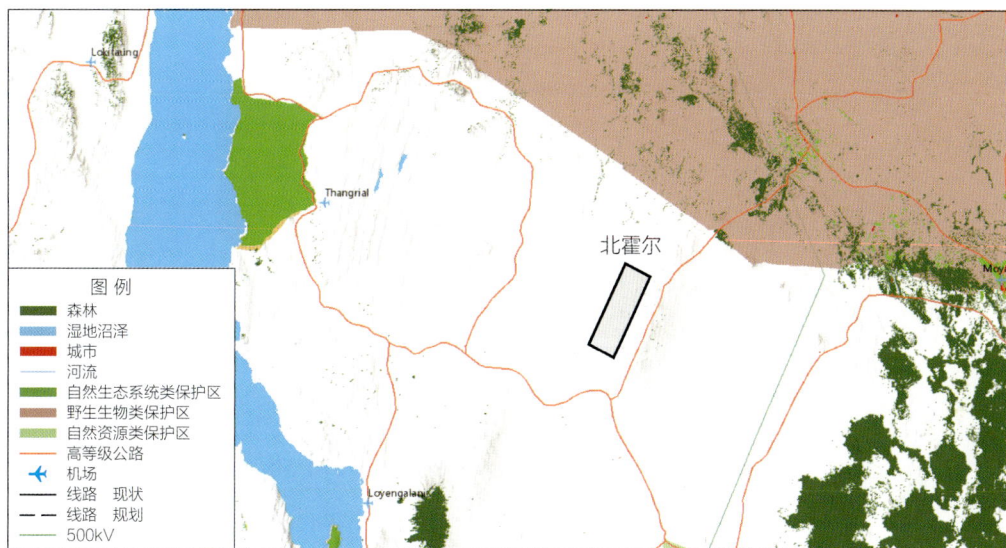

图 2-23　北霍尔风电基地选址示意图

基地范围内中性火山岩主要发育，东北部 40km 处接触断层分布，距离最近的存在历史地震记录的地区约 150km，地质结构稳定，如图 2-24 所示。区域内无大型城镇等人类活动密集区，距离最近人口密集区域（3.5 万人 / km^2）超过 100km，距离基地最近的大型城市为索洛洛（Sololo）。

2. 开发规模与资源特性

经测算，基地风能资源理论蕴藏总量为 61282GWh/a。装机容量 1.20GW，年发电量 6784GWh，利用小时数 5622。基地风能年发电量的地理区域分布示意如图 2-25（a）所示，基地的中部地形起伏相对较大，装机密度低于平原地区；基地 8760 逐小时出力系数热力分布如图 2-25（b）所示，其横坐标代表 24 小时，纵坐标代表 365 天，反映了 8760 小时风电出力随时间变化的规律。

（a）岩层分布

（b）历史地震情况

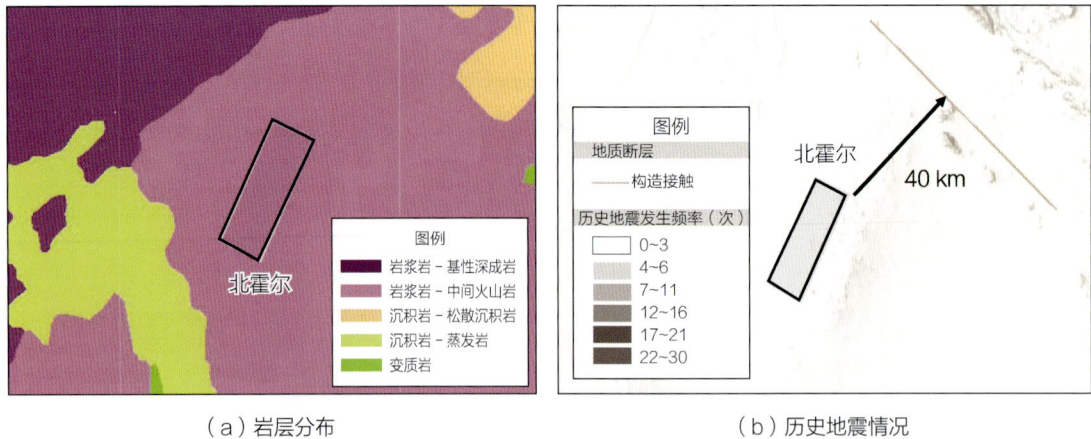

图 2-24　北霍尔风电基地岩层分布及地震情况示意图

选择代表点对基地发电特性进行分析。基地的风向玫瑰图和风速威布尔分布图如图 2-26 所示，风速和风功率的典型日变化和年变化曲线如图 2-27 所示，对应风能发电出力的典型日变化和年变化曲线如图 2-28 所示。从风频分布来看，主要风速分布集中在 10~13m/s。从日变化来看，大风时段主要集中在 18—22 点（世界标准时间，下同。折算到肯尼亚当地时间为 21—凌晨 1 点），中风速时段从 3—7 点，小风时段主要集中在 11—14 点。从月度变化来看，6—10 月风速大，发电能力强，11 月—次年 2 月风速小，发电能力弱。

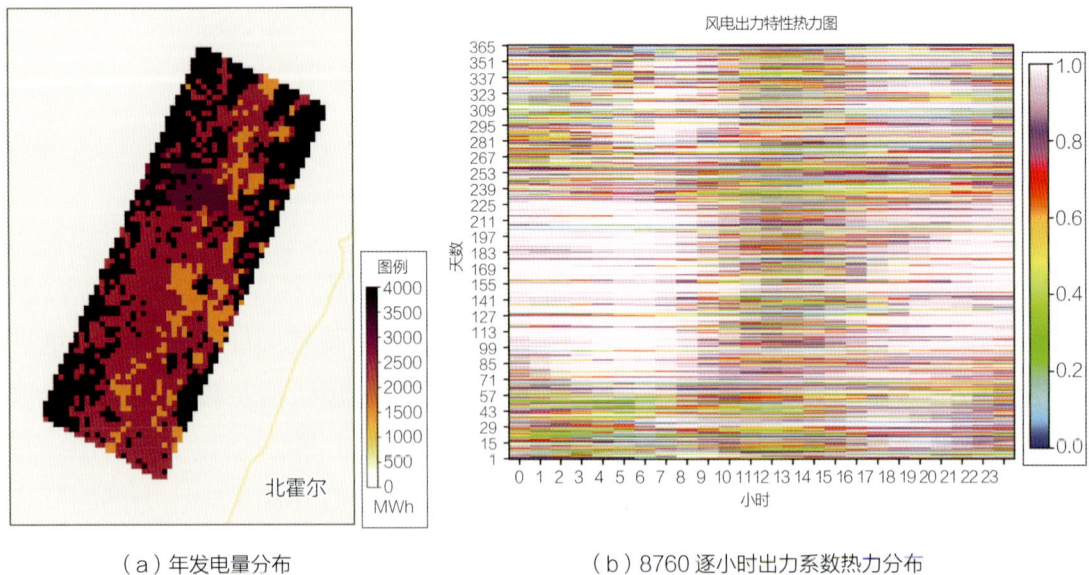

（a）年发电量分布

（b）8760 逐小时出力系数热力分布

图 2-25　北霍尔风电基地年发电量分布和 8760 逐小时出力系数热力分布图

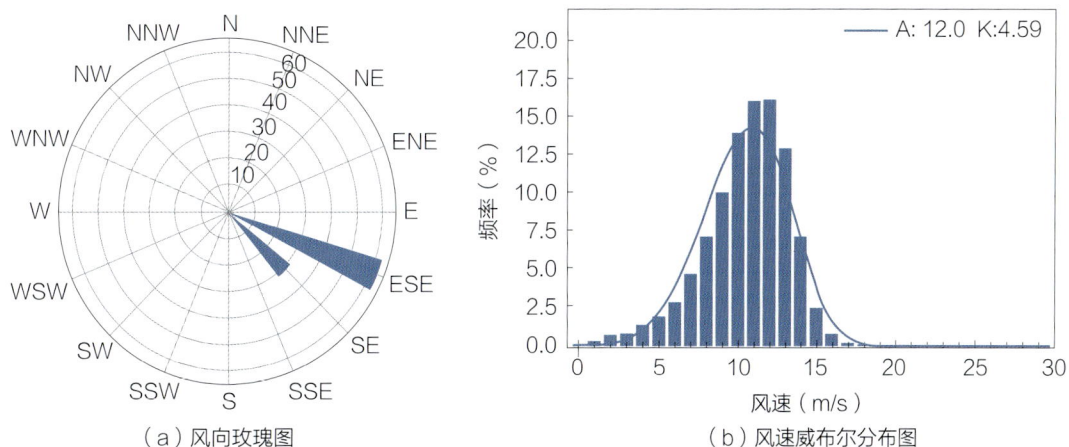

（a）风向玫瑰图　　　　　　　　　　（b）风速威布尔分布图

图 2-26　北霍尔风电基地风向玫瑰图和风速威布尔分布图

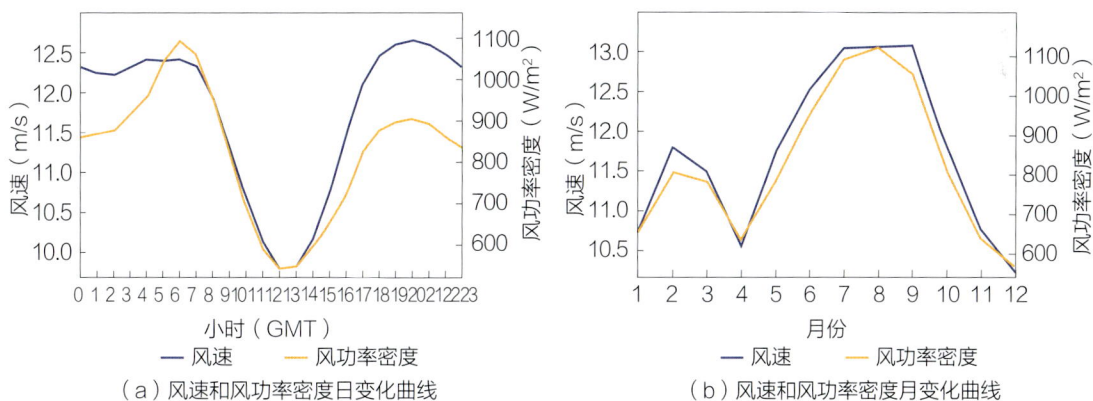

（a）风速和风功率密度日变化曲线　　　　　（b）风速和风功率密度月变化曲线

图 2-27　北霍尔风电基地风速和风功率密度的典型日变化和年变化曲线

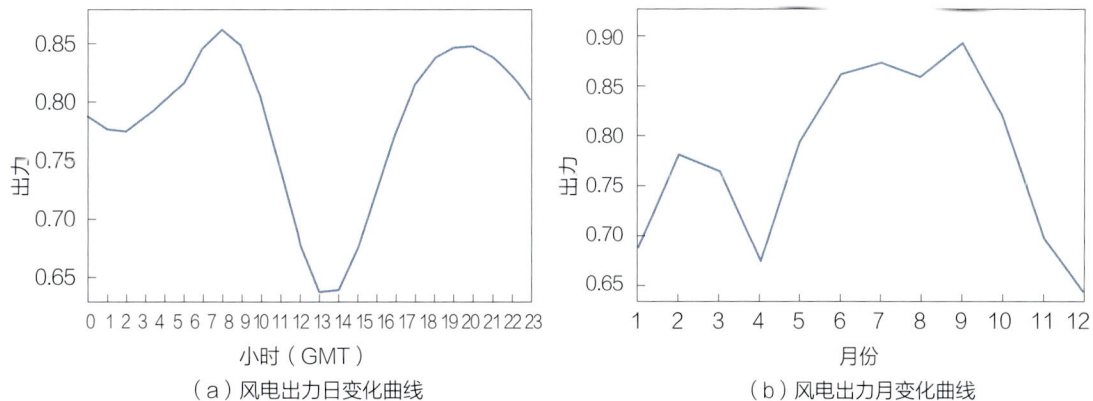

（a）风电出力日变化曲线　　　　　　　　（b）风电出力月变化曲线

图 2-28　北霍尔风电基地典型日出力和年出力曲线

3. 工程设想与经济性分析

基地装机容量 1.20GW，暂按单机容量 3.0MW、叶轮直径 140m 的风机开展风机排布研究。综合考虑风向和地形等条件，并基于中国大型风电场设计经验及相关风机排布原则，采用风电基地宏观选址规划数字化方法，开展风机自动排布。风机排布采用不等间距、梅花型布机方式，即：每 2 行（沿主风能方向）分别采用 9、14 倍叶轮直径不等间距布置，每 6 行设置一 2.7km 风速恢复带；行内间距（垂直主风能方向）采用 3.5 倍叶轮直径。按此原则测算，基地内需布置风机 400 台，典型区域布置效果如图 2-29 所示。

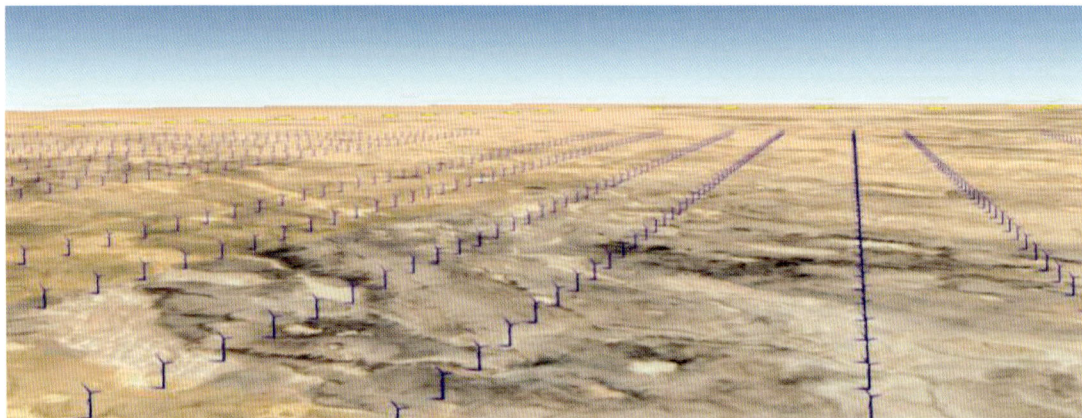

图 2-29　北霍尔风电基地部分区域风机布置示意图

按照对陆上风电技术装备 2035 年经济性水平预测，综合考虑交通和电网基础设施条件，基地总投资估算 15.09 亿美元，其中并网及交通成本 4.84 亿美元。风电基地投资匡算见表 2-11。按此测算，基地开发后平均度电成本 2.09 美分 / kWh。基于 12% 内部收益率测算的上网电价 3.79 美分 / kWh。

表 2-11　北霍尔风电基地投资匡算表

编号	项目内容	数额
1	设备成本（亿美元）	7.45
2	建设成本（亿美元）	2.16
3	其他成本（亿美元）	0.64
4	并网及交通成本（亿美元）	4.84
	单位千瓦投资（美元）	1257.5

3 太阳能资源评估与开发

非洲太阳能资源丰富，开发潜力巨大。报告对非洲 57 个国家和地区进行了评估，非洲太阳能光伏资源理论蕴藏总量高达 63464.5PWh/a，适宜集中开发的装机容量 1374.8TW，主要分布在非洲中北部的撒哈拉沙漠及周边地区、南部非洲的大西洋沿岸地区和东部非洲的部分内陆地区，年发电量 2670.2PWh，开发潜力巨大。综合考虑资源特性和开发条件，采用数字化平台开展了埃及明亚、阿尔及利亚瓦尔格拉、利比亚乔什等 21 个大型光伏基地的选址开发方案研究，提出了主要技术和经济性指标，总装机规模 93.80GW。研究成果将助力非洲太阳能资源的开发和利用、提升光伏发电基础设施投资信心，推进非洲能源清洁化发展进程。

3.1　方法与数据

太阳能是太阳以电磁波辐射形式投射到地球的能量，包括直接辐射和散射辐射。太阳能水平面总辐射量（Global Horizontal Irradiance，GHI）是指在给定时间段内水平面总辐照度的积分总和，是影响光伏发电能力的主要因素。资源评估所需基础数据主要包括资源类数据、地理信息类数据以及人类活动和经济性资料等。

报告选用理论蕴藏量、技术可开发量和经济可开发量 3 个指标开展太阳能资源的评估测算。

3.1.1　资源评估方法

太阳能光伏发电的理论蕴藏量是指评估区域内地表接收到的太阳能量完全转化为电能的能量总和（不考虑发电转化效率），单位为千瓦时。光伏发电理论蕴藏量数字化评估是将选择区域内每个格点面积与该格点对应的太阳水平面总辐射量相乘并累加。

太阳能光伏技术可开发量是指在评估年份技术水平下，剔除因地形、海拔、土地利用及辐射资源水平限制后，区域内可利用面积上的装机容量总和，单位为千瓦。评估分析主要包括可用面积计算、装机面积计算、装机密度计算 3 个关键环节，评估流程如图 3-1 所示。具体来说，光伏技术可开发量评估测算的关键在于剔除不

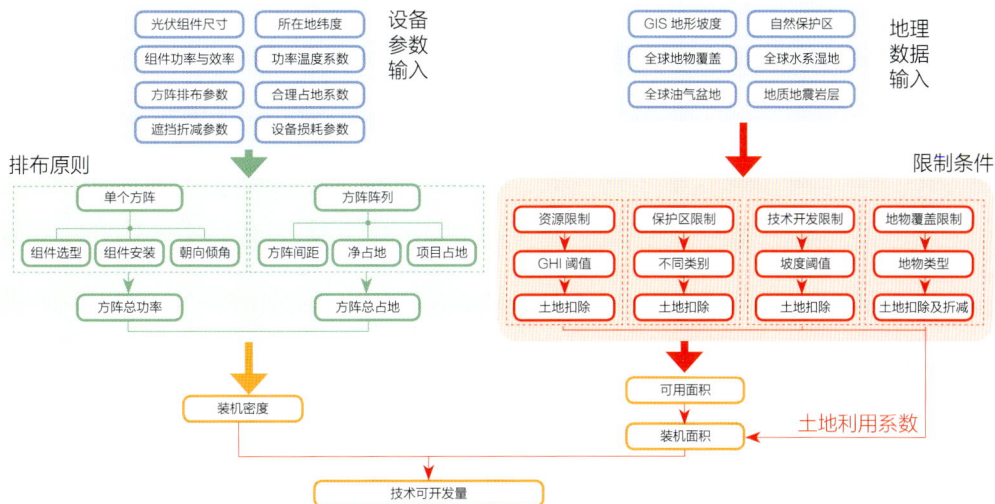

图 3-1　太阳能光伏技术可开发量评估流程

宜开发光伏的土地面积。一方面，选定区域扣除不宜开发光伏的土地面积，得到光伏开发可利用面积，设定适宜开发光伏土地类型的土地利用系数，得到有效装机面积；另一方面，根据当前技术条件下光伏发电组件的设备参数和最佳排布原则，计算单位面积上的光伏发电设备排布方阵的总功率，得出装机密度。计算各格点有效装机面积与装机密度乘积的累加即为太阳能光伏技术可开发量。

在装机容量测算的基础上，考虑遮挡、设备损耗以及气温等因素造成的光伏发电出力损失，计算光伏逐小时发电功率，进而计算得到发电量。

太阳能经济可开发量是指在评估年份技术水平下，技术可开发装机中与当地平均上网电价或其他可替代电力价格相比具有竞争优势的光伏装机总量，单位为千瓦。与风电类似，光伏发电经济性评估同样采用了平准化度电成本测算法，主要包含选定待评估地区、确定技术参数、确定成本参数、确定财务参数、确定收策参数、计算度电成本、经济性判断和结果计算 8 个主要流程，其基本框架与风电经济性评估相同，如图 2-2 所示。结合光伏发电技术特点，报告设定不同的技术参数以及成本参数，实现人阳能光伏资源经济可开发量评估。

光伏开发经济性分析中，基地的建设投资除了设备成本、建设成本（不含场外道路）、运维成本等外，与风电相似，同样需要重点计算并网成本和场外交通成本。光伏资源开发的并网成本测算方法与风电类似，参见图 2-3。光伏资源开发的场外交通成本采用了交通成本因子法，计算待开发格点的最短公路运距，结合不同地区场外运输道路平均单位里程成本，量化测算每个格点待开发资源量的场外交通成本影响。

3.1　方法与数据

3.1.2 宏观选址方法

光伏电站选址研究应贯彻统筹规划、综合平衡、合理开发的原则。与风电选址研究类似，太阳能光伏发电基地的数字化选址主要流程分为太阳辐射量计算、开发条件分析、数字化选址、电站主要技术参数计算、阵列排布、发电量与度电成本估算等，宏观选址流程见图 3-2。

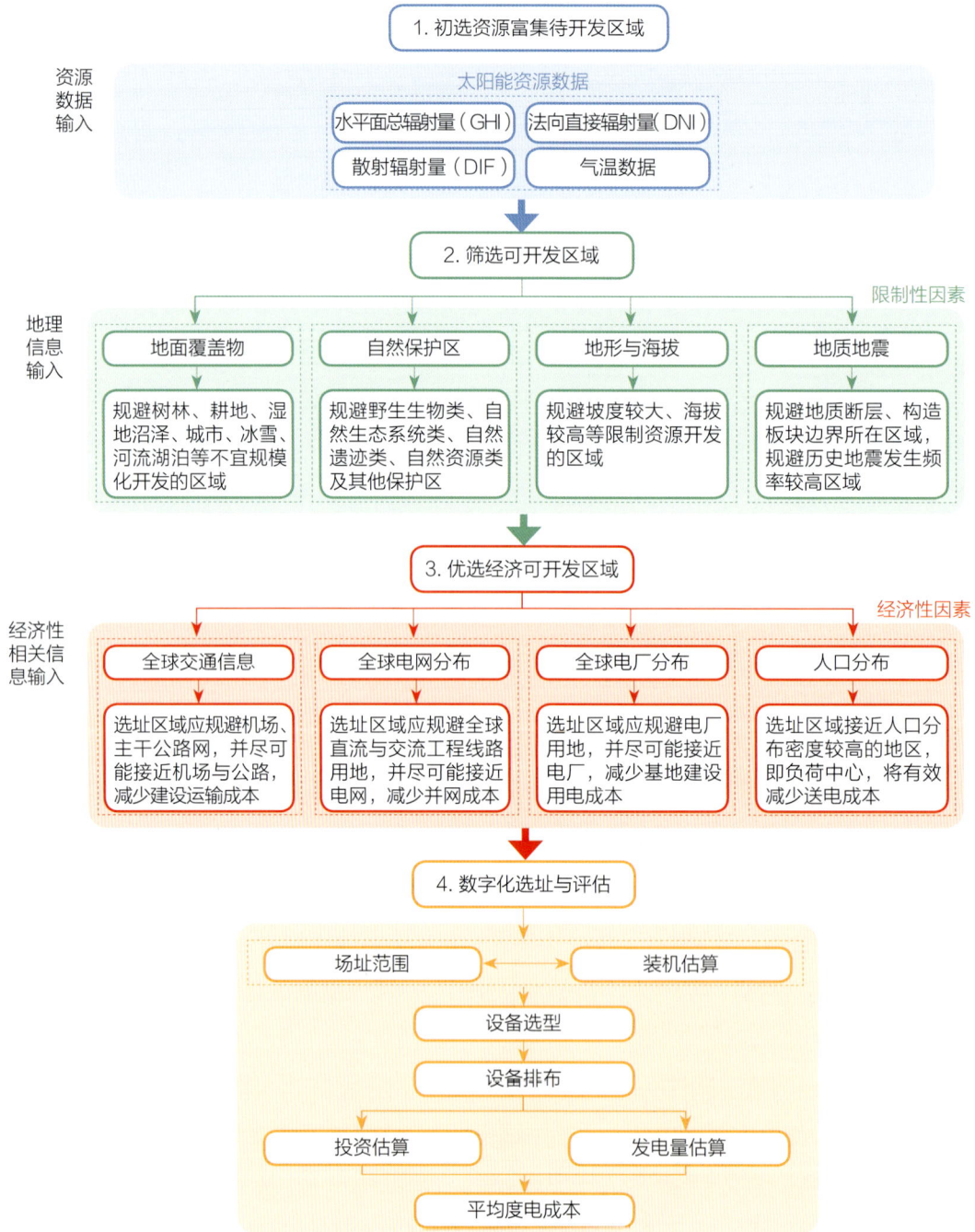

图 3-2　光伏电场宏观选址流程示意图

　　开展光伏选址研究需充分了解区域的太阳能资源状况，通过分析太阳能资源的时间与空间特性，寻找适宜建站的区域，再基于地理信息技术的规划方法，以地形、太阳辐射数据和地理数据为基础，利用空间分析工具筛选适宜的开发用地，详细考虑地形地貌、保护区、土地利用、林业以及工程安全等限制性因素，选取没有或较少限制性因素、工程建设条件好的区域作为选址区域。在获得可开发区域初选的基础上，根据电站设备选型计算阵列最佳倾角与间距，评估光伏发电的技术可开发量，开展光伏组件自动化排布，计算得到电站装机容量、发电量、年利用小时数、出力特性等技术参数，并结合初选场址的并网条件、外部交通条件开展经济性测算分析，获得经济可开发量评估、匡算投资以及平均度电成本。

3.1.3　基础数据与参数

3.1.3.1　基础数据

　　为实现数字化太阳能资源评估，报告建立了资源类、地理信息类、人类活动和经济性资料共 3 类 16 项覆盖全球范围的资源评估基础数据库。

　　其中，太阳能资源数据采用了 SolarGIS 计算生产的全球太阳能气象资源数据 [1]，包括水平面总辐射量、法向直接辐射量、温度等，时间分辨率为典型年的逐小时数据，覆盖北纬 60°—南纬 55° 区域，空间分辨率为 9km×9km，其他的关键基础数据介绍如表 3-1 所示。

表 3-1　全球太阳能资源和地理信息基础数据

序号	数据名称	空间分辨率	数据类型
1	全球太阳能资源数据	9km×9km	栅格数据
2	全球地面覆盖物分类信息	30m×30m	栅格数据
3	全球主要保护区分布	—	矢量数据
4	全球主要水库分布	—	矢量数据
5	全球湖泊和湿地分布	1km×1km	栅格数据
6	全球主要断层分布	—	矢量数据

[1] 资料来源：Solargis Solar Resource Database Description and Accuracy, 2016 October.

序号	数据名称	空间分辨率	数据类型
7	全球板块边界分布 空间范围：南纬66°—北纬87°	—	矢量数据
8	全球历史地震频度分布	5km×5km	栅格数据
9	全球主要岩层分布	—	矢量数据
10	全球地形卫星图片	0.5m×0.5m	栅格数据
11	全球地理高程数据 空间范围：南纬83°—北纬83°间陆地	30m×30m	栅格数据
12	全球海洋边界数据	—	矢量数据
13	全球人口分布	900m×900m	栅格数据
14	全球交通基础设施分布	—	矢量数据
15	全球电网地理接线图	—	矢量数据
16	全球电厂信息及地理分布	—	矢量数据

注：2~16项数据来源同表1-1。

3.1.3.2 计算参数

报告重点关注并评估全球范围内适宜集中式开发的太阳能光伏资源，将低辐照区域、保护区、森林、耕地和城市等区域作为不适宜开发区域排除在外。

专栏 3-1 光伏的集中式和分布式开发

在太阳能资源条件好、人口密度低、地形平坦的地区，大面积连片开发光伏资源，集中接入电网，工程的建设、运维集约化，效率高，可以显著降低工程投资，获得大规模清洁电力，有利于加快能源清洁转型。与风电开发相似，集中式光伏电站作为大型电力基础设施，建设要求高，对土地资源利用有较严格的要求，不能占用各类自然保护区、文物和风景名胜区、林地和耕地等，一般选址在草原和荒漠，或太阳能资源条件优越的丘陵，典型开发场景如专栏3-1图1、图2所示。中国西北部的新疆、青海及甘肃等省份，太阳辐射强烈且可用土地资源丰富，适宜集中开发光伏电站，近十年来不断加速并快速建立和完善了光伏设计、制造、建设和运维产业链，成本显著下降。

专栏 3-1 图 1 集中式平原光伏电站

专栏 3-1 图 2 集中开发的丘陵光伏电站

　　分布式光伏发电，一方面由于装机规模小、占地面积小，能够采取灵活形式进行储能和供能，适宜偏远村落、海岛等电网设施欠发达的地区；另一方面，适宜于在用电负荷附近，利用工业园区开阔地带以及厂房屋顶等进行光伏发电，如专栏 3-1 图 3 所示，或者利用鱼塘、山地等特殊地形开展农光互补等综合光伏开发利用。分布式光伏发电不以大规模、远距离输送电力为目的，产生的清洁电力就近接入当地电网消纳。2015 年开始，中国采取了"集中"和"分散"并举的策略[1]，预计到2020 年分布式光伏装机总量将达到 100GW。

---

[1] 资料来源：2016 年 11 月中国国家发改委、能源局下发《电力发展"十三五"规划》。

专栏 3-1 图 3　分布式光伏开发

1．技术指标测算参数

结合工程建设实践，报告认为水平面总辐射量低于 1000kWh/m² 的区域，光照条件不理想，开发经济性差，不宜进行集中式光伏开发。海拔超过 4500m 的高原地区多有冰川、常年冻土等分布，影响工程建设，光伏开发技术难度大、经济性差；同时高原生态脆弱，大型工程建设后的地表植被恢复困难。地形坡度大于 30° 的区域，在目前技术水平下开发难度大、经济性差，排除在开发范围外。野生动物、自然环境、风景名胜等各类保护区，森林、耕地、湿地沼泽、城市、永久冰川等地物覆盖类型的区域不宜开发。对于适宜开发的灌丛、草本植被以及裸露地表等 3 种区域类型，结合光伏发电技术特点以及当前设备水平，分别设置了利用系数。具体技术指标和参数见表 3-2。

表 3-2　全球太阳能资源评估模型采用的主要技术指标和参数

类型	限制因素	阈值	参数（％）
资源限制	水平面总辐射量	>1000kWh/m²	—
技术开发限制	陆地海拔	< 4500m	—
保护区限制	自然生态系统	不宜开发	0
	野生生物类	不宜开发	0
	自然遗迹类	不宜开发	0
	自然资源类	不宜开发	0
	其他保护区	不宜开发	0

类型	限制因素	阈值	参数（%）
地物覆盖限制	树林	不宜开发	0
	耕地	不宜开发	0
	湿地沼泽	不宜开发	0
	城市	不宜开发	0
	冰雪	不宜开发	0
	灌丛	适宜开发	50
	草本植被	适宜开发	80
	裸露地表	适宜开发	100
地形坡度限制	>30°	不宜开发	0

按此推荐参数计算得到的结果是评估范围内适宜集中开发的光伏技术可装机规模，报告后文简称为"技术可开发量"。

2. 经济指标测算参数

与风电开发相似，研究同样采用平准化度电成本法建立了一种适用于光伏资源经济可开发量的计算模型，以及光伏开发投资水平预测模型。基于多元线性回归预测法与神经元网络关联度分析法，结合非洲发展水平以及光伏技术装备与非技术类投资成本的预测结果，研究提出了 2035 年非洲光伏综合初始投资的组成及其推荐取值，并给出了财务参数推荐取值，并网成本参数与风电开发相同，详情见表 3-3 和表 3-4。其中，场外交通成本按照中国工程经验，综合山地、平原、二级公路建设费用水平进行测算；并网成本参照中国超高压交流、直流输电工程造价水平进行测算。

表 3-3　非洲 2035 年光伏开发初始投资组成与推荐取值

序号	投资组成	总造价（美元/kW）
1	设备及安装	428~496
1.1	设备费	309~358
1.2	安装费	119~138
2	建筑工程	7~8
3	其他	12~14
总计		447~517

表 3-4　非洲 2035 年光伏发电经济性计算的财务参数推荐取值

序号	投资组成	推荐取值
1	贷款年限	7 年
2	贷款比例	70%
3	贷款利率	3%
4	贴现率	2%
5	建设年限	1 年
6	运行年限	20 年
7	残值比例	0
8	运维占比	1.3%
9	场外交通	1000 美元 / km

3.2　资源评估

太阳辐照强度、地面覆盖物、保护区分布影响区域集中开发利用太阳能的可行性，公路、电网等基础设施条件影响区域太阳能开发的经济性水平。报告基于覆盖非洲的数据、信息，采用统一指标和参数完成了非洲太阳能资源评估研究。

3.2.1　水平面总辐射量分布

报告采用 SolarGIS 计算生产的太阳能资源数据开展光伏资源评估测算，资源数据包括：水平面总辐射量、法向直接辐射量和温度等。非洲蕴藏着巨大的太阳能开发潜力，其太阳能水平面总辐射量分布情况如图 3-3 所示。非洲北部沿撒哈拉地区的埃及、利比亚、阿尔及利亚、西撒哈拉、毛里塔尼亚、马里、尼日尔、乍得，东部的苏丹、索马里、埃塞俄比亚、肯尼亚、坦桑尼亚，南部的纳米比亚、安哥拉、博茨瓦纳、南非等国的太阳能资源条件优异，区域内平均年水平面总辐射量在 2200kWh/m² 以上，利于大型光伏基地的开发。

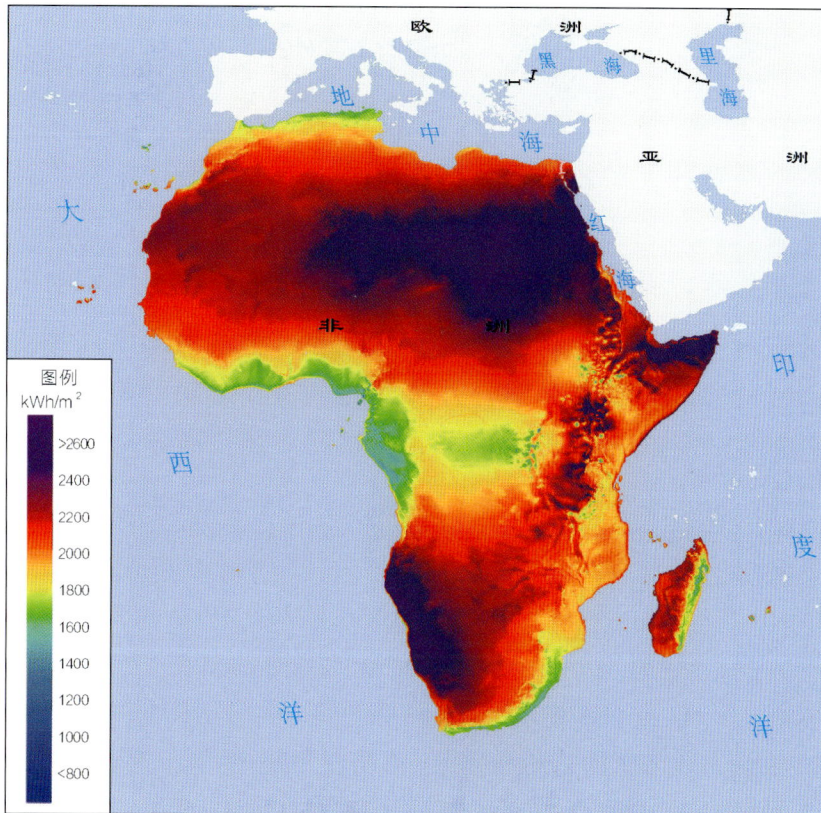

图 3-3　非洲太阳能水平面总辐射量分布示意图

专栏 3-2 　　　　　　　全球太阳能资源数据

　　获取一个地区太阳能资源数据最简单、最准确的方法就是利用地面辐射观测资料，然而地面观测站点数量有限且空间分布不均匀，无法完全满足太阳能资源精细化评估需求。因此，当前全球太阳能资源数据获取以基于卫星遥感资料的物理反演方法为主，并采用高质量的地面辐射观测数据对评估结果进行校准，有效提高数据时空分辨率和精确度。欧洲 GeoModel Solar 公司采用了卫星遥感数据结合辐射传输模拟方法，利用卫星遥感、GIS 地理信息技术和先进的科学算法开展太阳辐射反演模拟计算。基于卫星数据、气象模式再分析数据、地理信息数据并结合地面观测数据，建立了包含一系列高分辨率气象要素的 SolarGIS 数据库，其中，太阳辐射数据包含水平面总辐射量（GHI），法向直接辐射量（DNI）和散射辐射量（DIF）。经过对比验证，GHI 数据与地面实测数据对比的误差度在 ±4% 到 ±8%，在高空间分辨率、高品质地面测量、高时间分辨率数据处理算法等方面，该数据产品处于全球先进水平。报告采用的是 SolarGIS 公司生产的全球陆地主要太阳能资源开发区域（北纬 60° 到南纬 55° 之间）9km×9km 分辨率的太阳能资源图谱及逐小时时间序列数据，该数据也是世界银行 World Bank Solar Atlas 平台的基础数据之一，在全球获得广泛应用。

3.2.2　地面覆盖物

　　从适宜大规模集中开发的土地资源角度分析，草本植被、灌丛和裸露地表是适宜光伏资源开发的主要地表覆盖物，其分布情况将直接影响太阳能资源评估与开发。北部非洲大部分地区属于热带沙漠气候，终年高温干旱，拥有世界最大的沙质荒漠——撒哈拉沙漠（Sahara Desert），除地中海沿岸少量土地被草本植被覆盖外，广袤的沙漠地区均为裸露地表，太阳能资源集中开发条件优越。南部与东部非洲各国的主要地面覆盖物为草本植被和灌丛，同样适宜建设大型光伏发电基地，开发条件优越。图 3-4 是非洲上述 3 种适宜光伏集中开发的地面覆盖物的分布情况。

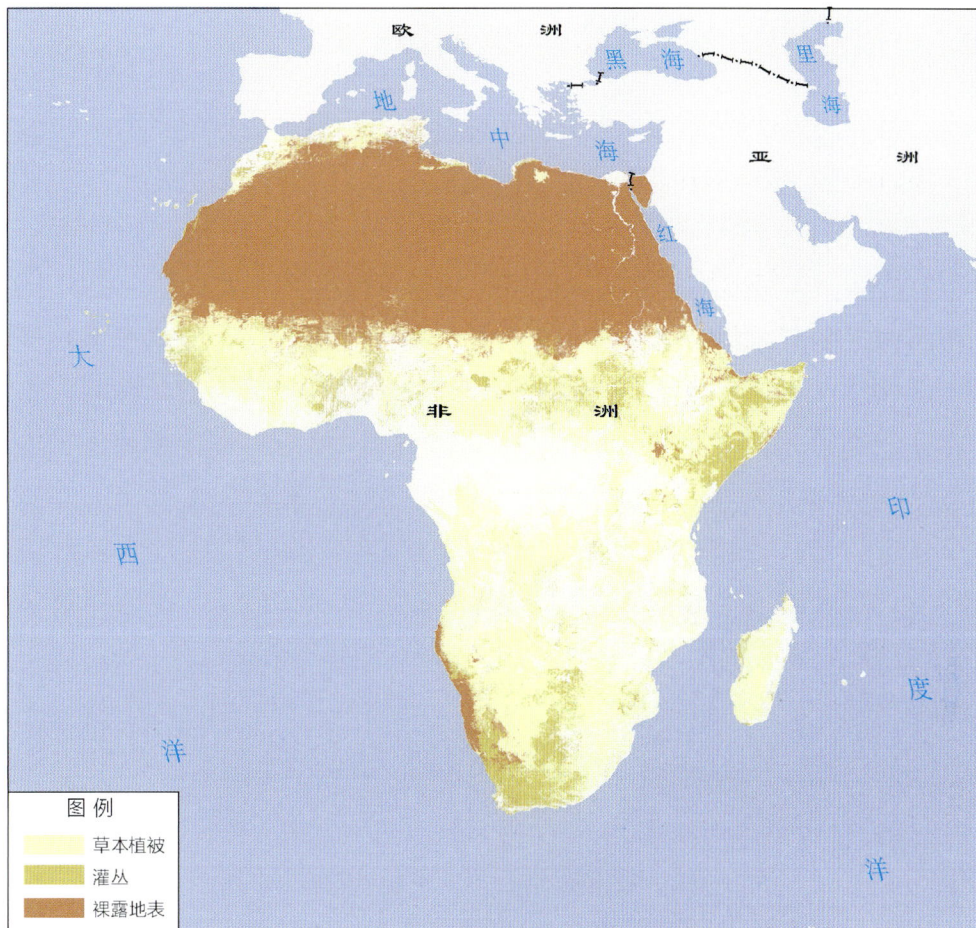

图 3-4　非洲草本植被、灌丛与裸露地表分布情况示意图

3.2 资源评估

3.2.3 地形分布

地形条件对光伏等清洁能源资源开发有较大影响，主要包括海拔高度和地形坡度两个方面。

海拔方面，高海拔地区大气散射作用减弱，有利于光伏发电，但是 4500m 以上高原地区多有冰川、常年冻土等分布，影响工程建设，光伏开发技术难度大、经济性差；同时高原生态脆弱，大型工程建设后的地表植被恢复困难。非洲以海拔 2000m 以内的高原地区为主，影响集中式光伏开发的高海拔（2000m 以上）陆地面积很小，非洲海拔高程分布如图 3-5 所示。

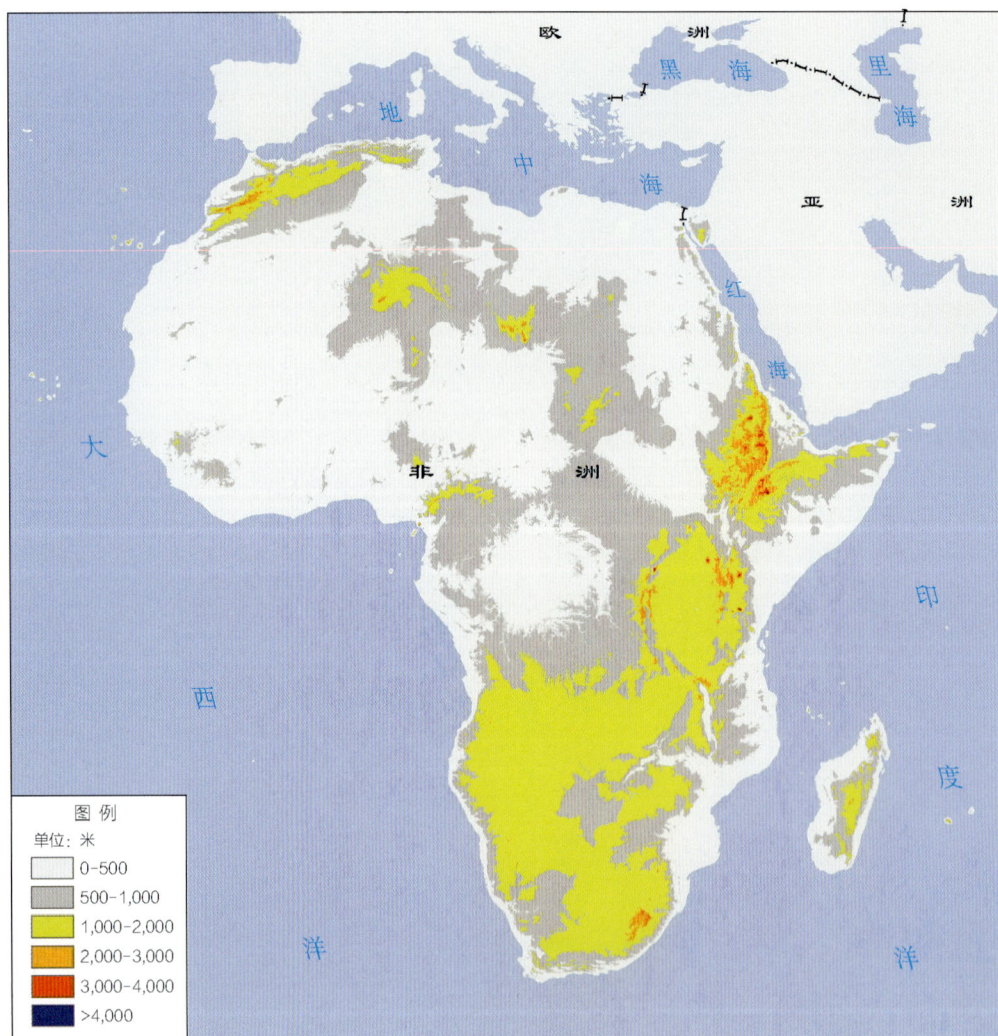

图 3-5　非洲海拔高程分布示意图

地形方面，地面的坡向和坡度将影响光伏发电装置布置的角度和间距，从而影响单位面积可获得的发电量。采用全球数字高程模型，对全球格点计算坡向（0°~360°）和坡度（0°~90°），结合格点经纬度坐标，形成光伏发电装置倾角和间距计算的重要输入参数。图 3-6 为非洲地形坡度分布示意图。总体来看，坡度低于 1.5° 的平坦区域占比最大，超过总面积的 60%；坡度超过 30° 的陡峭山区分布极少，太阳能和风能集中开发的地形条件相对较好。

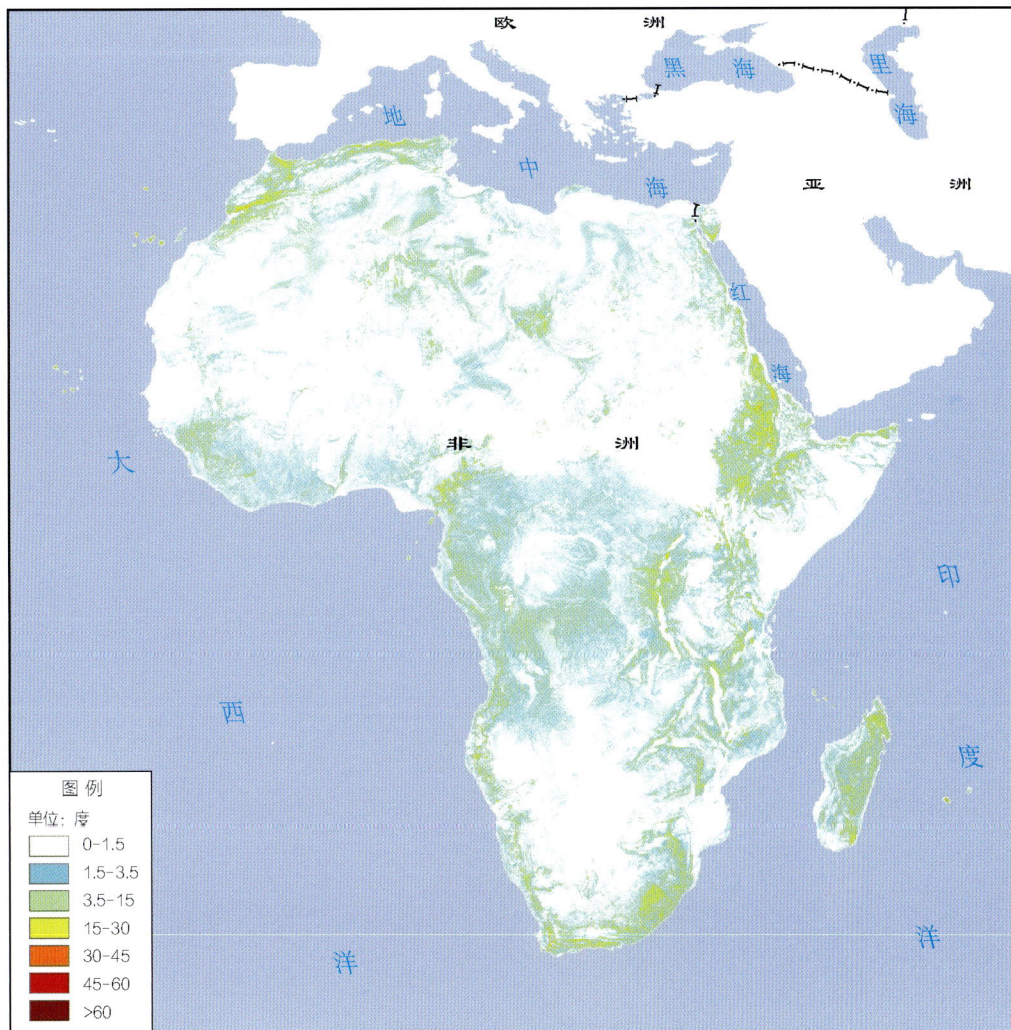

图 3-6   非洲地形坡度分布示意图

专栏 3-3　　　　　　　　　　　　**非洲的地形**

非洲是从狭长沿海地带陡然升起的一片广阔高原，高原东南部较高，然后向东北方向下倾。非洲大陆最高点为乞力马扎罗（Kilimanjaro）山，海拔 5895m；最低处为吉布提（Djibouti）的阿塞尔湖（Lake Assal），低于海平面 157m。总体上，非洲的高山和低地平原比任何其他洲都少。

非洲地形以高原为主，埃塞俄比亚的平均海拔全洲最高，南部和东部海拔较高的地区与西部和北部海拔较低的地区形成强烈的对比。非洲平均海拔为 650m，略低于亚洲大陆。南部和东部非洲高原的边缘非常清晰，它和海岸之间有一条平原地带，其中南部沿海平原最狭，平原内侧耸立着高低不等的墙垣状陡崖，陡崖以内就是纵横万里的大高原。

3.2.4　评估结果

1. 理论蕴藏量评估

根据太阳能水平面总辐射量数据测算，非洲太阳能光伏资源理论蕴藏量 63464.5PWh/a，占全球总量的 30%，非洲北部、南部以及东部部分地区均位居全球最具有光伏资源开发潜力的区域之列。

2. 技术可开发量评估

综合考虑资源和各类技术限制条件后，经评估测算，非洲太阳能光伏适宜集中开发的规模达 1374.8TW，年发电量高达 2670.2PWh。

从分布上看，非洲光伏资源主要集中在沿撒哈拉地区以及南部非洲的大西洋沿岸，阿尔及利亚、苏丹、利比亚、马里、乍得、毛里塔尼亚、尼日尔、安哥拉和埃及等国的光伏资源，占到全洲总量的 60% 以上。上述地区海拔基本在 2000m 以下，地物覆盖类型主要是裸露地表、草本植被和少量灌丛，除尼日尔、纳米比亚、埃塞俄比亚和坦桑尼亚境内的保护区外，绝大部分地区非常适合建设大型光伏基地。非洲中部刚果盆地覆盖的加蓬、刚果民主共和国等国境内，多分布着茂密的热带雨林，辐照条件较差，无法建设大型光伏基地；西非几内亚湾沿岸地区多分布森林与热带雨林，不具备集中建设大型光伏基地的条件；东部埃塞俄比亚高原和东非高原覆盖的部分地区地形起伏大，加之保护区众多，不适宜建设集中式光伏基地。总体来看，受资源禀赋、地物覆盖、地形、保护区等因素影响，非洲除中部外的绝大部分土地均具备集中开发建设光伏基地的条件。

与风电技术指标相似，采用单位国土面积的年发电量与装机容量的比值，即装机利用小时数（容量因子，Capacity Factor）能够反映区域光伏资源技术开发条件的优劣。非洲光伏技术可开发区域及其利用小时分布示意见图 3-7。

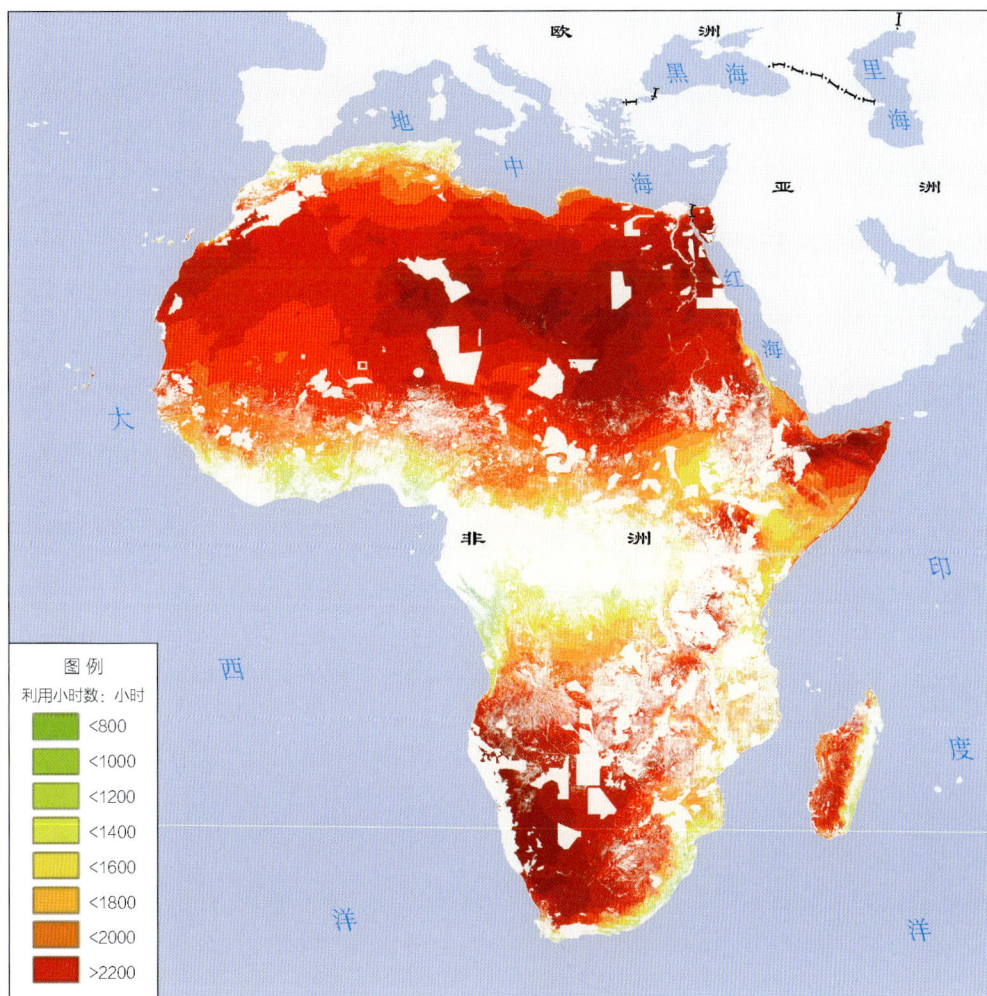

图 3-7　非洲光伏技术可开发区域及其利用小时分布示意图

从技术指标来看，全洲光伏技术可开发装机容量的平均利用小时约 1940 小时（平均容量因子约 0.22），其中埃及、乍得、苏丹、利比亚、尼日尔、阿尔及利亚等国全境，埃萨俄比亚东部、纳米比亚南部和南非西部的大西洋沿岸、西撒哈拉的大西洋沿岸，光伏利用小时在 1900~2000 小时左右，开发条件优越，最大值出现在纳米比亚南部的卡拉斯堡（Karasburg）附近，超过 2100 小时。

3. 开发成本评估

按照对光伏技术装备 2035 年经济性水平预测，综合考虑交通和电网基础设施条件，非洲集中式光伏的平均开发成本[1]为2.89美分，各国的平均开发成本在 2.09~7.02 美分之间。按照当前全球约 8 美分的平均电价水平评估[2]，非洲近乎全部的技术可开发装机均满足经济性要求。按照全球光伏平均开发成本 3.5 美分评估，非洲 2035 年造价水平下的光伏经济可开发规模约 971.5TW，技术可开发量占比约 71%。

非洲光伏资源开发成本分布示意见图 3-8。非洲主要国家和地区光伏资源评估结果见表 3-5。

从光伏资源开发的经济性指标来看，资源条件优异，同时交通、电网基础设施条件相对较好的国家和地区光伏开发成本相对较低，经济性更好。对非洲整体而言，大部分国家和地区的最高开发成本均低于 8 美分，标志着非洲整体具备良好的大规模开发条件。其中，阿尔及利亚、纳米比亚、苏丹等国家的部分区域开发成本极高，这与其局部较差的交通及并网条件密切相关。

---

[1] 非洲集中式光伏的平均开发成本为洲内各国家平均开发成本及其年发电量的加权平均值。

[2] 可再生能源发电价格参考国际可再生能源署（IRENA）的报告《RENEWABLE POWER GENERATION COSTS IN 2018》；燃气、燃煤和核电价格参考国际能源署（IEA）的报告《Projected Costs of Generating Electricity》。

从平均水平来看，津巴布韦的全国平均开发成本最低，为 2.09 美分；纳米比亚次之，其全国平均开发成本为 2.15 美分，国内最低开发成本仅为 1.72 美分，位列非洲第一。

从最经济的开发区域来看，纳米比亚、南非、埃及、安哥拉、博茨瓦纳、厄立特里亚、埃塞俄比亚、肯尼亚、坦桑尼亚、苏丹、摩洛哥、索马里、津巴布韦、西撒哈拉、利比亚等 33 个国家光伏的最低开发成本低于 2.0 美分，开发经济性好，其中开发成本最低的区域出现在纳米比亚卡拉斯堡省（Karasburg）南部，为 1.72 美分。

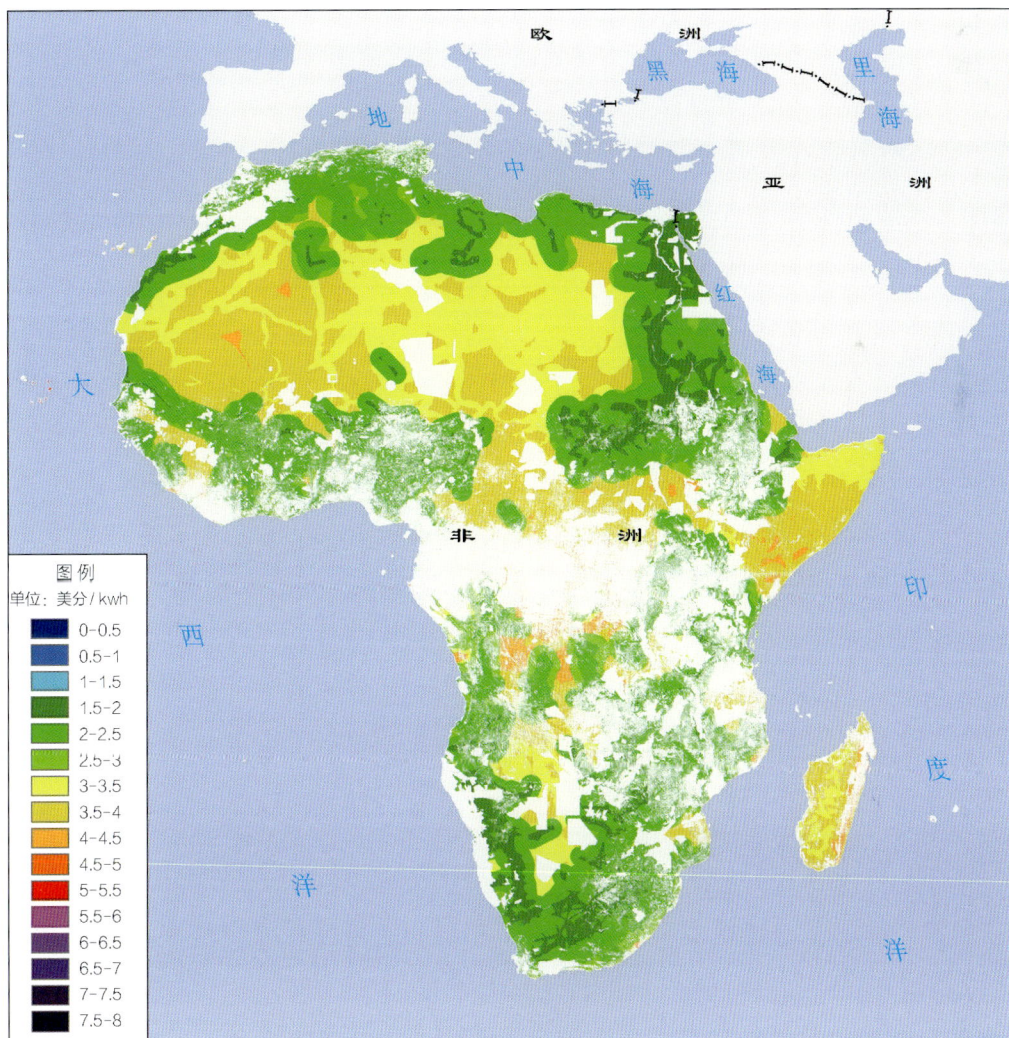

图 3-8　非洲光伏开发成本分布示意图

专栏 3-4　　　　　　　　**纳米比亚太阳能资源**

纳米比亚地处非洲南部，国土总面积约 82.43 万 km²。根据测算，境内最高海拔为 2478.5m，最大地形坡度为 47.8°。全国光伏资源丰富，GHI 范围为 1778.71~2495.09kWh/m²，区域平均 GHI 约 2331.65kWh/m²。西部沿海与南部的 GHI 值更高。

1. 主要限制性因素

纳米比业境内设有不同类型的保护区，总面积约 31.13 万 km²，包括自然生态系统保护区 15.57 万 km²、自然资源类保护区 14.88 万 km² 等，以上区域均不宜进行太阳能资源规模化开发，测算结果见专栏 3-4 表 1。

专栏 3-4 表 1　纳米比亚主要保护区面积测算结果

万 km²

总面积	自然生态系统	野生生物	自然遗迹	自然资源	其他
31.13	15.57	0	0.02	14.88	0.66

纳米比亚地物覆盖类型以草本植被为主，面积达 47.46 万 km²，占陆地总面积的 57.8%；裸露地表面积为 16.32 万 km²，占总陆地面积的 19.9%；灌丛面积为 12.28 万 km²，占总陆地面积的 15.0%。主要地面覆盖物分析结果见专栏 3-4 表 2。灌丛、草本植被和裸露地表适宜集中开发光伏，按照确定的土地利用系数测算，纳米比亚可进行太阳能集中式开发的面积约 60.4 万 km²，占国土总面积的 73.3%。

专栏 3-4 表 2　纳米比亚主要地面覆盖物分析结果

万 km²

国土总面积	河流面积	陆地面积								
		总计	森林	灌丛	草本植被	耕地	湿地沼泽	裸露地表	城市	冰雪
82.43	0.36	82.07	4.70	12.28	47.46	0.81	0.42	16.32	0.08	0

纳米比亚历史地震发生频率高的地区主要集中于北部和西北部山区，太阳能光伏开发应规避主要地层断裂带、地震带及地震高发区域。纳米比亚岩层分布以硅碎屑沉积岩和松散沉积岩为主。

纳米比亚人口230万，全国绝大部分地方地广人稀，人口密集地区主要集中在北部及中部地区，规模化开发光伏资源一般应远离人口密集地区。

2. 评估结果

根据测算，纳米比亚太阳能光伏资源理论蕴藏量为1932PWh/a；集中式开发的技术可开发量为28216GW，年发电59384TWh，平均利用小时数为2105（容量因子0.24）。纳米比亚中部与北部地区光伏装机条件好，部分平原地区的装机能力可以达到100MW/km^{2}以上，全国光伏技术可开发量以及开发成本分布示意如专栏3-4图1所示。

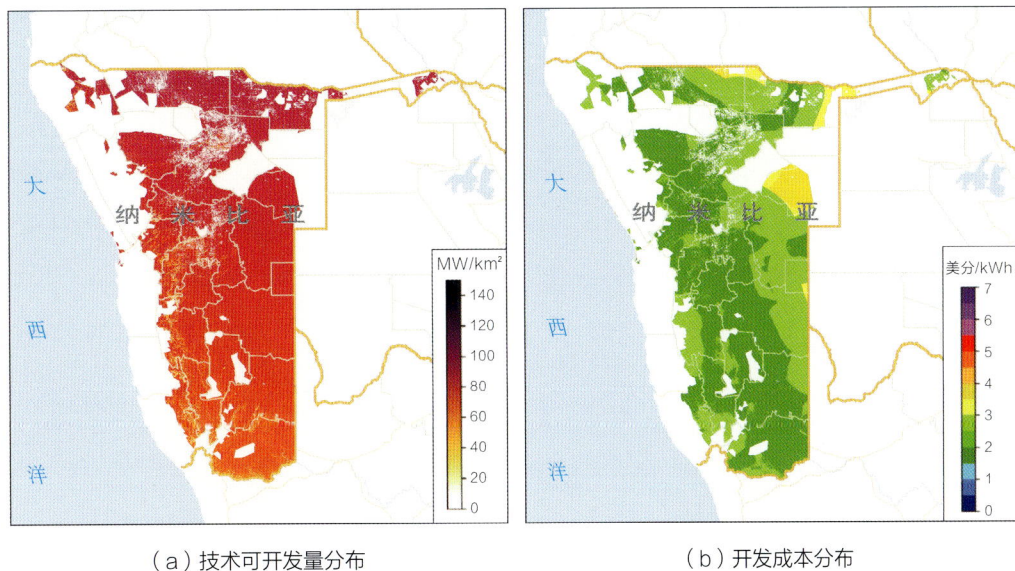

（a）技术可开发量分布　　　　（b）开发成本分布

专栏3-4图1　纳米比亚光伏技术可开发量以及开发成本分布示意图

根据测算，纳米比亚光伏的平均开发成本为2.15美分/kWh，其中开发条件最好的地区，开发成本低至1.72美分/kWh。国内绝大部分地区均适合光伏大规模经济开发，其中中部地区开发经济性更优异。

专栏 3-5 　　　　　　　　　　**埃及太阳能资源**

埃及地处非洲东北部，国土总面积约 100 万 km²。根据测算，境内最高海拔为 2562.5m，最大地形坡度为 56.2°。全国光伏资源较好，GHI 范围为 1821.53~2472.08kWh/m²，区域平均 GHI 为 2284.84kWh/m²，南部 GHI 值更高。

1. 主要限制性因素

埃及境内设有不同类型的保护区，总面积约 17.89 万 km²，包括自然生态系统保护区 6.20 万 km²、自然资源类保护区 5.32 万 km² 等，以上区域均不宜进行太阳能资源规模化开发，测算结果见专栏 3-5 表 1。

专栏 3-5 表 1　埃及主要保护区面积测算结果

万 km²

总面积	自然生态系统	野生生物	自然遗迹	自然资源	其他
17.89	6.20	0.06	0.35	5.32	5.69

埃及地物覆盖类型以裸露地表为主，面积 94.28 万 km²，占总陆地面积的 94.8%；耕地 4.52 万 km²，占总陆地面积的 4.5%；城市面积 0.43 万 km²，占总陆地面积的 0.4%。主要地面覆盖物分析结果见专栏 3-5 表 2。埃及可进行太阳能集中式开发的面积约 94.43 万 km²，占国土总面积的 94.3%。

专栏 3-5 表 2　埃及主要地面覆盖物分析结果

万 km²

国土总面积	河流面积	陆地面积								
		总计	森林	灌丛	草本植被	耕地	湿地沼泽	裸露地表	城市	冰雪
100.15	0.71	99.43	0.01	0.13	0.04	4.52	0.03	94.28	0.43	0

埃及北部地震发生频繁，历史地震发生频率高的地区主要集中于东北部，西部和南部平原地区的地震频率较低，太阳能光伏开发应规避主要地层断裂带、地震带及地震高发区域。埃及岩层分布以碳酸盐沉积岩、硅碎屑沉积岩、松散沉积岩和变质岩为主。

埃及人口 9009 万，人口密度超过 3.5 万 /km² 的人口密集地区主要集中在东北部城市地区，其他区域人口密度较低，规模化开发光伏资源一般应远离人口密集地区。

2. 评估结果

根据测算，埃及太阳能光伏资源理论蕴藏量为 2289.5PWh/a；集中式开发的技术可开发量约 55TW，年发电量为 112.7PWh，平均利用小时数为 2041（容量因子 0.23）。埃及南部地区光伏装机条件好，部分平原地区的装机能力可以达到 100MW/km² 以上，全国光伏技术可开发量以及开发成本分布示意图如专栏 3-5 图 1 所示。

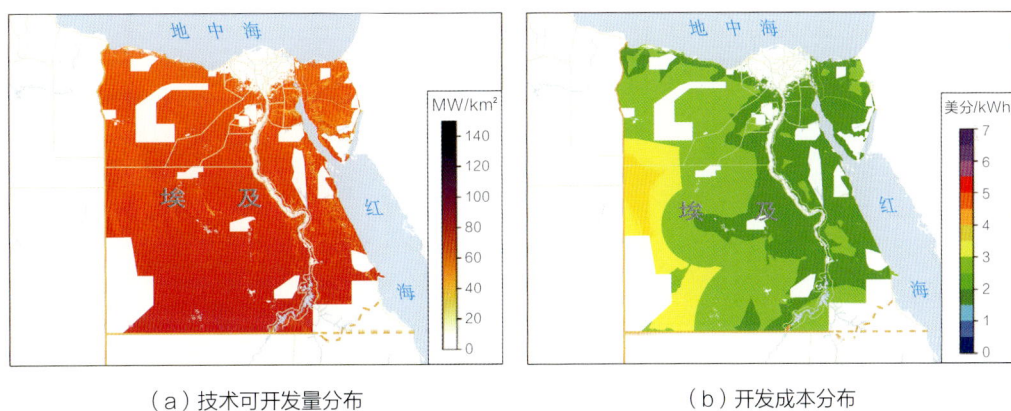

（a）技术可开发量分布　　（b）开发成本分布

专栏 3-5 图 1　埃及光伏技术可开发量以及开发成本分布示意图

根据测算，埃及光伏平均开发成本为 2.29 美分 /kWh，其中开发条件最好的地区，开发成本低至 1.77 美分 /kWh。国内绝大部分地区均适合光伏大规模经济开发，其中东部及中部地区开发经济性更优异。

非洲 57 个国家和地区光伏资源评估结果见表 3-5，包括理论蕴藏量、集中式开发规模以及平均开发成本。其中，技术可开发量的评估结果是按照报告 3.1.3 给定的评估参数计算获得，是满足集中式开发条件区域的装机容量。具体来看，非洲有近 10 个国家和地区基本不具备集中式光伏开发条件。其中利比里亚、赤道几内亚，是因为森林和耕地覆盖面积大，集中式光伏开发条件差；卢旺达、布隆迪、佛得角、圣多美和普林西比等国，则是因为国土面积小，集中式光伏开发条件差。

表 3-5　非洲 57 个国家和地区太阳能资源评估结果

序号	国家	理论蕴藏量（PWh/a）	集中式开发规模（GW）	年发电量（TWh/a）	可利用小时数	可利用面积比例（%）	平均开发成本（美分/kWh）
1	埃及	2289.5	55219.3	112701.7	2041	76.71	2.29
2	利比亚	3635.4	113868.9	230342.1	2023	90.33	2.91
3	阿尔及利亚	5015.0	144120.8	283646.6	1968	87.24	3.06
4	摩洛哥	824.1	6280.2	11987.9	1909	24.32	2.11
5	突尼斯	300.7	5014.3	9307.8	1856	54.02	2.3
6	毛里塔尼亚	2303.4	85705.5	166665.6	1945	97.80	3.46
7	马里	2766.2	93541.1	180542.2	1930	84.19	3.33
8	塞内加尔	416.6	7802.7	14711.5	1885	41.17	2.5
9	冈比亚	22.6	420.0	789.8	1881	41.30	3.08
10	布基纳法索	580.3	14263.9	27082.1	1899	52.16	2.58
11	西撒哈拉	596.5	19086.7	38244.8	2004	93.70	2.56
12	佛得角	6.2	115.2	155.7	1351	39.46	5.45
13	几内亚比绍	68.3	1134.9	2084.8	1837	31.56	2.2
14	几内亚	500.7	10291.6	18979.9	1844	45.71	3.05
15	塞拉利昂	136.0	1934.1	3383.5	1749	28.74	2.65
16	利比里亚	171.4	237.4	386.8	1629	2.07	3.37
17	科特迪瓦	594.2	10729.7	18451.1	1720	31.95	2.36
18	加纳	446.8	8319.9	14481.9	1741	33.45	2.36
19	多哥	108.7	1327.7	2344.9	1766	23.11	2.32
20	贝宁	226.8	1914.0	3471.3	1814	16.69	2.35

续表

序号	国家	理论蕴藏量（PWh/a）	集中式开发规模（GW）	年发电量（TWh/a）	可利用小时数	可利用面积比例（%）	平均开发成本（美分/kWh）
21	尼日尔	2719.5	79038.1	157475.1	1992	69.50	3.19
22	尼日利亚	1810.2	25280.8	46261.2	1830	27.53	2.22
23	喀麦隆	901.1	12427.5	22922.7	1844	27.62	2.88
24	赤道几内亚	45.2	11.4	17.2	1507	0.54	2.52
25	圣多美和普林西比	1.8	0	0	0	0	—
26	乍得	2918.1	86254.7	172462.4	1999	73.53	3.37
27	苏丹	4299.3	139322.3	280054.0	2010	81.20	2.35
28	南苏丹	1314.6	33805.6	61353.2	1815	51.65	3.14
29	中非	1292.4	27944.2	51429.1	1840	43.20	3.38
30	埃塞俄比亚	2414.7	38628.4	73377.9	1899	40.51	2.82
31	厄立特里亚	269.0	7757.7	14865.9	1916	78.33	2.51
32	索马里	1405.2	42269.9	80973.8	1916	63.63	3.54
33	吉布提	47.6	1431.4	2728.3	1906	71.74	2.19
34	肯尼亚	1230.7	24554.1	44913.9	1829	45.92	3.16
35	乌干达	499.6	4474.8	8193.8	1831	28.12	2.22
36	坦桑尼亚	1949.0	13266.8	24521.9	1848	15.54	2.55
37	卢旺达	46.6	118.9	202.5	1704	16.34	2.32
38	布隆迪	51.6	463.6	802.7	1731	37.80	2.24
39	刚果民主共和国	4416.7	47227.5	82604.6	1749	21.77	3.19
40	刚果	611.7	4044.2	6446.5	1594	17.66	2.68
41	加蓬	432.8	724.8	1099.6	1517	4.77	2.93
42	安哥拉	2625.2	54992.1	104447.8	1899	46.38	2.74
43	赞比亚	1621.8	15525.9	30152.1	1942	21.40	2.34
44	马拉维	244.5	1646.9	3082.7	1872	15.51	2.11

续表

序号	国家	理论蕴藏量（PWh/a）	集中式开发规模（GW）	年发电量（TWh/a）	可利用小时数	可利用面积比例（%）	平均开发成本（美分/kWh）
45	莫桑比克	1549.0	16624.4	29881.7	1798	23.98	2.64
46	科摩罗	3.2	2.1	3.6	1693	1.15	3.98
47	马达加斯加	1220.0	21392.7	40681.0	1902	45.77	3.6
48	塞舌尔	0.8	0	0	0	0	—
49	毛里求斯	3.9	0.1	0.2	1694	0.15	7.02
50	留尼汪（法）	4.4	3.6	5.6	1554	2.04	6.63
51	纳米比亚	1932.0	28215.5	59383.7	2105	43.15	2.15
52	博茨瓦纳	1283.8	22587.3	45415.1	2011	47.81	2.5
53	津巴布韦	824.9	9055.2	17464.9	1929	27.41	2.09
54	南非	2566.5	36944.5	71324.0	1967	45.89	2.16
55	斯威士兰	30.3	320.6	548.4	1710	28.72	2.36
56	莱索托	61.7	693.2	1347.1	1943	46.59	2.15
57	圣赫勒拿（英）	0.2	2.2	3.8	1735	11.04	6.26
	总计	63464.5	1374778.4	2670242.2	1942	54.16	2.89

注：1. 非洲总计数据不包含埃及亚洲部分的评估结果。
　　2. 非洲光伏利用小时数为洲内年总发电量与总技术可开发量的比值。
　　3. 非洲光伏可利用面积比例为洲内总可利用面积与全洲总面积的比值。
　　4. 非洲光伏平均开发成本为洲内各国家平均开发成本及其年发电量的加权平均值。

3.3　基地开发

3.3.1　开发现状

从 2013 年起，非洲光伏装机规模开始较快增长，2018 年总装机容量达到 5192MW，非洲历年光伏总装机容量如图 3-9（a）所示[1]。其中，南非、阿尔及利亚和塞内加尔光伏装机容量较大，分别为 2055、344MW 和 218MW，发电量分别为 4900、666GWh 和 241GWh，具体情况如表 3-6 所示[2]。图 3-9（b）为非洲主要国家历年光伏装机容量，由图可知，从 2010 年到 2018 年，南非光伏装机容量增长较快，2017 年南非新建了 Pulida Solar Park 光伏电站，装机容量 82.5MW，2016 年新建了 Mulilo Sonnedix Prieska 光伏电站，装机容量 86MW。

根据 IRENA 统计，从 2013 年至 2018 年，南非加权平均的光伏组件投资水平下降了 16%，从 750 美元 /kW 降至 650 美元 /kW。2018 年，南非的光伏电站综合初始投资水平为 1671 美元 /kW。

表 3-6　2018 年南非、阿尔及利亚和塞内加尔光伏开发情况

国家	光伏装机容量（MW）	光伏发电量（GWh）
南非	2055	4900
阿尔及利亚	344	666
塞内加尔	218	241

（a）非洲历年光伏总装机容量　　（b）非洲主要国家历年光伏装机容量

图 3-9　非洲光伏装机容量

[1] 资料来源：International Renewable Energy Agency. Renewable capacity statistics 2019[R]. Abu Dhabi: IRENA, 2019.

[2] 资料来源：彭博社. 全球装机和发电量统计 [EB/OL]，2020-02-24.

3.3.2　基地布局

　　大型光伏基地宜在技术指标高，开发成本低的区域进行布局。综合当地用电需求，根据非洲能源互联网主要战略输电通道布局，未来在北部非洲开发埃及明亚、埃及阿斯旺、阿尔及利亚瓦尔格拉等 8 个光伏基地，2035 年开发规模可达到 53.00GW；在西部非洲开发尼日尔阿加德兹、马里卡伊、毛里塔尼亚罗索等 5 个光伏基地，2035 年开发规模可达到 14.80GW；在东部非洲开发苏丹栋古拉、苏丹达米尔、埃塞俄比亚德雷达瓦等 4 个光伏基地，2035 年开发规模可达到 8.00GW；在南部非洲开发纳米比亚卡拉斯堡、博茨瓦纳察邦、南非比勒陀利亚等 4 个光伏基地，2035 年开发规模可达到 18.00GW。

　　报告基于数字化选址模型和软件，对上述 21 个光伏基地的开发条件、装机规模、工程设想、发电特性和投资水平进行了研究，提出了初步开发方案。21 个光伏基地的总装机规模约 93.80GW，年发电量 181.35TWh，根据远景规划，未来开发总规模有望超过 220GW。按照 2035 年非洲光伏造价预测成果，基于项目基本情况进行投资估算，非洲光伏基地总投资约 479.74 亿美元，度电成本区间为 1.85~2.32 美分 / kWh。非洲大型光伏基地总体布局示意见图 3-10。

图 3-10　非洲大型光伏基地布局示意图

3.3.3 基地概述

报告提出的非洲 21 个大型光伏基地选址的总体情况如下。

1. 埃及明亚（Minya）基地

基地位于埃及苏伊士省（Ei Suweis）东南部，基地水平面年总辐射量 2289.84kWh/m^2。基地占地面积 151.58km^2，海拔高程范围为 973.5~1170m，主要地形为高原山区。基地选址避让了保护区，范围内没有地面覆盖物、地形坡度等影响因素，可装机土地利用率 100%。按照初步开发方案，基地装机容量 10.00GW，年发电量 20748GWh；项目总投资 49.58 亿美元，综合度电成本 1.89 美分 / kWh。

2. 埃及阿斯旺（Aswan）基地

基地位于埃及新河谷省（El Wadi El Jadid）东部，基地水平面年总辐射量 2374.57kWh/m^2。基地占地面积 130.52km^2，海拔高程范围为 467~494m，主要地形为平原。基地选址避让了保护区，范围内没有地面覆盖物、地形坡度等影响因素，可装机土地利用率达 100%。按照初步开发方案，基地装机容量为 10.00GW，年发电量 20605GWh；项目总投资 52.22 亿美元，综合度电成本 2.04 美分 / kWh。

3. 阿尔及利亚瓦尔格拉（Ouargla）基地

基地位于阿尔及利亚瓦尔格拉省中部，基地水平面年总辐射量 2079.52kWh/m^2。基地占地面积 82.21km^2，海拔高程范围为 136.5~170.5m，主要地形为平原和丘陵。基地选址避让了保护区，范围内没有地面覆盖物、地形坡度等影响因素，可装机土地利用率 100%。按照初步开发方案，基地装机容量 5.00GW，年发电量 9142GWh；项目总投资 24.49 亿美元，综合度电成本 2.12 美分 / kWh。

4. 阿尔及利亚艾格瓦特（Laghouat）基地

基地位于阿尔及利亚艾格瓦特省中部，基地水平面年总辐射量 2029.19kWh/m^2。基地占地面积 138.07km^2，海拔高程范围为 827~885m，主要地形为高原平地。基地选址避让了保护区，范围内基本没有地面覆盖物、地形坡度等影响因素，可装机土地利用率 99.61%。按照初步开发方案，基地装机容量 8.00GW，年发电量 14640GWh；项目总投资 42.57 亿美元，综合度电成本 2.30 美分 /kWh。

5. 利比亚乔什（Al Jawsh）基地

基地位于利比亚古达米斯省（Ghadamis）西北部，基地水平面年总辐射量 2098.00kWh/m^2。基地占地面积 87.45km^2，海拔高程范围为 470.5~553.5m，主要地形为平原和丘陵。基地选址避让了保护区，考虑地面覆盖物、地形坡度等因素影响，可装机面积 81.85km^2，利用率 93.60%。按照初步开发方案，基地装机容量 5.00GW，年发电量 9381GWh；项目总投资 25.51 亿美元，综合度电成本 2.15 美分 / kWh。

6. 摩洛哥扎格（Zag）基地

基地位于摩洛哥南部省（South）东南部，基地水平面年总辐射量 2199.67kWh/m^2。基地占地面积 57.44km^2，海拔高程范围为 282~317.5m，主要地形为平原和丘陵。基地选址避让了保护区，范围内没有地面覆盖物、地形坡度等影响因素，可装机土地利用率 100%。按照初步开发方案，基地装机容量 4.00GW，年发电量 7654GWh；项目总投资 21.94 亿美元，综合度电成本 2.27 美分 / kWh。

7. 摩洛哥扎古拉（Zagora）基地

基地位于摩洛哥南部省（South）东北部，基地水平面年总辐射量 2189.11kWh/m^2。基地占地面积 44.95km^2，海拔高程范围为 653~702m，主要地形为高原平地和丘陵。基地选址避让了保护区，范围内没有地面覆盖物、地形坡度等影响因素，可装机土地利用率 100%。按照初步开发方案，基地装机容量 3.00GW，年发电量 5766GWh；项目总投资 14.54 亿美元，综合度电成本 2.01 美分 / kWh。

8.　突尼斯雷马达（Remada）基地

基地位于突尼斯泰塔温省（Tatawin）东南部，基地水平面年总辐射量 2091.69kWh/m²。基地占地面积 154.31km²，海拔高程范围为 399~504.5m，主要地形为平原。基地选址避让了保护区，考虑地面覆盖物、地形坡度等因素影响，可装机面积 131.21km²，利用率 85.03%。按照初步开发方案，基地装机容量 8.00GW，年发电量 15078GWh；项目总投资 41.14 亿美元，综合度电成本 2.16 美分 / kWh。

9.　尼日尔阿加德兹（Agadez）基地

基地位于尼日尔阿加德兹省西南部，基地水平面年总辐射量达 2294.31kWh/m²。基地占地面积 25.87km²，海拔高程范围为 467.5~493.5m，主要地形为平原。基地选址避让了保护区，范围内基本没有地面覆盖物、地形坡度等影响因素，可装机土地利用率 99.69%。按照初步开发方案，基地装机容量 2.30GW，年发电量 4478GWh；项目总投资 11.18 亿美元，综合度电成本 1.98 美分 / kWh。

10.　马里卡伊（Kayes）基地

基地位于马里卡伊省（Tatawin）东南部，基地水平面年总辐射量达 2102.53kWh/m²。基地占地面积 27.97km²，海拔高程范围为 68.5~173m，主要地形为平原。基地选址避让了保护区，考虑地面覆盖物、地形坡度等因素影响，可装机面积 21.00km²，利用率 75.08%。按照初步开发方案，基地装机容量 2.00GW，年发电量 3514GWh；项目总投资 9.52 亿美元，综合度电成本 2.14 美分 / kWh。

11.　毛里塔尼亚罗索（Rosso）基地

基地位于毛里塔尼亚特拉扎省（Trarza）西南部，基地水平面年总辐射量 2156.20kWh/m²。基地占地面积 19.58km²，海拔高程范围为 10~24.5m，主要地形为平原。基地选址避让了保护区，考虑地面覆盖物、地形坡度等因素影响，可装机面积 16.45km²，利用率达 84.01%。按照初步开发方案，基地装机容量 1.50GW，年发电量 2700GWh；项目总投资 7.19 亿美元，综合度电成本 2.11 美分 / kWh。

12. 布基纳法索瓦加杜古（Ouagadougou）基地

基地位于布基纳法索卡焦戈省（Kadiogo）中部，基地水平面年总辐射量 2128.23kWh/m²。基地占地面积 25.23km²，海拔高程范围为 286~321m，主要地形为平原。基地选址避让了保护区，考虑地面覆盖物、地形坡度等因素影响，可装机面积 19.81km²，利用率 78.52%。按照初步开发方案，基地装机容量 2.00GW，年发电量 3561GWh；项目总投资 9.53 亿美元，综合度电成本 2.12 美分 / kWh。

13. 尼日利亚卡诺（Kano）基地

基地位于尼日利亚吉加瓦省（Jigawa）西部，基地水平面年总辐射量 2179.87kWh/m²。基地占地面积 157.93km²，海拔高程范围为 388~406m，主要地形为平原。基地选址避让了保护区，考虑地面覆盖物、地形坡度等因素影响，可装机面积 70.21km²，利用率 44.46%。按照初步开发方案，基地装机容量 7.00GW，年发电量 13011GWh；项目总投资 36.90 亿美元，综合度电成本 2.24 美分 / kWh。

14. 苏丹栋古拉（Dongola）基地

基地位于苏丹北方省（Northern）中部，基地水平面年总辐射量 2342.38kWh/m²。基地占地面积 22.75km²，海拔高程范围为 234~248.5m，主要地形为平原。基地选址避让了保护区，范围内没有地面覆盖物、地形坡度等影响因素，可装机土地利用率 100%。按照初步开发方案，基地装机容量 2.00GW，年发电量 3934GWh；项目总投资 9.64 亿美元，综合度电成本 1.94 美分 / kWh。

15. 苏丹达米尔（Ad-Damir）基地

基地位于苏丹尼罗省（Nile）中部，基地水平面年总辐射量 2314.01kWh/m²。基地占地面积 22.14km²，海拔高程范围为 386.5~424m，主要地形为平原。基地选址避让了保护区，范围内没有地面覆盖物、地形坡度等影响因素，可装机土地利用率 100%。按照初步开发方案，基地装机容量 2.00GW，年发电量 3906GWh；项目总投资 9.73 亿美元，综合度电成本 1.97 美分 / kWh。

16.　埃塞俄比亚德雷达瓦（Dire Dawa）基地

基地位于埃塞俄比亚哈勒尔盖省（Harerge）西北部，基地水平面年总辐射量 2333.45kWh/m²。基地占地面积 21.38km²，海拔高程范围为 677.5~691m，主要地形为高原平地。基地选址避让了保护区，考虑地面覆盖物、地形坡度等因素影响，可装机面积 19.47km²，利用率 91.07%。按照初步开发方案，基地装机容量 2.00GW，年发电量 3954GWh；项目总投资 9.68 亿美元，综合度电成本 1.94 美分 / kWh。

17.　肯尼亚南霍尔（South Horr）基地

基地位于肯尼亚东部省（Eastern）中北部，基地水平面年总辐射量 2348.59kWh/m²。基地占地面积 28.81km²，海拔高程范围为 504~520m，主要地形为高原平地。基地选址避让了保护区，考虑地面覆盖物、地形坡度等因素影响，可装机面积 17.27km²，利用率 59.94%。按照初步开发方案，基地装机容量 2.00GW，年发电量 3940GWh；项目总投资 11.55 亿美元，综合度电成本 2.32 美分 / kWh。

18.　纳米比亚卡拉斯堡（Karasburg）基地

基地位于纳米比亚马林塔尔省（Mariental）中部，基地水平面年总辐射量 2370.61kWh/m²。基地占地面积 64.39km²，海拔高程范围为 1162~1208.5m，主要地形为高原平地。基地选址避让了保护区，考虑地面覆盖物、地形坡度等因素影响，可装机面积 51.92km²，利用率 80.63%。按照初步开发方案，基地装机容量 4.00GW，年发电量 8514GWh；项目总投资 19.31 亿美元，综合度电成本 1.85 美分 / kWh。

19.　博茨瓦纳察邦（Tshabong）基地

基地位于博茨瓦纳卡拉哈迪省（Kgalagadi）东南部，基地水平面年总辐射量 2245.80kWh/m²。基地占地面积 33.80km²，海拔高程范围为 1006.5~1012.5m，主要地形为高原平地。基地选址避让了保护区，考虑地面覆盖物、地形坡度等因素影响，可装机面积 26.57km²，利用率 78.61%。按照初步开发方案，基地装机容量 2.00GW，年发电量 4051GWh；项目总投资 10.65 亿美元，综合度电成本 2.08 美分 / kWh。

20. 南非比勒陀利亚（Pretoria）基地

基地位于南非豪藤省（Gauteng）北部，基地水平面年总辐射量 2058.30kWh/m²。基地占地面积 169.42km²，海拔高程范围为 1111.5~1333m，主要地形为高原平地。基地选址避让了保护区，考虑地面覆盖物、地形坡度等因素影响，可装机面积 134.14km²，利用率 79.18%。按照初步开发方案，基地装机容量 10.00GW，年发电量 18738GWh；项目总投资 53.24 亿美元，综合度电成本 2.25 美分 / kWh。

21. 安哥拉卢班戈（Lubango）基地

基地位于安哥拉纳米贝省（Namibe）西南部，基地水平面年总辐射量 2319.97kWh/m²。基地占地面积 27.64km²，海拔高程范围为 440~575.5m，主要地形为山地和丘陵。基地选址避让了保护区，考虑地面覆盖物、地形坡度等因素影响，可装机面积 22.36km²，利用率 80.90%。按照初步开发方案，基地装机容量 2.00GW，年发电量 4030GWh；项目总投资 9.63 亿美元，综合度电成本 1.89 美分 / kWh。

各大型光伏基地主要技术经济指标见表 3-7。

表 3-7 非洲主要大型光伏基地技术经济指标

序号	基地名称	国家	占地面积（km²）	主要地形	年均 GHI（kWh/m²）	装机容量（GW）	年发电量（GWh）	总投资（亿美元）	度电成本（美分／kWh）
1	明亚	埃及	151.58	高原山区	2289.84	10	20748	49.58	1.89
2	阿斯旺	埃及	130.52	平原	2374.57	10	20605	52.22	2.04
3	瓦尔格拉	阿尔及利亚	82.21	平原和丘陵	2079.52	5	9142	24.49	2.12
4	艾格瓦特	阿尔及利亚	138.07	高原平地	2029.19	8	14640	42.57	2.30
5	乔什	利比亚	87.45	平原和丘陵	2098.00	5	9381	25.51	2.15
6	扎格	摩洛哥	57.44	平原和丘陵	2199.67	4	7654	21.94	2.27
7	扎古拉	摩洛哥	44.95	高原平地和丘陵	2189.11	3	5766	14.54	2.01
8	雷马达	突尼斯	154.31	平原	2091.69	8	15078	41.14	2.16
9	阿加德兹	尼日尔	25.87	平原	2294.31	2.3	4478	11.18	1.98
10	卡伊	马里	27.97	平原	2102.53	2	3514	9.52	2.14
11	罗索	毛里塔尼亚	19.58	平原	2156.20	1.5	2700	7.19	2.11
12	瓦加杜古	布基纳法索	25.23	平原	2128.23	2	3561	9.53	2.12

续表

序号	基地名称	国家	占地面积（km²）	主要地形	年均 GHI（kWh/m²）	装机容量（GW）	年发电量（GWh）	总投资（亿美元）	度电成本（美分/kWh）
13	卡诺	尼日利亚	157.93	平原	2179.87	7	13011	36.90	2.24
14	栋古拉	苏丹	22.75	平原	2342.38	2	3934	9.64	1.94
15	达米尔	苏丹	22.14	平原	2314.01	2	3906	9.73	1.97
16	德雷达瓦	埃塞俄比亚	21.38	高原平地	2333.45	2	3954	9.68	1.94
17	南霍尔	肯尼亚	28.81	高原平地	2348.59	2	3940	11.55	2.32
18	卡拉斯堡	纳米比亚	64.39	高原平地	2370.61	4	8514	19.31	1.85
19	蔡邦	博茨瓦纳	33.80	高原平地	2245.80	2	4051	10.65	2.08
20	比勒陀利亚	南非	169.42	高原平地	2058.30	10	18738	53.24	2.25
21	卢班戈	安哥拉	27.64	山地和丘陵	2319.97	2	4030	9.63	1.89
合计		—	—	—	—	93.8	181345	479.74	—

3.3.4 基地选址研究

报告给出了纳米比亚卡拉斯堡和利比亚乔什 2 个光伏基地选址研究的详细结果，可供项目开发研究参考。

3.3.4.1 纳米比亚卡拉斯堡光伏基地

1. 主要开发条件分析

光伏资源条件。 卡拉斯堡光伏基地位于纳米比亚东南部马林塔尔省，基地多年平均 GHI 为 2370.61kWh/m^2，属于最丰富等级，非常适宜进行太阳能资源规模化开发。基地位置及其 GHI 分布示意图如图 3-11 所示。

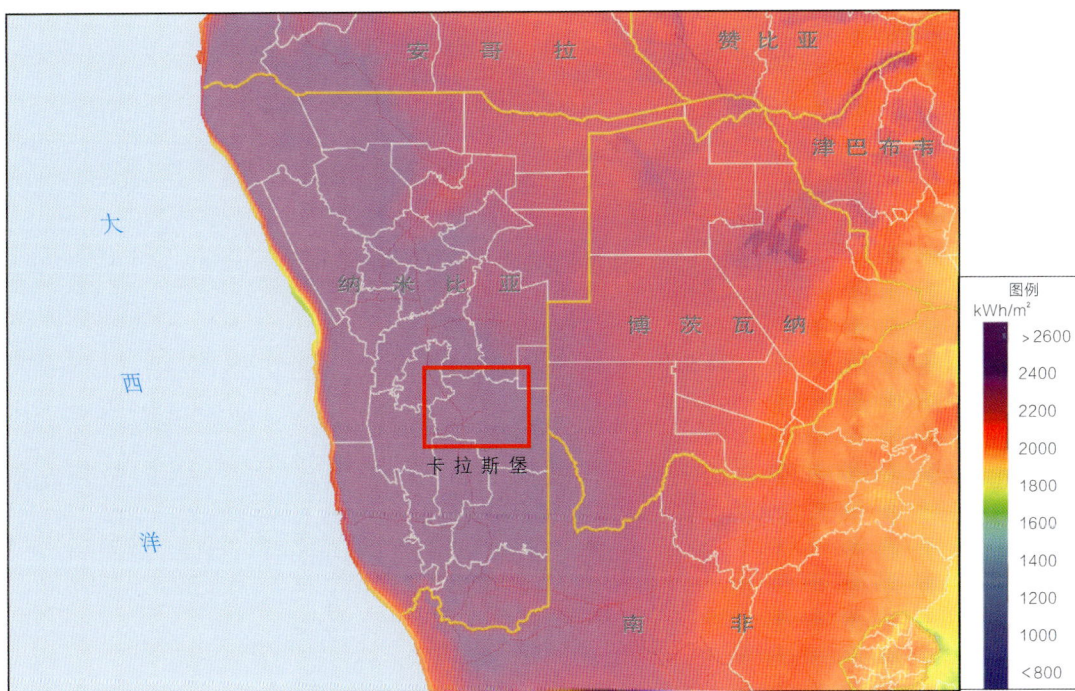

图 3-11　卡拉斯堡光伏基地太阳能水平面总辐射量分布示意图

地形地貌。 区域地处纳米比亚东南部的高原地区，东接卡拉哈迪（Kgalagadi Desert）沙漠，西临纳米布沙漠（Namib Desert），区域内的海拔高程范围为 1162~1208.5m，最大坡度为 2.8°，地形平坦，适宜建设大型光伏基地。

主要限制性因素。基地位于马林塔尔省中西部，占地 64.39km²，选址及其周边主要限制因素分布的示意图如图 3-12 所示。区域内地物覆盖类型大部分为草本植被，部分为灌丛和裸露地表。基地内无自然保护区等限制性因素，选址主要避让西部 26km 外的自然生态系统类保护区。基地西南部 21km 处有 Mariental 机场，南部 5km 处有公路通过。电网方面，东部 4km 有 1 条 220kV 交流输电通道经过，西部 30km 有条 380kV 交流输电通道经过，接入电网条件较好。

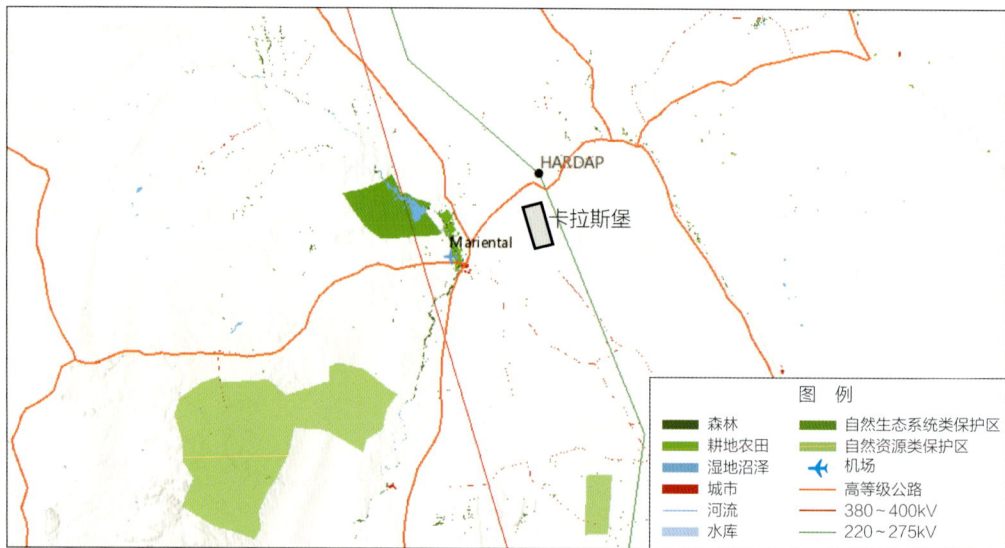

图 3-12　卡拉斯堡光伏基地选址示意图

基地范围内基性深层岩与硅碎屑沉积岩主要发育。西北部 45km 处接触断层分布，距离最近的存在历史地震记录的地区约 112km，地质结构稳定。区域内无大型城镇等人类活动密集区，西南部 17km、东北部 25km 以及东南部 65km 处有中小型城镇分布，距离最近人口密集区域（3.5 万 / km²）约 17km，距离基地最近的大型城市为马林塔尔市。基地岩层分布及地震情况示意图如图 3-13 所示。

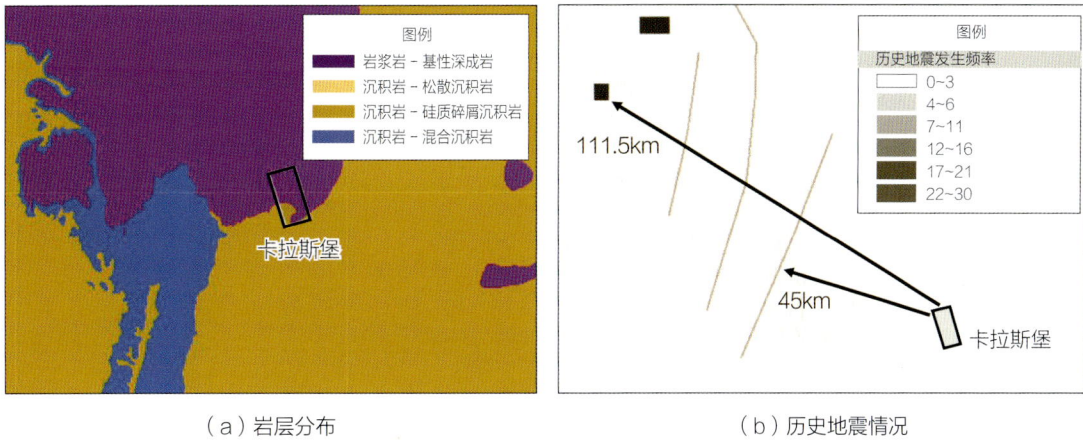

（a）岩层分布 　　　　　　　　　　　（b）历史地震情况

图 3-13　卡拉斯堡光伏基地岩层分布及地震情况示意图

2. 开发规模与资源特性

经测算，卡拉斯堡光伏基地太阳能资源理论蕴藏总量为 211.1TWh/a。技术可开发装机容量 4.0GW，年发电量 8514GWh，利用小时数为 2124。基地光伏年发电量的地理区域分布示意如图 3-14（a）所示，基地地势平坦，西南部受灌丛和裸露地表等不同覆盖物分布差异影响，装机和发电量的地理分布较不均匀；基地 8760 逐小时出力系数热力分布如图 3-14（b）所示，其横坐标代表 24 小时，纵坐标代表 365 天，反映了 8760 小时光伏出力随时间变化的规律，可见基地每年 10 月—次年 3 月日照时间长，发电能力强。

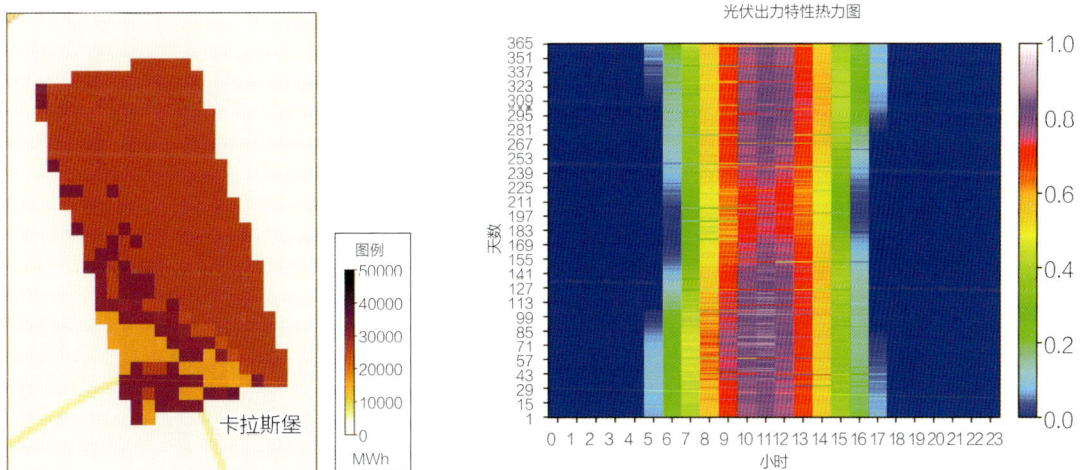

（a）年发电量分布　　　　　　　　　（b）8760 逐小时出力系数热力分布

图 3-14　卡拉斯堡光伏基地年发电量分布和 8760 逐小时出力系数热力分布

选择代表点对基地发电特性进行分析。基地辐射和温度以及对应光伏发电出力的典型日变化和年变化曲线如图 3-15 和图 3-16 所示。从日变化来看，高辐射时段主要集中在 10—12 点（世界标准时间，下同。折算到纳米比亚当地时间为 11—13 点）。从月度变化来看，全年 10 月—次年 3 月总辐射大，发电能力强，4—8 月总辐射小，发电能力小。

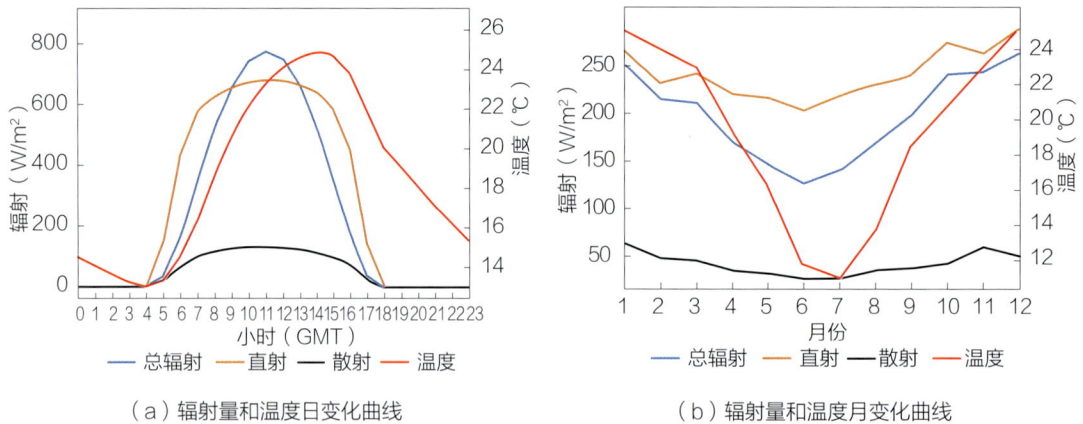

（a）辐射量和温度日变化曲线　　　（b）辐射量和温度月变化曲线

图 3-15　卡拉斯堡光伏基地辐射和温度典型日变化和年变化曲线

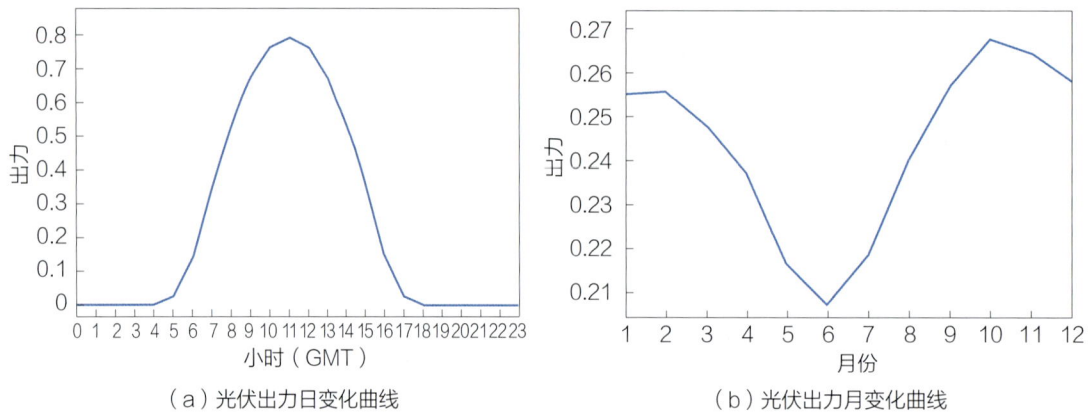

（a）光伏出力日变化曲线　　　（b）光伏出力月变化曲线

图 3-16　卡拉斯堡光伏基地典型日出力和年出力曲线

3. 工程设想与经济性分析

基地暂按 310Wp 高效单晶组件，采用固定式支架，竖向 2×22（横向 22 排，竖向 2 列）开展光伏阵列布置研究。综合考虑当地太阳能资源和地形等条件，并基于中国大型光伏电站设计经验及相关光伏板布置原则，采用光伏基地宏观选址规划数字化方法，开展光伏阵列自动排布。当地组件最佳倾角为 24°，基于最佳倾角下的倾斜面辐射量，预留对应前后排间距 6.0m，考虑检修空间和通行道路，组串东西向间距为 0.5m。基地规划布置图见图 3-17。

图 3-17　卡拉斯堡光伏基地组件排布示意图

按照对光伏发电工程 2035 年经济性水平预测，综合考虑交通和电网基础设施条件，卡拉斯堡光伏基地总投资估算 19.31 亿美元，其中并网及交通成本 4700 万美元，投资匡算见表 3-8。按此测算，基地开发后平均度电成本为 1.85 美分 / kWh。基于 12% 内部收益率测算的上网电价 3.63 美分 / kWh。

表 3-8　卡拉斯堡光伏基地投资匡算表

编号	项目内容	数额
1	设备成本（亿美元）	18.04
2	建设成本（亿美元）	0.28
3	其他成本（亿美元）	0.52
4	场外交通及并网成本（亿美元）	0.47
单位千瓦投资（美元）		483

3.3.4.2 埃及明亚光伏基地

1. 主要开发条件分析

光伏资源条件。明亚光伏基地位于埃及苏伊士省的东南部，基地多年平均 GHI 为 2289.84kWh/m²，属于最丰富等级，非常适宜进行太阳能资源规模化开发。基地位置及其 GHI 分布示意图如图 3-18 所示。

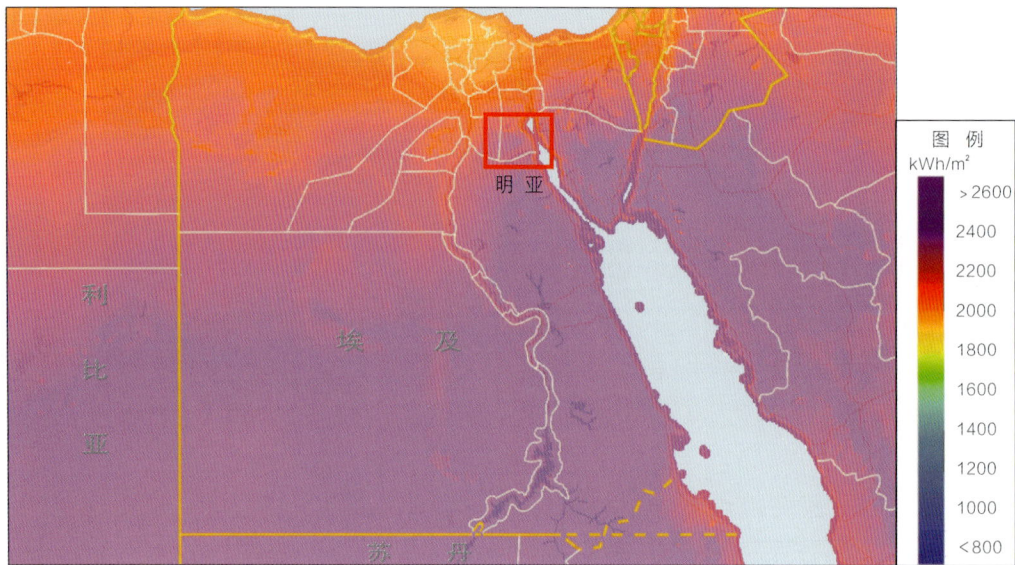

图 3-18 明亚卡拉斯堡光伏基地太阳能水平面总辐射量分布示意图

地形地貌。区域地处北杰拉莱山（Gebel el Galala el Bahariya）南部平原地带，东邻苏伊士湾（Khalij as Suwavs），南接阿拉伯沙漠（Arabian Desert）沙漠，西临法尤姆绿洲（El Faiyum Oasis），区域内的海拔高程范围为 973.5~1170m，最大坡度为 11.2°，地形较平坦，适宜建设大型光伏基地。

　　主要限制性因素。基地位于苏伊士省中南部，占地总面积 151.58km²，选址及其周边主要限制因素分布的示意图如图 3-19 所示。区域内地物覆盖类型为裸露地表，无自然保护区等限制性因素，选址主要避让南部 23km 外的自然保护区。基地西南部 60km 处有 Wadi Abu Rish 机场，东部和南部 20km 内均有公路通过。电网方面，西部 4km 有条 220kV 交流输电通道经过，西北部 17km 有条正在规划的 500kV 交流输电通道经过，接入电网条件较好。电源方面，东部 25km 处有座 547MW 风电站，北部 27km 有座 683MW 燃气电厂。

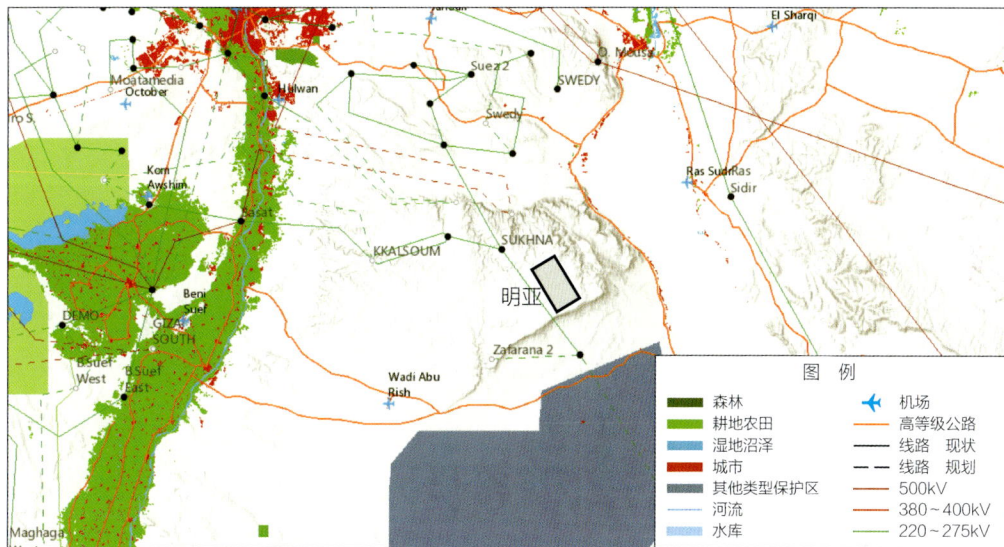

图 3-19　明亚光伏基地选址示意图

　　基地范围内碳酸盐沉积岩主要发育。南部 13km 处接触断层分布，距离最近的存在历史地震记录的地区约 23km，地质结构稳定。区域内无大型城镇等人类活动密集区，西部 86km 和东北部 68km 处有中小型城镇分布，距离最近人口密集区域（3.5 万人 / km²）约 86km，距离最近的大型城市为苏伊士市。基地岩层分布及地震情况示意图如图 3-20 所示。

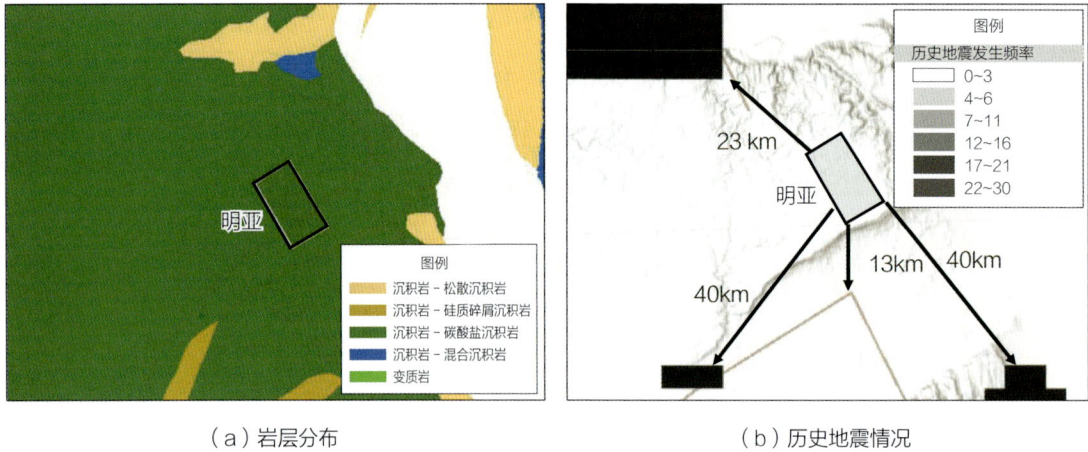

<table>
<tr><td>（a）岩层分布</td><td>（b）历史地震情况</td></tr>
</table>

图 3-20　明亚光伏基地岩层分布及地震情况示意图

2. 开发规模与资源特性

经测算，明亚光伏基地太阳能资源理论蕴藏总量为 347.1TWh/a。技术可开发装机规模 10.0GW，年发电量 20748GWh，利用小时数 2075。基地光伏年发电量的地理区域分布示意如图 3-21（a）所示，基地地势较平坦，西北部需依山势建设，装机和发电量的地理分布与地形坡度变化相近；基地 8760 逐小时出力系数热力分布如图 3-21（b）所示，其横坐标代表 24 小时，纵坐标代表 365 天，反映了 8760 小时光伏出力随时间变化的规律，可见基地每年 3—9 月日照时间长，发电能力强。

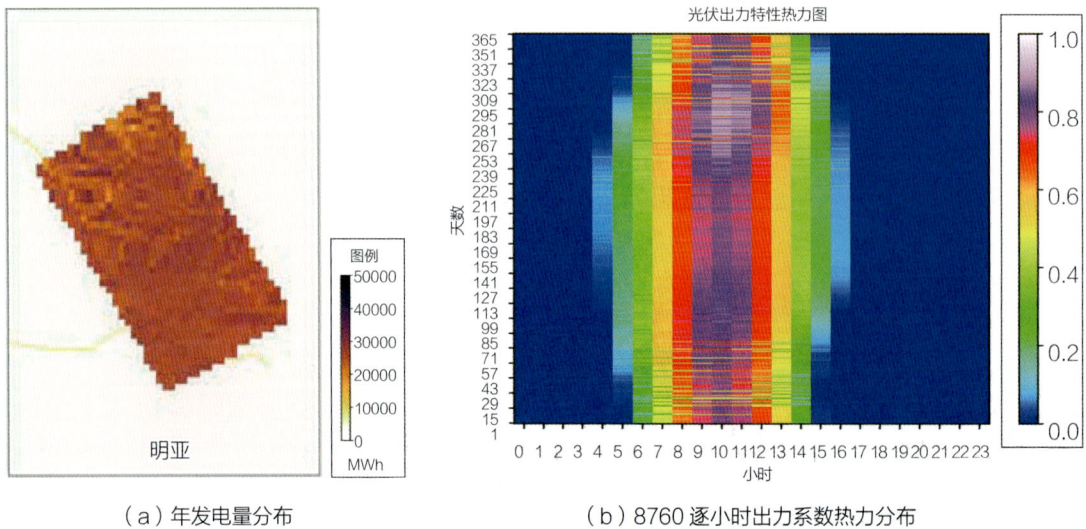

<table>
<tr><td>（a）年发电量分布</td><td>（b）8760 逐小时出力系数热力分布</td></tr>
</table>

图 3-21　明亚光伏基地年发电量分布和 8760 逐小时出力系数热力分布图

选择代表点对基地发电特性进行分析。基地辐射和温度以及对应光伏发电出力的典型日变化和年变化曲线如图 3-22 和图 3-23 所示。从日变化来看，高辐射时段主要集中在 9—12 点（世界标准时间，下同。折算到埃及当地时间为 11—14 点）。从月度变化来看，3—9 月总辐射大，发电能力强，11 月—次年 2 月总辐射小，发电能力小。

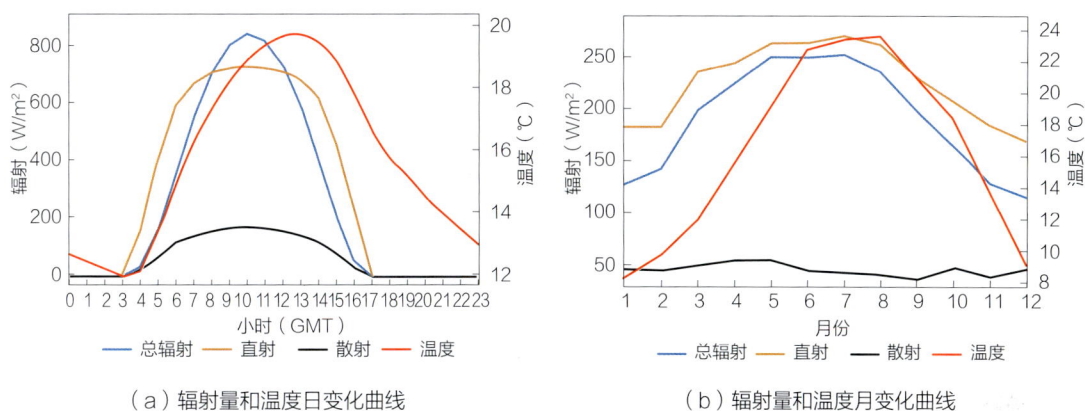

（a）辐射量和温度日变化曲线　　　　（b）辐射量和温度月变化曲线

图 3-22　明亚光伏基地辐射和温度典型日变化和年变化曲线

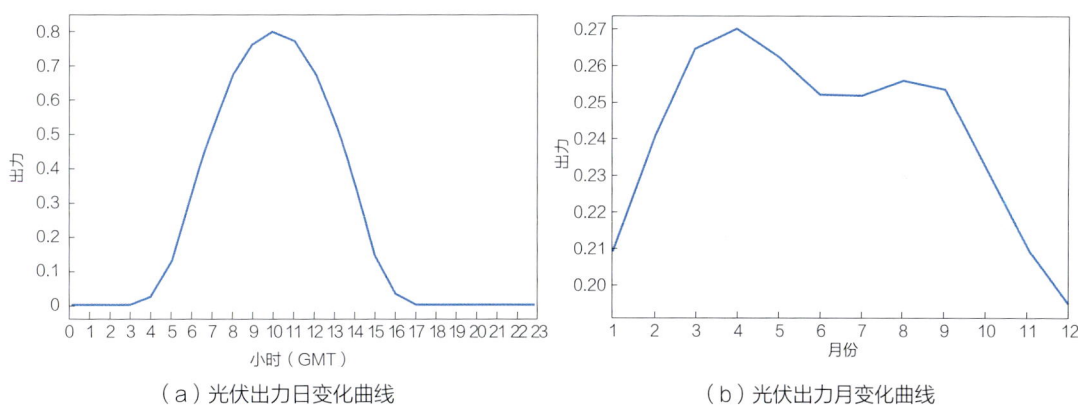

（a）光伏出力日变化曲线　　　　（b）光伏出力月变化曲线

图 3-23　明亚光伏基地典型日出力和年出力曲线

3. 工程设想与经济性分析

暂按 310Wp 高效单晶组件，采用固定式支架，竖向 2×22（横向 22 排，竖向 2 列）开展光伏阵列布置研究。综合考虑当地太阳能资源和地形等条件，并基于中国大型光伏电站设计经验及相关光伏板布置原则，采用光伏基地宏观选址规划数字化方法，开展光伏阵列自动排布。当地组件最佳倾角为 28°，基于最佳倾角下的倾斜面辐射量，预留对应前后排间距 6.7m，考虑检修空间和通行道路，组串东西向间距为 0.5m。基地规划布置图见图 3-24。

图 3-24　明亚光伏基地组件排布示意图

　　按照对光伏发电工程 2035 年经济性水平预测，综合考虑交通和电网基础设施条件，明亚光伏基地总投资估算 49.58 亿美元，其中并网及交通成本 2.58 亿美元，投资匡算见表 3-9。按此测算，基地开发后平均度电成本为 1.89 美分 / kWh。基于 12% 内部收益率测算的上网电价为 3.79 美分 / kWh。

表 3-9　明亚光伏基地投资匡算表

编号	项目内容	数额
1	设备成本（亿美元）	45
2	建设成本（亿美元）	0.7
3	其他成本（亿美元）	1.3
4	场外交通及并网成本（亿美元）	2.58
	单位千瓦投资（美元）	496

4 大型清洁能源基地外送

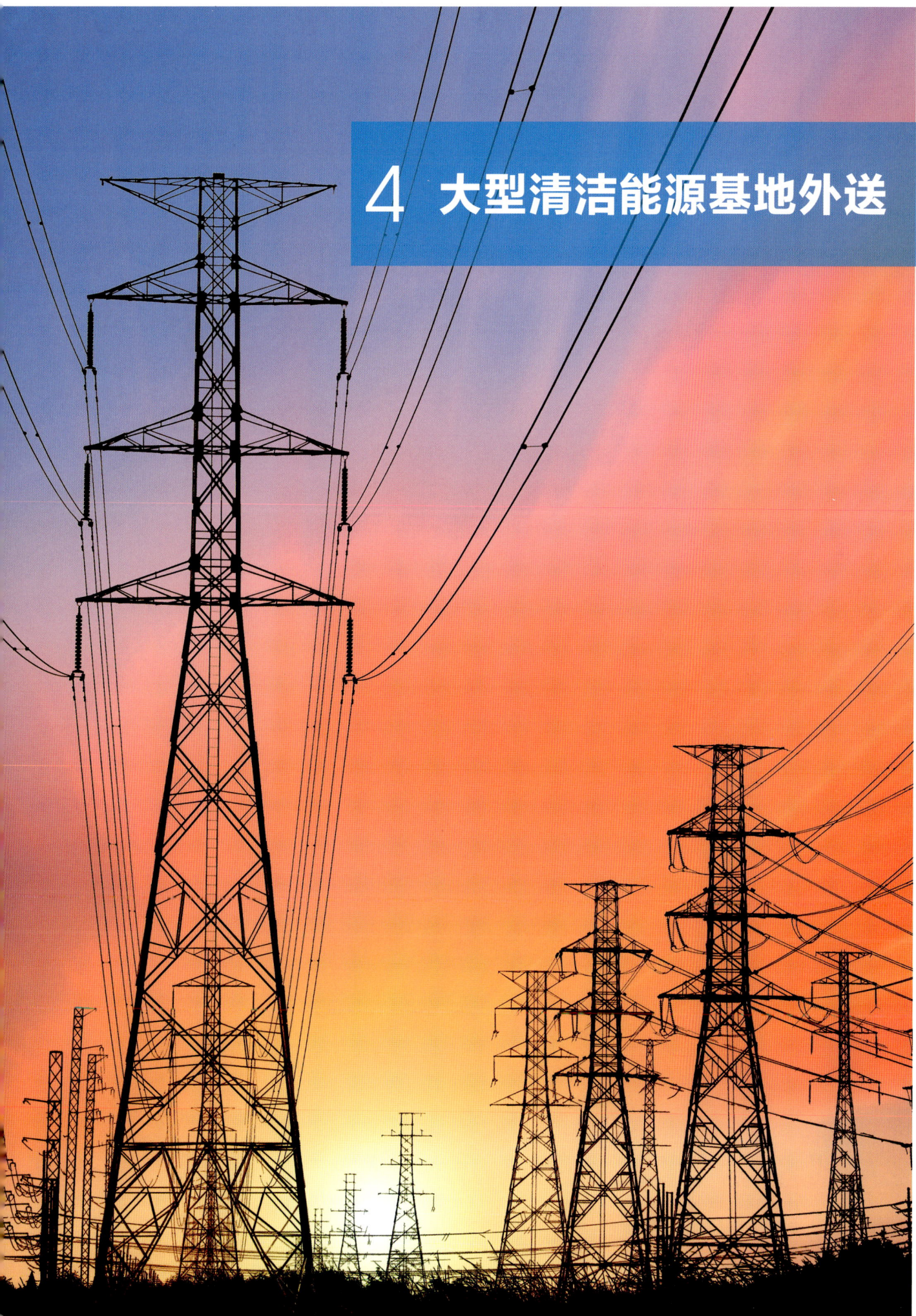

基于非洲能源电力供需发展趋势，结合清洁能源和矿产资源分布及开发格局，统筹区域内、跨区及跨洲电力消纳市场，充分考虑电力外送容量、距离及电网结构发展等因素，报告提出了非洲主要大型清洁能源基地的送电方向和输电方式。研究成果对推动清洁能源基地开发，加快国内电网建设、跨国电网互联发展，实现非洲清洁能源资源大范围优化配置和高效利用具有重要和积极意义。

4.1　电力需求预测

北部非洲 ❶ 总人口 1.9 亿，占非洲总人口的 16%；GDP 达到 5907 亿美元，占非洲总量的 27%。2016 年，北部非洲用电量 275.2TWh，最大负荷 58.12GW，埃及是主要电力负荷中心，用电量占北部非洲总量的 59%；电源装机容量为 87.92GW，以火电为主，占比 91%；人均用电量 1438kWh/a，人均装机容量为 0.46kW，远高于非洲平均水平，低于世界平均水平。预计 2035 年北部非洲总用电量将达到 775TWh，最大负荷 144GW；2050 年总用电量达到 1170TWh，最大负荷 215GW。北部非洲电力需求变化趋势如图 4-1 所示。负荷中心主要为埃及，2050 年埃及用电量占总用电量比重预计达到 64%。

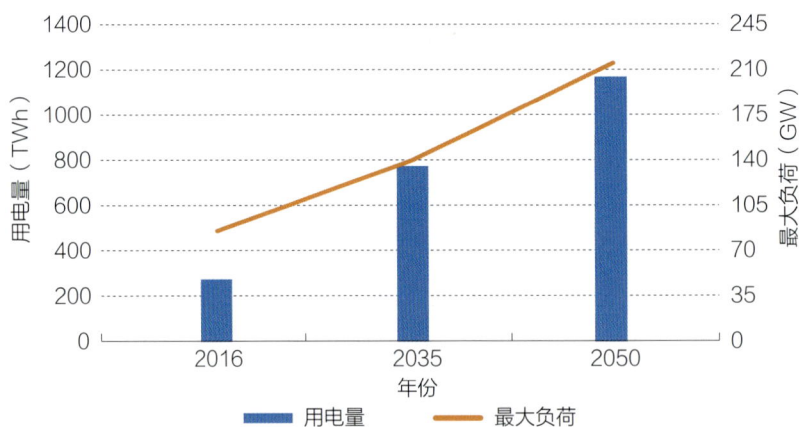

图 4-1　北部非洲电力需求变化趋势

❶ 参考地理人文习惯、区域经济共同体（RECs）和区域电力池（Power Pools）成员情况，将非洲划分为北部非洲、西部非洲、中部非洲、东部非洲和南部非洲 5 个区域。本报告中，北部非洲简称北非，西部非洲简称西非，东部非洲简称东非，为避免与中非、南非两个国家混淆，中部非洲和南部非洲不用简称。北部非洲包括突尼斯、阿尔及利亚、利比亚、埃及、摩洛哥 5 个国家。

　　西部非洲 **❶** 总人口 3.7 亿人，占非洲总人口的 30%，GDP 为 5702 亿美元，占非洲总量的 25%。2016 年，西部非洲用电量 56.4TWh，最大负荷 10.4GW，尼日利亚、加纳和科特迪瓦是区内主要电力负荷中心，合计占比 73%。电源装机容量为 22.63GW，以火电为主，占比高达 76%。西部非洲人均用电量 157kWh/a，人均装机容量为 0.06kW，约为非洲平均水平的三分之一，电力可及率约为 52%，尚存近 1.8 亿无电人口。预计 2035 年西部非洲总用电量将达到 494TWh，最大负荷 86.9GW；2050 年总用电量达到 991TWh，最大负荷 167GW。西部非洲电力需求变化趋势如图 4-2 所示。负荷中心主要为尼日利亚、几内亚、加纳，2050 年占西部非洲用电量比重预计分别达到 42%、15% 和 13%。

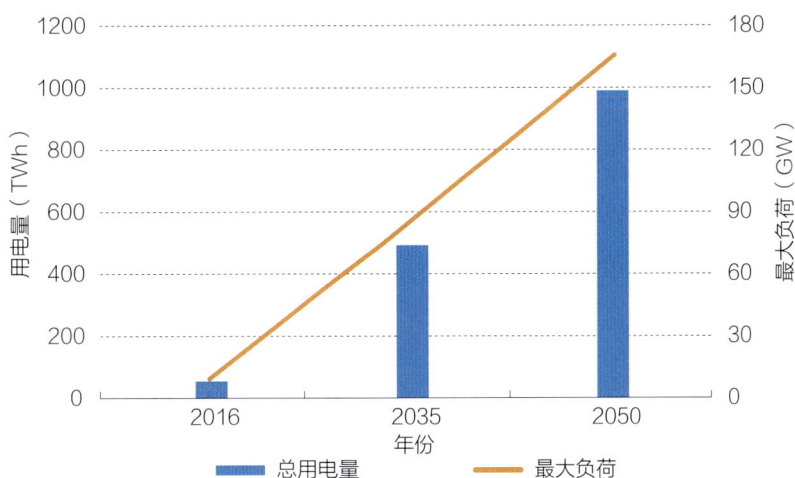

图 4-2　西部非洲电力需求变化趋势

　　中部非洲 **❷** 总人口 1.3 亿人，占非洲总人口的 11%，GDP1214 亿美元，占非洲总量的 5%。2016 年，中部非洲用电量 18.1TWh，最大负荷 3.11GW，刚果民主共和国和喀麦隆是区内主要电力负荷中心，合计占比 79%。电源装机容量为 5.9GW，以水电为主，占比 68%。中部非洲人均用电量 139kWh/a，人均装机容量为 0.05kW，电力可及率约为 27%，在非洲处于较低水平。预计 2035 年中部非洲总用电量将达到 154.1TWh，最大负荷 26.66GW；2050 年总用电量达到 341.0TWh，最大负荷 61.52GW。中部非洲电力需求变化趋势如图 4-3 所示。负荷中心主要为刚果民主共和国、刚果、喀麦隆，2050 年占中部非洲用电量比重预计分别达到 41%、23% 和 23%。

---

❶ 西部非洲包括毛里塔尼亚、贝宁、科特迪瓦、布基纳法索、加纳、冈比亚、几内亚、几内亚比绍、利比里亚、马里、尼日尔、尼日利亚、塞内加尔、塞拉利昂、多哥、佛得角 16 个国家。

❷ 中部非洲包括喀麦隆、中非、刚果、刚果民主共和国、加蓬、赤道几内亚、乍得、圣多美和普林西比 8 个国家。

4.1　电力需求预测

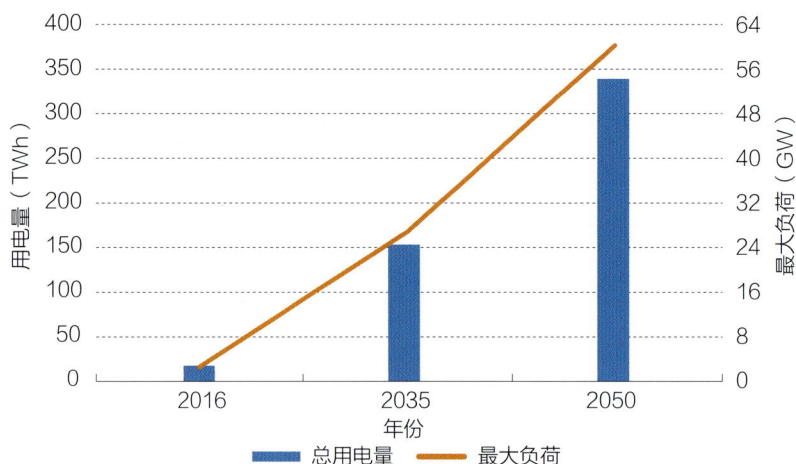

图 4-3 中部非洲电力需求变化趋势

东部非洲❶总人口 3.4 亿人，占非洲总人口的 28%，GDP 为 3867 亿美元，占非洲总量的 17%。2016 年，东部非洲用电量 40.0TWh，最大负荷 8.5GW，苏丹、埃塞俄比亚、肯尼亚是主要电力负荷中心，三国用电量之和占比约 75%。电源装机容量为 13.6GW，其中水电占比 56%。东部非洲整体电力发展水平较低，人均用电量 120kWh/a，人均装机容量为 0.04kW，不到非洲平均水平的四分之一。电力可及率约为 38%，低于撒哈拉以南非洲平均水平。预计 2035 年东部非洲总用电量将达到 202TWh，最大负荷 39.02GW；2050 年总用电量达到 500TWh，最大负荷 96.4GW。东部非洲电力需求变化趋势如图 4-4 所示。负荷中心主要为埃塞俄比亚、坦桑尼亚、肯尼亚、苏丹四国。2050 年四国占东部非洲用电量比重预计分别达到 30%、20%、19% 和 16%。

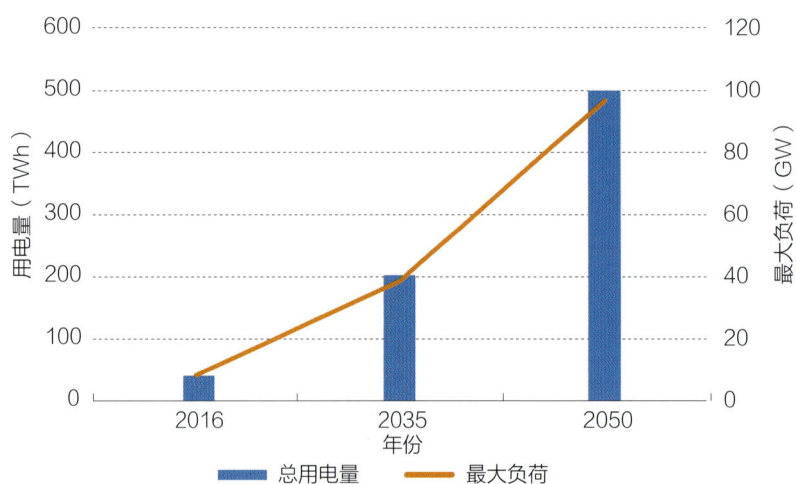

图 4-4 东部非洲电力需求变化趋势

---

❶ 东部非洲包括布隆迪、埃塞俄比亚、肯尼亚、卢旺达、苏丹、南苏丹、厄立特里亚、乌干达、吉布提、坦桑尼亚、索马里、科摩罗、塞舌尔 13 个国家。

南部非洲 [1] 总人口 1.7 亿人，占非洲总人口的 15%，GDP 为 4682 亿美元，占非洲总量的 22%。2016 年，南部非洲用电量 246.6TWh，最大负荷 47.71GW，南非是主要电力负荷中心，用电量占比高达近 80%。电源装机容量为 63.55GW，其中火电占比 73%。南部非洲整体电力发展水平较高，人均用电量 1240kWh/a，约为非洲平均水平的 2.6 倍；区内发展阶段差异巨大，南非是非洲电力工业最发达国家，其余国家电能消费水平低。预计 2035 年南部非洲总用电量将达到 644TWh，最大负荷 113.7GW；2050 年总用电量达到 965TWh，最大负荷 174.2GW。南部非洲电力需求变化趋势如图 4-5 所示。南部非洲负荷中心为南非、安哥拉和赞比亚，2050 年三国占南部非洲用电量比重分别为 65%、12% 和 7%。

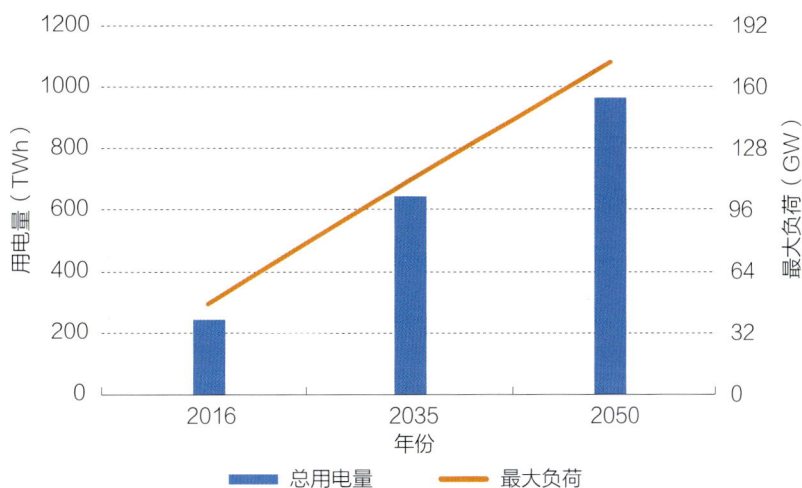

图 4-5　南部非洲电力需求变化趋势

---

[1] 南部非洲包括安哥拉、博茨瓦纳、莱索托、马拉维、莫桑比克、纳米比亚、南非、赞比亚、斯威士兰、津巴布韦、马达加斯加、毛里求斯 12 个国家。

4.2 深度电能替代

4.2.1 清洁电力制氢与氢能利用

1. 电制氢与消纳清洁电力

氢能具有来源广泛、能量密度大、清洁高效等诸多优点。2018 年，全球氢产量约 1.2 亿吨，其中 95% 来源于传统化石资源的热化学重整[1]。虽然化石资源制氢工艺成熟，成本相对低廉，但会排放大量的温室气体，对环境造成污染。未来，随着能源清洁转型的不断深入，清洁、绿色的电解水技术将成为主流的制氢方式。

通过采用电制氢技术，一方面，未来可以在难以实施电能替代进行脱碳的领域使用清洁氢，如冶金、化工、货运、航运、工业制热等行业，电制氢技术将成为连接清洁电力与部分终端能源消费领域的"纽带环节"。另一方面，电制氢设备具有较快的启停速度和全功率调节范围，可以成为电网中宝贵的灵活性调节资源。未来，电制氢不仅是一种新的电力负荷，同时也为清洁电力消纳提供了一条新思路。

北部非洲太阳能资源丰富但本地消纳能力不足，通过规模化发展电制氢产业，能够有效增加当地用电需求，平抑光伏发电的日内波动。制成的氢既可以供当地使用，也可以出口欧洲，满足欧洲负荷中心的用能需求。利用北非与欧洲现有的天然气管网、对液化天然气（LNG）加注设备进行必要改造或新建专用输氢管道，与输电工程共同构成跨越地中海的欧非洲际能源互联通道。

中部非洲、东部非洲水能资源富集地区，电制氢可以与水电消纳进一步结合，充分发挥氢能跨季节存储的优势，确保外送电力在长时间尺度上的稳定和可靠，其他富余氢能可供当地或邻近区域的矿产开发冶炼产业利用。

---

[1] 资料来源：IRENA《Hydrogen-A Renewable Energy Perspective》。

　　电制氢指在直流电的作用下，通过电化学过程将水分子分解为氢分子与氧分子，并分别在阴、阳两极析出。电制氢技术主要包括以下三种：一是碱性电解槽技术，通常采用氢氧化钠溶液或氢氧化钾溶液等碱性电解液，由石棉隔膜隔开正负极区域，选用镍、铁等作为电极材料进行电解。碱性电解槽技术成熟、设备结构简单，具有较快的启停速度（分钟级）和部分功率调节能力，是当前主流的电制氢方法，缺点是效率较低（60%~70%）。二是质子交换膜技术，其特点是使用仅质子可以透过的有机物薄膜代替传统碱性电解槽中的隔膜和液态电解质，并将具有较高活性的贵金属催化剂压在质子交换膜两侧，从而有效减小电解槽的体积和电阻，使电解效率提高到80%左右，功率调节也更加灵活，但设备成本相对昂贵。三是高温固体氧化物电解槽技术（SOEC），其特点是在较高温度（600~1000℃）环境下，电解反应的热力学和动力学特性都有所改善，可以将电解效率提高到90%左右。高温固体氧化物电解槽还可以作为燃料电池使用，实现电解和发电的可逆运行，该技术目前还处于商业示范阶段。

　　电制氢设备具有较快的启停速度和全功率调节范围，主流的碱性电解槽启停速度为15~30分钟，新型的质子交换膜电解槽，启停速度可达秒级，功率调节范围可达额定功率的1.5倍左右。根据新能源发电出力和用电负荷的变化灵活调整电制氢设备的功率，使其成为系统中的可控负荷，可以有效消纳电网负荷低谷期的富余电力，平抑新能源发电的波动性。在未来以清洁能源作为主要电源的情况下，电制氢将成为电网中宝贵的灵活性调节资源。

　　风光发电具有波动性大、利用小时数低等特点，利用电制氢消纳新能源发电，制氢设备利用率不高。以风光互补新能源发电基地为例，按照风电光伏装机1：1进行测算，电制氢设备利用率约为35%~45%（3000~4000小时），如专栏4-1图1所示。

4.2　深度电能替代

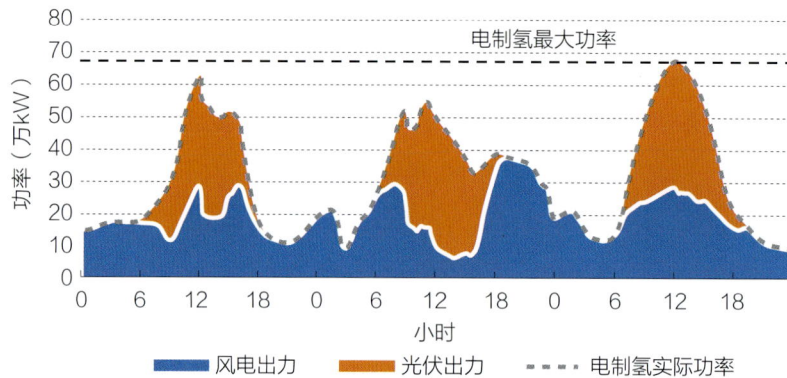

专栏 4-1 图 1　电制氢与新能源发电匹配示意图

　　电制氢参与电力市场交易，在电网负荷低谷时段利用大电网的富余电力制氢，一方面可以进一步提高设备利用率，另一方面电力富余时段的电价更低。综合测算表明，考虑电制氢技术设备水平和成本，制氢的利用率在 40% 左右（年利用 3500 小时），可以基本兼顾制氢成本与新能源电力消纳的矛盾，制备的"绿氢"具备参与能源市场竞争的能力。

2. 氢能利用

　　目前，氢能主要作为化工原料，并部分应用于能源领域。未来，随着能源清洁转型不断深入，对于氢的需求将主要体现在能源用途，特别是在电能难以替代的部分终端能源消费领域氢能将发挥重要作用，如工业、交通运输、建筑用能等方面，成为深入推进能源消费侧电能替代的又一个重要途径。

　　预计到 2050 年，非洲氢需求量将达到 610 万 t/a，80% 来源于电制氢，年消纳电量 1700 亿 kWh。北部非洲区位优势明显，制氢除满足当地使用外，大部分外送至欧洲，在输氢通道能力饱和而输电通道利用率较低的时段，还可以转化为电能进行外送；西部非洲、中部非洲充分发挥资源优势和人口红利，实现"电－矿－冶－工－贸"联动发展，冶金及加工行业对氢能的需求将快速增长；东部非洲工业园区基础较好，氢能主要用于为制造业提供高端热及园区供热等；南部非洲经济基础较好，建筑用能领域对氢的需求较大。

氢能利用的主要方式

目前，全球氢消费量 5600 万 t/a，其中 95% 作为化工原料使用，包括石油制品精炼、制氨、制甲醇、冶金、食品加工等；其余部分作为能源使用，包括航天、高端制热、氢燃料电池等。

未来，随着能源清洁转型不断深入，对于氢的需求将主要体现在能源用途，特别是在电能难以替代的部分终端能源消费领域，氢能将发挥重要作用，包括：工业用氢方面，作为化工原料及高端制热能源，需求量对氢价非常敏感，且与减排要求相关，预计未来将小幅增长。交通运输领域是未来氢能需求的主要增长点，目前氢燃料电池的发电效率约为40%~60%，随着技术进步，氢能有望在长途客车、货运、航运等长距离运输领域占有一席之地，但替代量与计及输配环节后的氢价密切相关。建筑用能方面，使用可再生电力生产的氢可以通过天然气管网供给家庭和商业建筑，用氢替代部分化石燃料。预计到 2050 年，全球氢需求将达到约 3 亿吨，将增加全球电能消费约 8.6 万亿 kWh。

4.2.2　海水淡化与生态修复

在风光资源丰富、沿海缺水区域推动以清洁能源发电为供能方式的海水淡化工程，利用清洁电力淡化海水，可以显著改善地区水环境，提升地区支撑生产、生活的水资源能力，增加生物质和植树造林发展所需的淡水资源，增加森林碳汇，促进生态修复和环境治理。

非洲 25% 的人口长期处于严重缺水状态，在具备条件的沿海地区开展海水淡化，既提高人民生活水平，又为清洁能源消纳开拓了新途径。按照严重缺水人口人均用水达到 50t/a 的水平计算，预计到 2050 年，非洲海水淡化产量有望达到 150 亿 t，用电量约 400 亿 kWh，占总用电量的 1%。主要集中在气候炎热、降水稀少、土地干旱、水资源严重缺乏的北非地区。作为全球太阳能资源最为富集的地区之一，大力发展太阳能发电并与海水淡化技术相结合，可以在有效降低海水淡化能耗和投资成本的同时，为清洁电力外送和消纳提供新思路，加速电能替代和清洁能源资源开发利用。

专栏 4-3   **海水淡化技术**

海水淡化是将海水里的溶解矿物质盐分、有机物、细菌和病毒以固体形式分离出来从而获得淡水，可持续提供淡水资源的有效方式。截至2017 年年底，全球已有 160 多个国家和地区在利用海水淡化技术，已建成和在建的海水淡化工厂接近 2 万个，合计日均产能约 1.04 亿 t。

目前已实现规模应用的主流技术有反渗透法和蒸馏法。反渗透法通常又称超过滤法，是利用半透膜将海水与淡水分隔开，在海水侧施加大于海水渗透压的外压，将海水中的纯水反向渗透至淡水侧，示意图如专栏 4-3图 1 所示。该技术需要将海水浓度控制在一定范围，对结垢、污染、氧化剂等控制要求严格。蒸馏法又包括多级闪蒸法和低温多效蒸馏法等，其中多级闪蒸法应用较为广泛。闪蒸是指一定温度的海水在压力突然降低条件下，部分海水急骤蒸发的现象，多级闪蒸法是指将加热的海水，依次通过多个温度、压力逐级降低的闪蒸室，进行蒸发冷凝的蒸馏淡化方法。

反渗透法是全球应用最广泛的海水淡化技术，产量占比达 67%，是沿海干旱地区供水的主要方案。随着反渗透膜性能、能源效率、运转技术的改进，能源消耗量大幅降低到目前的 2.5~4kWh/t。多级闪蒸技术海水淡化产能约占全球的21%，技术成熟、运行可靠，但能耗较大，约为 3.5~5kWh/t，项目初始投资大，适合于大型和超大型海水淡化项目，可与火电站联合建设

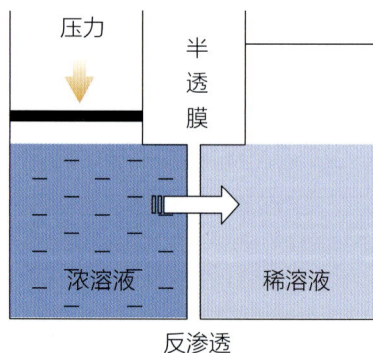

在浓溶液一侧施加超过渗透压的压力
使得溶剂分子向稀溶液一侧流动

专栏 4-3 图 1 反渗透法海水淡化技术示意图

以降低公共设施、电力、蒸汽等资源成本。低温多效蒸馏技术产能较小，但能耗仅为 0.9~1.2kWh/t。

技术发展前景方面，传统海水淡化采用常规能源，能耗高，二氧化碳排放量大。随着全球能源转型和低碳发展的深入，海水淡化技术与风、光等清洁能源发电的结合将是重要的发展趋势。

4.3 北部非洲

4.3.1 送电方向

北部非洲区位优势明显、产业基础较好，通过实施经济多样化发展计划，推行促进就业、提高生产力等相关政策，发展潜力巨大。未来，北部非洲将重点开发区内大型太阳能和风电基地，配合适当规模储能和燃气发电，推动区内各国电力供应清洁低碳化发展。同时，充分利用亚非欧三大洲交汇的地理区位优势，打造区域清洁能源枢纽平台，受入西亚和非洲其他区域清洁能源电力，并跨地中海外送欧洲。北部非洲大型清洁能源基地送电方向如表 4-1 所示。

表 4-1　北部非洲大型清洁能源基地送电方向

基地		国家	主要送电方向
风电基地	马特鲁	埃及	欧洲南部、东部
	米苏拉塔	利比亚	地中海沿岸地区
	加贝斯	突尼斯	欧洲南部
	盖尔达耶	阿尔及利亚	地中海沿岸地区、欧洲西部
	扎格	摩洛哥	摩洛哥北部沿海地区、欧洲南部
人阳能基地	明亚	埃及	埃及北部地区、与西亚太阳能、尼罗河水电互济
	阿斯旺	埃及	埃及中东部地区
	乔什	利比亚	地中海沿岸地区
	雷马达	突尼斯	地中海沿岸地区、欧洲南部
	瓦尔格拉	阿尔及利亚	地中海沿岸地区、欧洲西部
	艾格瓦特	阿尔及利亚	地中海沿岸地区、欧洲西部
	扎格	摩洛哥	摩洛哥北部沿海地区、欧洲南部
	栋古拉	摩洛哥	摩洛哥西北部地区、欧洲南部

埃及是阿拉伯和非洲的发展中大国和新兴经济体代表，通过加快开发大型太阳能、风电基地，大力推进跨国、跨区、跨洲电网互联互通，充分发挥区位优势、资源优势和市场优势，打造联结亚非欧的能源电力枢纽平台。**摩洛哥**在南部建设风光基地，通过跨区直流互联，承接中部非洲刚果河水电，水、风、

光多能互补互济，满足自身需求并跨洲外送至欧洲。**阿尔及利亚**通过风光互补满足本国能源需求，推动化石能源清洁替代，并向北跨地中海外送至欧洲。**突尼斯、利比亚**在加快开发本地风光能源基础上，跨国汇集利比亚清洁电力，穿突尼斯海峡，跨洲外送至欧洲。

4.3.2　输电方式

埃及风电、太阳能基地，包括马特鲁风电基地、明亚太阳能基地和阿斯旺太阳能基地，接入埃及本地 500kV 主干网架，建设北部非洲 1000kV 交流输电通道（埃及段），在满足本地电力需求的基础上，向东跨洲与西亚风电和太阳能发电跨时区、跨季节互补互济，向南与埃塞俄比亚水电丰枯互济，向西跨国外送至北部非洲至欧洲跨地中海互联中通道。

利比亚风电、太阳能基地，包括米苏拉塔风电基地和乔什太阳能基地，接入利比亚西北部沿海 400kV 主网架，建设北部非洲 1000kV 交流输电通道（利比亚段），向西外送至突尼斯和阿尔及利亚，汇集送出至欧洲。

突尼斯风电、太阳能基地，包括加贝斯风电基地和雷马达太阳能基地，接入突尼斯 400kV 主网架，建设 1000kV 交流输电通道（突尼斯段），联合利比亚清洁能源基地电力，向北汇集送至地中海沿岸，通过跨地中海直流通道送至欧洲意大利负荷中心消纳。

阿尔及利亚风电、太阳能基地，包括盖尔达耶风电基地、瓦尔格拉太阳能基地和艾格瓦特太阳能基地，均位于阿尔及利亚中部地区，通过本地 400kV 主网架汇集至新建的阿尔及利亚南北纵向 1000kV 交流通道，与利比亚清洁电力汇集后，跨地中海外送至欧洲法国、德国负荷中心消纳。

摩洛哥风电、太阳能基地，包括扎格风电基地、扎古拉太阳能基地和扎格太阳能基地，位于摩洛哥南部，通过 400kV 交流汇集接入新建的北非 1000kV 交流输电通道最西端，受入北非其他国家向西输送的清洁电力；建设刚果民主共和国—摩洛哥直流，受入刚果河水电，在本地部分供电消纳后，剩余水电与扎格风电、太阳能互补调节，通过直流穿直布罗陀海峡外送至欧洲西班牙负荷中心消纳。

北部非洲清洁能源基地远期输电方案如图 4-6 所示。

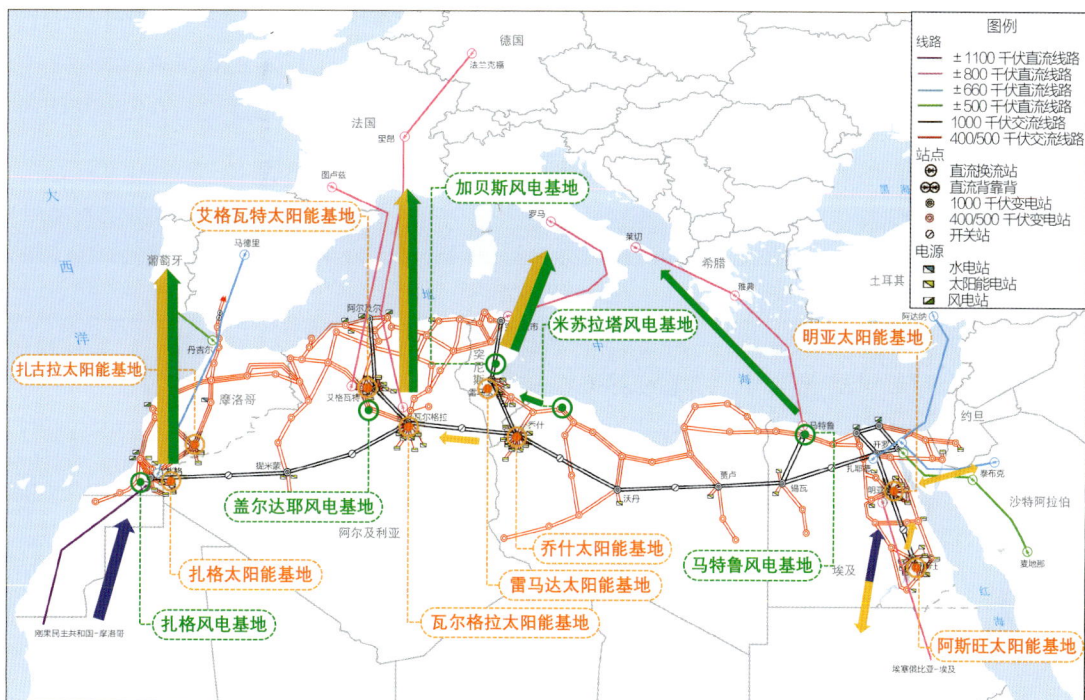

图 4-6　北部非洲清洁能源基地远期输电方案示意图

4.4 西部非洲

4.4.1 送电方向

西部非洲油气和矿产资源丰富、人口红利突出、港口优势明显、发展潜力巨大。未来，西部非洲可发挥资源优势和区位优势，实施"电－矿－冶－工－贸"联动发展，以矿产开发和冶炼为基础，打造几内亚湾、西部沿海和尼日尔河三大经济带，重点发展铝、钢铁、锰矿加工产业，带动下游建筑、家电、交通等产业发展，促进能源电力需求快速增长。西非将成为非洲重要的电力负荷中心，大型清洁能源基地送电方向如表 4-2 所示。

表 4-2　西部非洲大型清洁能源基地送电方向

基地		国家	主要送电方向
水电基地	尼日尔河上游	马里、几内亚等国	西非西部矿业基地
	尼日尔河中上游	尼日尔、尼日利亚等国	尼日利亚
太阳能基地	阿加德兹	尼日尔	尼日利亚
	卡伊	马里	几内亚
	罗索	毛里塔尼亚	西非西部负荷中心
	瓦加杜古	布基纳法索	加纳
	卡诺	尼日利亚	尼日利亚本国负荷中心

尼日利亚可规模化发展钢铁产业，推动制造业升级和多元化发展；大力发展石化产业，构建石化产业链，提升产品附加值。电力负荷主要集中在南部沿海地区和大型工业园区。统筹国内尼日尔河下游及其支流水电、北部太阳能基地开发与区外刚果河水电送入，可保障经济社会发展电能需要。**几内亚**矿产资源得天独厚，可大规模发展电解铝、钢铁等矿产冶炼、加工产业。电力负荷将持续快速增长并主要集中在钢铁、电解铝产业园区，可开发本国尼日尔河上游及其支流水电，跨国受入马里境内尼日尔河水电及西非西北部太阳能电力，跨区受入刚果河电力，满足工矿业发展需求。**加纳**铝矾土和锰矿资源丰富且品质较高，区位和港口优势明显，加快电解铝和锰产业规模化发展。电力负荷将集中在中部铝产业园区、南部锰矿区及沿海港口经济带，跨国跨区受入电力满足本国电力需求，利用连接东西的区位优势，打造西非电网互联枢纽。

4.4.2 输电方式

尼日尔河水电基地, 包括干流、支流贝努埃河和卡杜纳河梯级水电站群。充分发挥水电运行可靠、调节灵活、覆盖面广等优势,促进西非北部太阳能、风电大规模开发。尼日尔河水电基地距离流域内国家负荷中心500km以内,通过330/220kV输电通道接入主网,通过建设西非东部"一横三纵"、西部"三横两纵"765kV输电网架,实现尼日尔河水电大范围优化配置并与区内太阳能、风电等清洁能源互补互济。

西非东部太阳能基地, 包括尼日利亚卡诺、尼日尔阿加德兹和布基纳法索瓦加杜古三个太阳能基地,位于西非东北部。通过本国330/225kV交流网架汇集后,建设765kV纵向输电通道,向南送至西非南部尼日利亚、加纳沿海负荷中心。

西非西部太阳能基地, 包括马里卡伊、毛里塔尼亚罗索太阳能基地,位于西非西北部。接入本国225kV交流网架,并通过新建的西非西部765kV主干输电通道,向南送至几内亚及西非西部负荷中心,与尼日尔河上游、塞内加尔河水电互补调节,满足西非西部矿产开采、冶炼、加工产业发展需求。

西部非洲清洁能源基地远期输电方案如图4-7所示。

图4-7 西部非洲清洁能源基地远期输电方案示意图

4.5 中部非洲

4.5.1 送电方向

中部非洲矿产、森林、水能资源丰富，人口增长速度快。未来，通过刚果河、萨纳加河、奥果韦河等流域水电大规模开发，打造非洲"能源心脏"和冶金基地，实现刚果河资源辐射经济圈与港湾经济带协同发展。在满足自身工业化、无电人口通电等需求前提下，跨区外送清洁电力，实现资源优势转化为经济优势。刚果河水电基地送电方向如表 4-3 所示。

表 4-3　刚果河水电基地送电方向

河段名称		送电方向
干流	刚果河下游	跨区外送为主、兼顾本国
	刚果河上游	刚果民主共和国加丹加省、马尼埃马省、东方省
左岸主要支流	卢阿拉巴河	刚果民主共和国加丹加省
	开赛河	刚果民主共和国西开赛省、东开赛省、班顿杜省
右岸主要支流	乌班吉河	中非共和国，刚果民主共和国赤道省、东方省
	桑加河	喀麦隆南部、刚果北部
其他中小水电		本地就近

刚果民主共和国人口增长较快，且适龄劳动人口占比过半，区位优势明显，矿产资源丰富，水能资源极为丰富。未来，可以铜、钴产业为主导，矿产开采与矿产深加工并发，建立数个重点矿产加工工业园区，跨国跨洲出口，融入国际产业链。加快刚果河水电基地开发与送电，向东南部、东北部矿区及西部产业园区和港口供电；在满足本国经济社会发展电能需求前提下，跨国跨区优化配置电力，打造非洲最大的清洁能源基地，并可与北非太阳能联合送电欧洲；充分发挥刚果河水电利用小时数高，与电解铝、钢铁等工业负荷高度匹配的特点，助力整个非洲工业化进程。**刚果**油气资源较丰富，矿产资源丰富，港口优势明显，黑角港是中部非洲的重要门户。可依托本国铁矿、钾矿和几内亚等国铝矾土资源发展产业园区，带动黑角等经济特区上下游产业发展；加快开发刚果河、奎卢河等流域水电，可跨区向西部非洲负荷中心送电。**喀麦隆**铝矾土和水能资源丰富，具备发展电解铝产业的有利条件，近中期重点开发萨纳加河干支流及刚果河支流水电满足用电需要，远期可受入刚果河下游水电，支撑水电丰枯调剂需求。

4.5.2 输电方式

刚果河水电基地， 主要包括下游三大梯级电站和中上游干支流水电站群。下游水电统筹开发、统一规划，规模优势明显，在保障区内大型工业园区供电基础上，主要跨区外送。区内，建设超/特高压直流和 765kV 交流输电通道送电黑角经济特区、加丹加省矿区等负荷中心；跨区，送电规模大、远期可达 85GW，输电距离远、输电距离在 2000~4500km，最远送电至北非距离达到 6000km 以上，采用超/特高压直流输电方式，通过 11 回直流直接送电矿产冶炼、加工等大负荷中心。远期跨区输电方案如图 4-8 所示。

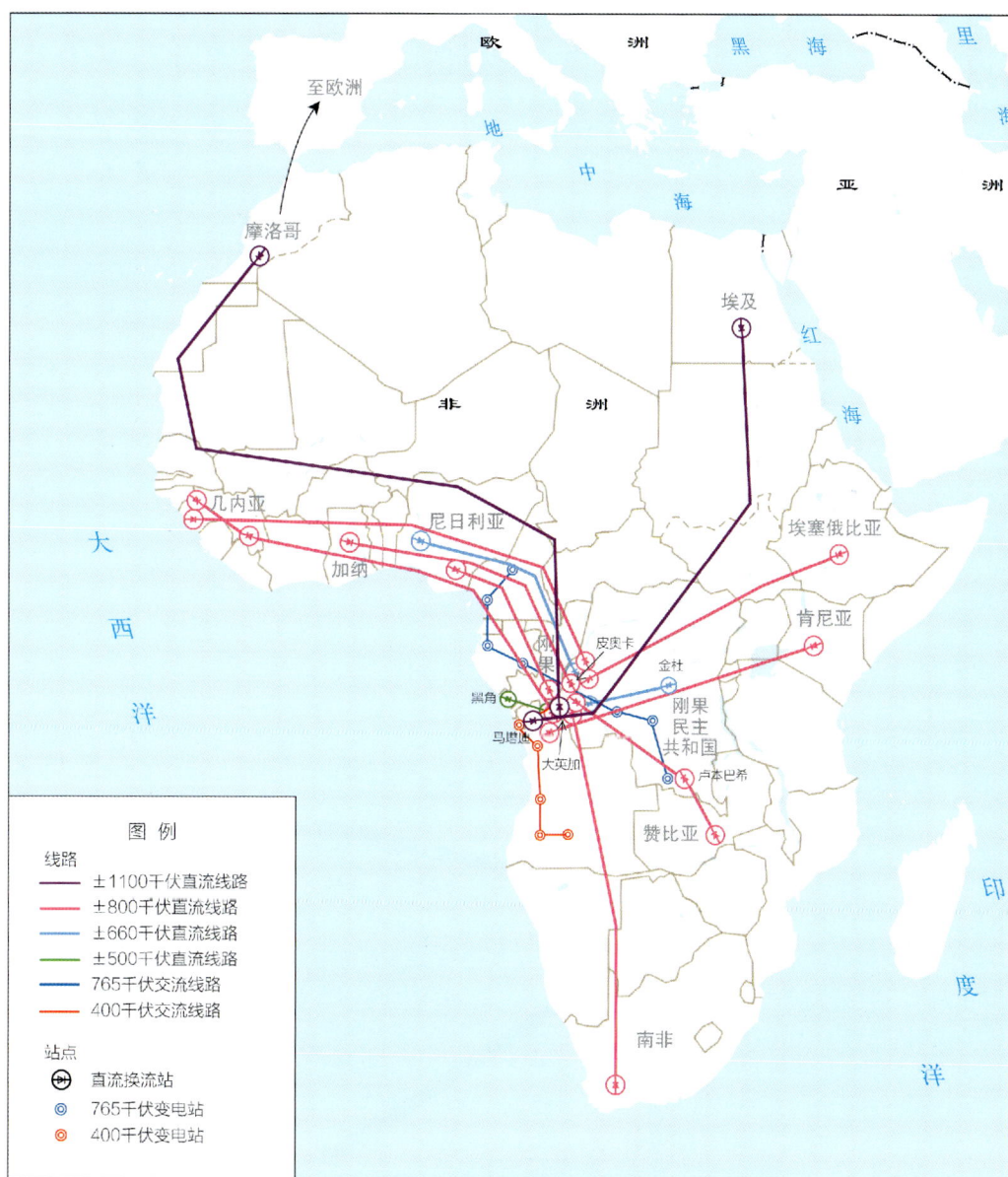

图 4-8 刚果河水电基地远期跨区输电方案示意图

中上游水电站群开发规模适中、与矿区距离较近，电力就近消纳，主要满足电站周边 300~500km 内本地用电需求。其中，干流上游及卢阿拉巴河水电主要送电刚果民主共和国加丹加省，采用 400/220kV 交流汇集并通过新建的刚果民主共和国东部 400kV 纵向输电通道疏散；开赛河及其支流水电主要送电刚果民主共和国西开赛省、东开赛省，采用 220kV 输电通道直接送电卡南加、基奎特等大型城镇；桑加河及其支流水电主要送电刚果北部和喀麦隆南部，可围绕肖莱水电站开发，建设刚果—喀麦隆 400kV 交流输电通道，并利用 110kV 交流输电通道汇集中小水电；乌班吉河水电主要满足刚果民主共和国北部和中非两国用电需求，可采取 110kV 交流汇集后直接送电班吉等大型城镇。

中部非洲清洁能源基地远期输电方案如图 4-9 所示。

图 4-9　中部非洲清洁能源基地远期输电方案示意图

4.6 东部非洲

4.6.1 送电方向

东部非洲区位优势明显，人口红利突出，工业园发展基础较好，是非洲整体发展较快的区域。水能、太阳能、风能、地热能等多种清洁能源资源较为丰富。未来，东部非洲可充分发挥劳动力和工业园区优势，全面夯实制造业基础，通过打造红海经济带、印度洋经济带和东非大裂谷经济走廊，推动制造业、物流、现代服务业等产业联动发展，打造国际产能合作典范。东部非洲大型清洁能源基地送电方向如表 4-4 所示。

表 4-4　东部非洲大型清洁能源基地送电方向

基地		国家	主要送电方向
水电基地	尼罗河	埃塞俄比亚、南苏丹、乌干达等国	区内负荷中心、跨区送电南部、北部非洲和西亚
风电基地	红海	苏丹	苏丹中部及沿海地区
	杜伟姆	苏丹	苏丹中南部地区
	吉吉加	埃塞俄比亚	埃塞俄比亚中部地区
	北霍尔	肯尼亚	肯尼亚中南部地区
太阳能基地	栋古拉	苏丹	苏丹中部地区
	达米尔	苏丹	苏丹中东部地区
	德雷达瓦	埃塞俄比亚	埃塞俄比亚中部地区
	南霍尔	肯尼亚	肯尼亚中南部地区

埃塞俄比亚劳动力优势明显、清洁能源资源丰富。随着尼罗河水电基地、吉吉加风电基地、德雷达瓦太阳能基地等大型清洁能源基地建成投运，将形成水、风、光多能互补电力供应格局，在满足本国及区内电力需求的前提下，可向南部、北部非洲和西亚等负荷中心送电，实现跨区丰枯互济、多能互补。**坦桑尼亚**油气和矿产资源丰富、港口和区位优势明显、人口增长较快，未来能源电力需求将保持快速增长。**肯尼亚**工业门类齐全、产业基础较好。风、光、地热等清洁能源资源丰富，北霍尔风电基地、南霍尔太阳能基地主要定位于满足本国电力需求、并在区内与北部尼罗河水电互补互济，依托东部非洲统一电力市场，满足本国和邻国电力需求。**苏丹**地缘优势明显、国土面积广袤、化石能源和清洁能源资源丰富。可开发红海、杜伟姆风电基地和栋古拉、达米尔太阳能基地，与尼罗河水电实现多能互补，满足本国电力需求，并通过电网互联与邻国埃塞俄比亚互济。

4.6.2 输电方式

尼罗河水电基地，包含复兴大坝、吉贝三期等大型水电站集群，是东非装机规模最大的清洁能源基地。由于水电具有运行灵活、可调节性强等优势，加快尼罗河水电开发将有效带动东非太阳能、风电大规模开发。区内配置方面，尼罗河水电基地距离区内负荷中心约 500~800km，通过 500/220kV 输电通道接入主网，通过建设东非交流互联电网，与风、光、地热等多种清洁能源互补调节；跨区输电方面，尼罗河水电基地与目标市场南非、埃及、沙特等国相距 2000~4000km，距离远、容量大，采用特 / 超高压直流输电方式送出，实现尼罗河水电与南部非洲赞比西河水电、西亚太阳能电力跨时空互补互济。

埃塞俄比亚风电、太阳能基地，包括吉吉加风电基地、德雷达瓦太阳能基地，两者位置相近，均位于埃塞俄比亚东部地区，距离中部负荷中心约 300~500km，通过建设 500/220kV 输电通道汇集送出，可充分利用风光互补特性，提高输电通道的利用率。

肯尼亚风电基地、太阳能基地，包括北霍尔风电基地、南霍尔太阳能基地，位于肯尼亚北部图尔卡纳湖东岸，距离中南部和沿海负荷中心距离约在 400~800km，通过 220kV 交流汇集后，建设 765/400kV 交流输电工程向南送出。

苏丹风电基地、太阳能基地，包括红海风电基地、杜伟姆风电基地、栋古拉太阳能基地、达米尔太阳能基地，位于苏丹中东部地区。除就近通过 220kV 交流向临近城市供电外，其余电力汇集接入苏丹 500kV 主网，与麦洛维水电和阿特巴拉水电实现水、风、光联合运行。

东部非洲清洁能源基地远期输电方案如图 4-10 所示。

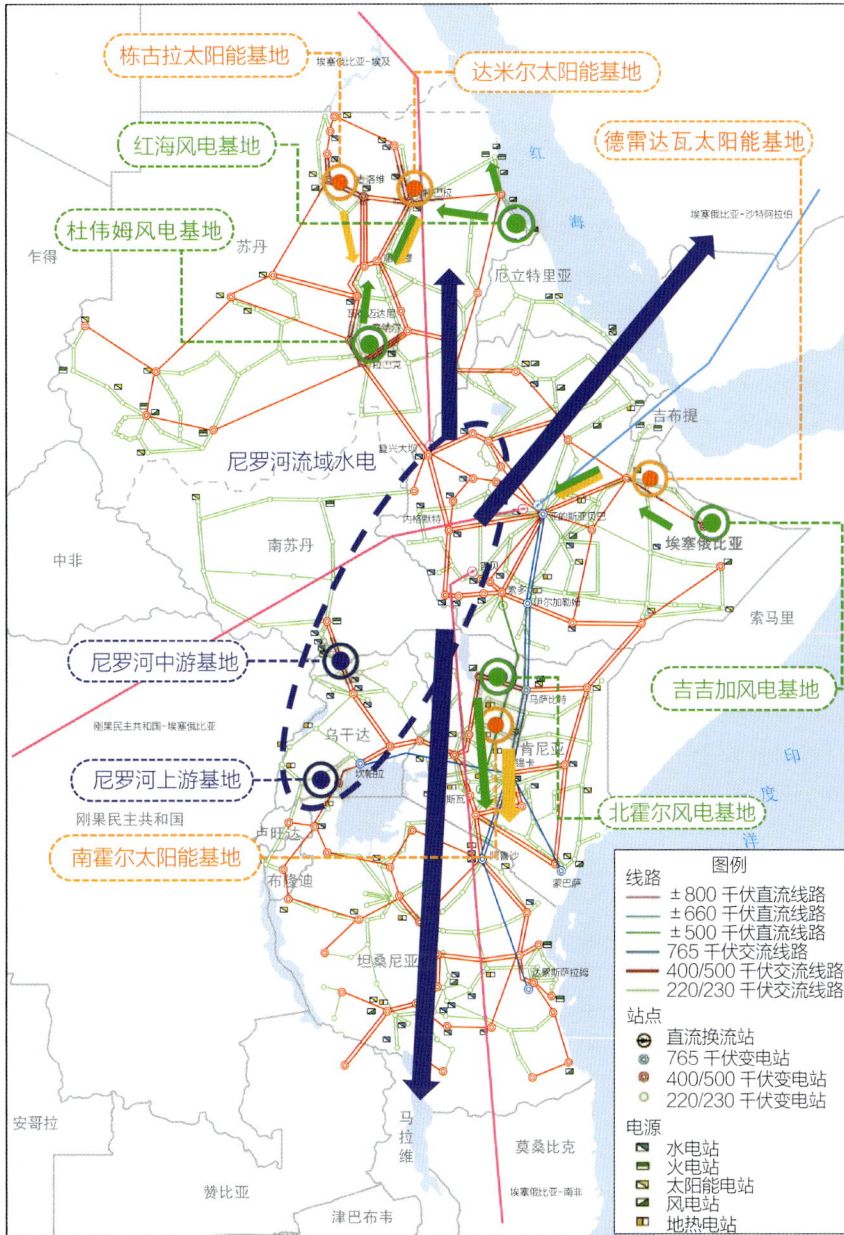

图 4-10 东部非洲清洁能源基地远期输电方案示意图

4.7　南部非洲

4.7.1　送电方向

南部非洲未来可依托连接两洋的区位优势，统筹矿产发展和工业园区建设，重点发展钢铁、电解铝、精炼铜、汽车、化工等产业，打造赞比西河、大西洋沿岸和印度洋沿岸三大经济带，形成陆海联动发展新格局。南部非洲大型清洁能源基地送电方向如表 4-5 所示。

表 4-5　南部非洲大型清洁能源基地送电方向

基地		国家	主要送电方向
水电基地	赞比西河	主要位于赞比亚、莫桑比克和津巴布韦	区内负荷中心
风电基地	奥拉帕	博茨瓦纳	博茨瓦纳国内负荷中心、南非东北部地区
	吕德里茨	纳米比亚	南非西部地区
	弗雷泽堡	南非	南非中东部地区
太阳能基地	卢班戈	安哥拉	安哥拉国内负荷中心
	察邦	博茨瓦纳	南非中西部地区
	卡拉斯堡	纳米比亚	纳米比亚国内负荷中心、南非西部地区
	比勒陀利亚	南非	南非东北部负荷中心

南非是非洲经济最发达的国家之一，目前已处于工业化中期阶段，未来电量具有一定增长空间，随着老旧煤电机组的逐步退役，存在一定电力缺口。可开发弗雷泽堡风电基地、比勒陀利亚太阳能基地，同时跨国受入赞比西河水电基地及区域北部国家风电、太阳能基地电力，跨区受入刚果河水电，替代老旧燃煤机组，满足新增负荷需求。**安哥拉**铁矿储量较为丰富，未来可发展钢铁冶炼及加工产业；加快开发宽扎河、刚果河支流宽果河水电，建设卢班戈太阳能基地，并就近受入刚果河下游水电基地稳定、廉价电力，满足工业化发展用电需求。**赞比亚**铜矿资源丰富，北部与刚果民主共和国加丹加省交界地带是世界第三大铜矿区，国内水电资源主要集中在南部地区，与负荷呈逆向分布且水电丰枯特性较为明显。未来通过大力开发赞比西河水电，适量受入刚果河水电，

实现"电—矿—冶—工—贸"联动发展。**博茨瓦纳**矿产资源丰富，经济状况总体较好，制造业发展处于起步阶段。风能、太阳能资源丰富，未来可依托奥拉帕风电基地等清洁能源基地开发，与本地煤电互补调节，满足本地负荷需求的同时，向南送入南非负荷中心。**纳米比亚**风能和太阳能资源十分丰富。可依托吕德里茨风电基地、太阳能基地开发，加快电力基础设施建设，满足首都温得和克等城市发展用电需求，同时向南送至南非西部开普敦等负荷中心。

4.7.2　输电方式

赞比西河水电基地，包括赞比亚、莫桑比克和津巴布韦境内多个水电站。水电开发主要满足本地和区内电力消纳需求，目前为满足已开发水电站送出需要，已建成 400kV 送电通道，未来将进一步完善和升级现有 400kV 输电通道，实现更大规模电力外送。在赞比亚境内，可依托赞比亚 400kV 主网架，送电东北部首都卢萨卡及矿业中心；莫桑比克北部赞比西河水电通过建设 765/400kV 交流通道和 ±533kV 直流通道送至南部首都马普托及矿业中心；津巴布韦北部赞比西河水电可接入 400kV 主网架向南送至首都哈拉雷及周边负荷中心。

安哥拉太阳能基地，开发卢班戈太阳能基地，位于安哥拉西南部地区，汇集接入新建的安哥拉 400kV 主网架，将电力向东输送至卡辛加钢铁产业园区消纳。

纳米比亚风电、太阳能基地，开发吕德里茨风电基地、卡拉斯堡太阳能基地，均位于纳米比亚南部地区，未来通过新建的纳米比亚 765/400kV 交流纵向输电通道，向北送至首都温得和克及周边消纳，同时盈余电力可向南送至南非西部负荷中心。

博茨瓦纳风电、太阳能基地，奥拉帕风电基地位于博茨瓦纳东北部地区，可依托由北向南的 400kV 交流输电通道，将电力送至南部首都哈博罗内及周边负荷中心，富裕电力可进一步向南送至南非东北部负荷中心；察邦太阳能基地位于西南部地区，建设 400kV 输电通道向南送至南非中西部负荷中心。

南非风电、太阳能基地，开发弗雷泽堡风电基地和比勒陀利亚太阳能基地，依托南非765kV主网架，将电力输送至布隆方丹、约翰内斯堡等负荷中心消纳。

南部非洲清洁能源基地远期输电方案如图4-11所示。

图4-11　南部非洲清洁能源基地远期输电方案示意图

5 政策环境和投融资建议

非洲是全球清洁能源开发最具潜力的地区之一，近年来非洲多国制定了清洁能源战略，积极推动电力市场改革，并不断改善营商环境，放宽清洁能源投资准入。通过综合分析非洲地区清洁能源投融资政策环境，提出创新"电—矿—冶—工—贸"联合投融资模式、形成风险共担、收益共享的利益分配机制，利用世界银行、国际货币基金组织、非开行、中非发展基金、中非产能合作基金等国际开发性金融机构的资金，推动大型项目落地实施等投融资建议，以改善本地投资环境，推动非洲清洁能源发展，实现民生保障、经济发展、环境保护协调发展。

5.1 非洲概况

非洲国家营商环境整体低于全球平均水平，但近年来多个非洲国家营商环境得到明显改善。2020 年世界银行全球营商环境报告显示，纳入分析的非洲 55 个国家和地区中仅 9 个国家的排名处于全球前 100 位，多数国家排名比较靠后。在清洁能源资源丰富的国家中，摩洛哥、肯尼亚、南非、赞比亚、纳米比亚、埃及 6 个国家的营商环境处于全球排名第 60~120 位，坦桑尼亚、尼日利亚、几内亚、埃塞俄比亚、刚果民主共和国 5 个国家全球排名在第 159~180 位。摩洛哥、肯尼亚、埃及和尼日利亚的营商环境相比 2019 年显著改善，分别从全球第 60、61、120、146 位上升至第 53、56、114、131 位。

非洲国家越来越重视清洁能源开发，清洁能源项目面临较好的投资机遇。为解决能源供应短缺和应对气候变化等问题，多个非洲国家出台清洁能源发展战略规划。在非洲清洁能源资源丰富的国家中，埃及、摩洛哥、尼日利亚、坦桑尼亚、纳米比亚、肯尼亚、埃塞俄比亚、南非均制定了清洁能源中长期发展规划，为国内外投资者参与清洁能源开发提供指引，加快推动本国清洁能源产业发展进程。刚果民主共和国、几内亚、赞比亚尚缺乏明确的清洁能源发展规划。

部分非洲国家积极推动电力体制改革，放松政府管制，提高电力市场多元化水平。埃及、摩洛哥、尼日利亚、纳米比亚、赞比亚 5 个国家电力市场化程度相对较高，在发电和配售电侧引入市场竞争，电力市场多元化特征明显；几内亚、肯尼亚、坦桑尼亚、南非四个国家电力市场化改革处于初级阶段，仅在发电侧单边放开，允许独立发电商参与发电市场竞争，实行输配售一体化的市场模式；苏丹、埃塞俄比亚仍沿用发输配售一体的传统模式，主要由国有电力公司垄断。

为吸引外部投资，多数非洲国家的外资准入政策比较宽松。埃及、摩洛哥、尼日利亚、刚果民主共和国、赞比亚、埃塞俄比亚、南非对外国投资的准入条件较为宽松，外资可以享有与本国企业相同的投资政策，可以在非洲从事公司设立、企业并购、投标竞价等投资活动；肯尼亚、几内亚和纳米比亚的投资准入政策较为严格，如纳米比亚提出外资在执行固定上网电价的可再生能源项目中持股比例不能高于 70%。

非洲国家投资清洁能源项目多采用 BOT ［Build-Operate-Transfer（建设—运营—移交）］模式，招标定价市场化程度不断提高。非洲国家清洁能源项目鼓励以 BOT 模式进行投资，项目多以投标竞价方式确定开发主体，中标者与当地电力公司签订 20~25 年的购电协议。为缓解政府财政补贴压力、降低用能成本，多数非洲国家正在逐步减少或取消电价补贴，上网电价也由政府定价转向投标竞价。与多数国家不同，坦桑尼亚因涉及国家主权，不允许外资以 BOT 模式投资电网类项目，赞比亚没有形成完善的 BOT 投资机制。

一些非洲国家对清洁能源投资给予税收优惠等支持性财政政策，但电价补贴、优惠贷款获得难度较大。除纳米比亚外，多数非洲国家均制定针对清洁能源项目的税收优惠政策，税收支持政策集中在营业税、所得税、增值税等税收减免，以及降低发电设备进口关税等。在电价补贴方面，除肯尼亚明确可以为清洁能源项目提供 20 年的电价补贴外，多数非洲国家由于财政困难，近年来均降低或取消电价补贴，或引入竞争机制取代补贴制度，如几内亚、尼日利亚明确停止电价补贴，埃及、南非以竞争机制取代补贴机制。在贷款政策方面，外资企业在非洲获得本地贷款支持的难度较大，除埃及明确提出可以为清洁能源项目提供优惠财政贷款（利率为 4%~8%）外，尼日利亚、纳米比亚等国家对外资企业贷款设置了高额利率和严格审查制度。

多数非洲国家用地政策趋于宽松，外籍劳工政策趋紧，并实行严格的环评审查制度。为吸引外资进入，多数非洲国家放松土地管制，允许外资企业在本国境内通过购买、租赁两种方式获得土地所有权、使用权，土地租赁期限在 25~99 年之间；刚果民主共和国、赞比亚、埃塞俄比亚、南非均明确提出禁止外国人购买本国土地，只允许通过租赁获得土地使用权；纳米比亚理论上允许外国人租赁本国土地，但传统部族领导人拥有土地分配权，公共土地租赁难度大。非洲劳动管理部门外籍劳工的管理政策普遍趋紧，均实行严格的工作许可审查制度，限制外籍劳工进入本国劳动力市场，或对外籍劳工人数设定了最高比例限制。在环保政策上，除纳米比亚政策比较宽松外，其他非洲国家均对清洁能源投资实行严格的环评审查制度，投资企业未按要求进行环境评估将受到相应惩罚。

5.2　主要国家政策环境

5.2.1　埃及

埃及总体营商环境较好，根据世界银行《2020 年营商环境报告》，埃及在全部 190 个国家和地区中排名第 114 位，在非洲 55 个国家和地区中排名第 17 位，较 2019 年提升 6 位。政府为可再生能源发展规划了明确的目标；电力市场化改革实现了该国在发、输、售电侧以国有资本为主、私营资本辅助的经营模式；埃及投资准入门槛较低，不设立特别的法律规定限制外资进入；对可再生能源项目设立多种贷款及税收优惠政策；政府对项目用地提供土地优惠政策，但对外国劳动力进入本国市场限制较严格，并颁布相关法律监督环境治理。埃及政策概况如图 5-1 所示。

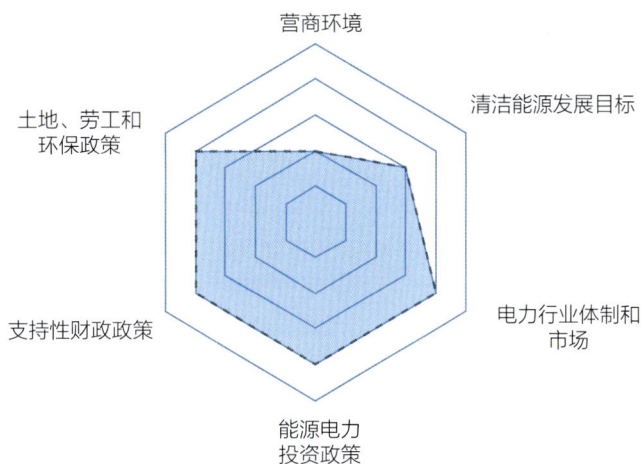

图 5-1　埃及政策概况

清洁能源发展目标方面， 2008 年政府公布了《新国家可再生能源战略》，目标是到 2022 年将清洁能源发电占比提高到 20%，水能、风能、太阳能占比分别为 6%、12%、2%。2014 年，埃及通过了《可再生能源法》，进一步明确了包括可再生能源项目竞价投标、上网电价和通过第三方获取电力等项目发展规定。

电力行业体制和市场方面， 埃及采用发电和配电领域部分私有化的垂直一体化管理模式，发电和配电领域市场化竞争程度较低。在发电侧，国有埃及电力控股公司（Egyptian Electricity Holding Company, EEHC）与独立发电商分别拥有 85% 与 15% 的市场发电份额。在输配电侧，埃及电力控股公司拥有全国 100% 输电网资产、74% 的配电资产，其余 26% 配电资产为私有运营。在售电侧，埃及实行固定电价制，居民和商业用电实行阶梯电价，电价水平分别在1.39~9.19 美分 /kWh、3.49~9.51 美分 /kWh，工业用电根据电压不同，电价水平在 3.17~6.97 美分 /kWh 之间浮动。

能源电力投资政策方面， 埃及对于外国投资并不设立特别的法律加以约束，外国投资者可以根据《公司法》或《投资保护鼓励法》，通过合资、有限责任公司、合作和内陆投资的方式进行投资。埃及《新国家可再生能源战略》计划引入私营部门以不同方式参与建设风能项目，其中，30% 风电开发项目通过能源局与不同国际金融机构合作共同投资建设，60% 风电开发项目通过私人投资实施，预计到 2022 年风电总装机容量达到 7200MW。

支持性财政政策方面， 埃及电力和能源部于 2014 年推出《风电和光伏项目的上网电价》，根据光伏项目装机规模的不同，可获得利率在 4%~8% 的财政部优惠贷款，以此鼓励外资投资。埃及政府于 2015 年出台《埃及可再生能源税收优惠政策》[1]，提供的税收优惠包括将营业税从 10% 削减至 5%、设置低至 2% 的发电设备进口关税等。

土地、劳工和环保政策方面， 埃及《可再生能源法》规定新能源和可再生能源管理局负责在项目建设和运营期间向选定项目提供土地，在项目退役后由该管理局收回土地。《埃及可再生能源税收优惠政策》中规定，项目开工后，政府将退还项目基础设施扩建用地的相关土地费用，并将政府所有的土地免费或以折扣价格提供给项目开发商。埃及严格限制外国劳工进入本国劳动力市场，但政府规定当在工程项目中遇到本地员工无法胜任的情况时，可以放开一定数量的相关技术和管理岗位给外籍员工。1994 年，埃及颁布 4 号《环境法》，建立项目审核部门埃及环境事务署（Egyptian Environmental Affairs Agency, EEAA），规定所有投资项目在启动前必须向 EEAA 提交《项目环境影响评价报告》，由 EEAA 对项目的环境影响做出评估后下达环评通知书。

---

[1] 埃及可再生能源税收优惠政策（第 17/2015 号总统令）Egypt renewable energy tax incentives（Presidential Decree No 17/2015）。

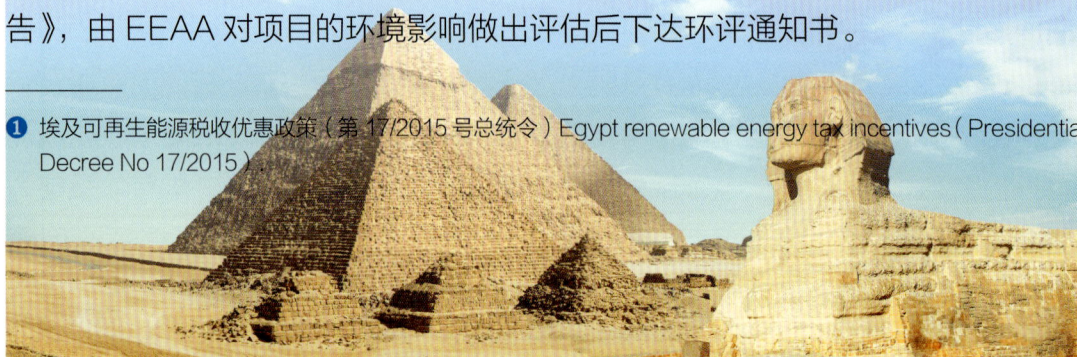

5.2.2　摩洛哥

　　摩洛哥营商环境在非洲名列前茅，根据世界银行《2020 年营商环境报告》，摩洛哥在全部 190 个国家和地区中排名第 53 位，较 2019 年排名上升 7 位，在非洲 55 个国家和地区中排名第 3 位。政府为可再生能源发展规划了宏伟的目标；电力市场化改革取得了初步成效，发电侧国有资本与私营资本各占 50% 份额，配、售电侧以国有资本为主，引入私营资本共同经营；摩洛哥支持外资进入本国，给予外资同等优惠政策；政府出台了可再生能源税收减免政策，着重加大对太阳能发展优惠力度；摩洛哥设定了较高的本国劳动力比例，能源电力基础设施项目需经过评估和审核方可执行。摩洛哥政策概况如图 5-2 所示。

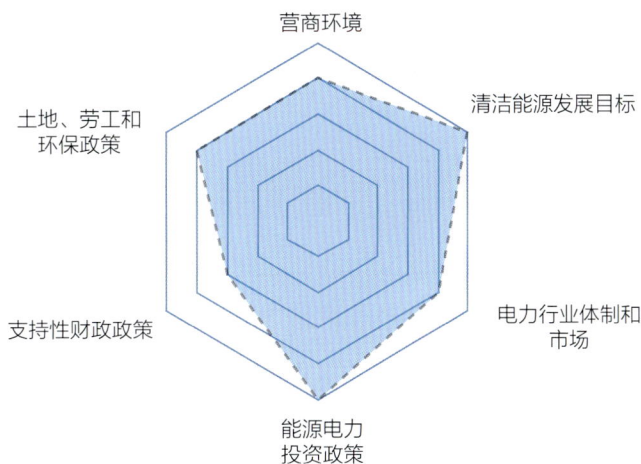

图 5-2　摩洛哥政策概况

　　清洁能源发展目标方面，2009 年 11 月摩洛哥提出计划，到 2020 年可再生资源（太阳能、风电和水电）电力装机占比达到 42%，太阳能、风能和水电所占比例均提高至 14%；2015 年 11 月，摩洛哥计划将 2030 年可再生能源占电力总装机容量目标进一步提高至 52%。摩洛哥计划 2016—2030 年，实现新增可再生能源电力装机容量 1010 万 kW，其中 456 万 kW 为太阳能（344 万 kW 采用光伏技术），420 万 kW 为风能。

　　电力行业体制和市场方面，摩洛哥采用发电和配电领域部分私有化的垂直一体化管理模式，发电和配电领域市场化竞争程度较高。在发电侧，摩洛哥国家电力水力局（Office National de l'Eau et de l'Electricité，ONEE）与独立私人发电商各占 50% 市场份额。在输配电侧，ONEE 拥有 100% 的输电资产和 55% 的配电资产，其余 45% 的配电资产由国有资本和私营资本共同经营。在售电侧，ONEE 拥有 58% 的市场份额，其余 42% 的配电资产由国有资本和私营资本共同经营。摩洛哥居民电价实行固定电价，电价水平在 8.30~15.04 美分 /kWh 之间。摩洛哥工业用电按峰荷时段和季节计价：冬季 10 月 1 日—次年 3 月 31 日之间，当地时间 17—22 点的单价为 11.16 美分 /kWh，7—17 点的单价为 7.32 美分 /kWh，22 点—次日 7 点的单价为 4.76 美分 /kWh；夏季 4 月 1 日—9 月 30 日之间，当地时间 18—23 点为 11.16 美分 /kWh，7—18 点为 7.32 美分 /kWh，23 点到次日 7 点为 4.76 美分 /kWh。

能源电力投资政策方面，摩洛哥规定，外国企业或个人与本国企业或国民享受同等投资政策，外资企业通过在当地设立独立公司、合资公司、子（分）公司等方式进行投资，对现汇投资、设备投资、技术投资等均无限制，并且在投资比例上亦没有限制。

支持性财政政策方面，为了鼓励使用可再生能源，摩洛哥将石油类商品进口关税从 7% 提高到 10%，并出台了可再生能源税收减免的支持政策。摩洛哥对太阳能税收减免支持力度较大，将太阳能组件进口关税下调至 2.5%，并规定对欧盟国家施行免关税。

土地、劳工和环保政策方面，摩洛哥规定，外国法人或自然人可以购买私人土地。摩洛哥《劳动法》规定，在外资主导的项目中，本地员工比例不得低于 70%。摩洛哥《环境保护和开发法》规定，能源电力基础设施项目必须经过环保部门的鉴定、评估和审核方可执行。

5.2.3　几内亚

几内亚营商环境在非洲地区排名中下游，尚未对外明确可再生能源发展规划；几内亚积极推动电力市场改革，允许私营发电企业参与发电市场竞争；在能源电力投资领域，几内亚对外资设置了比较高的准入限制，外资不能从事除满足自用电力需求外的电力生产活动；几内亚以水电为主，政府部门为水电投资出台税收减免政策；外资可以在几内亚获得土地所有权和使用权，外籍劳工需办理签证和居留证，并交纳所得税，能源投资项目需事先接受环评审查。几内亚政策概况如图 5-3 所示。

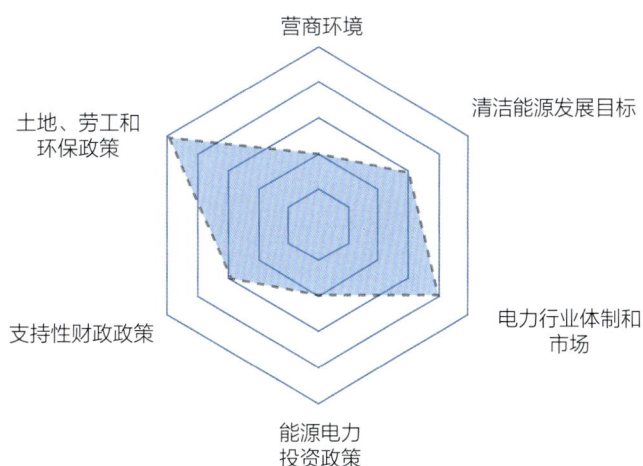

图 5-3　几内亚政策概况

清洁能源发展目标方面，几内亚政府计划到 2020 年将可再生能源（不包括大型水电）的比例提高到 10%，全国总发电装机容量至 2025 年达到 260 万 kW。

电力行业体制和市场方面，几内亚采用发电领域部分私有化的垂直一体化管理模式，近年来积极推动电力市场改革，允许私营发电企业参与发电市场竞争。几内亚向私营企业有限放开发电市场，目前独立发电商的市场份额不足 10%，90% 以上的市场份额由几内亚国家电力公司（Électricité de Guinée，EDG）控制；在输配侧及售电侧，EDG 垄断全国输配电和售电市场。几内亚平均零售电价为 1.24 美分 /kWh，电费按照用户性质分档收取，其中，商业店铺、专业事务所、中小企业、工业企业的电费为 2.03 美分 /kWh，国际组织、非政府组织、外国使馆的电费为 2.81 美分 /kWh，政府行政机关的电费为 2.37 美分 /kWh。

能源电力投资政策方面，几内亚《投资法》规定，外国自然人或法人均可在几内亚成立独资或合资公司、分公司、办事处、代表处等形式的贸易或生产型机构，还可采取资本入股或新设备入股的形式进行投资，也可并购当地企业。几内亚对电力行业投资准入设置了极高的限制，外资不得在几内亚共和国领土上从事除满足其个人需要外的电力生产、电力供应活动。

支持性政策方面，几内亚对水电给予了较大税收减免，外资企业所需的进口设备、工具免除关税，最长免税期为两年，进口生产所需原材料除关税（6%）、增值税（18%）外，其他税费免缴。

土地、劳工和环保政策方面，几内亚《土地法》规定，外资企业或外国人在经过几内亚政府审核、备案的前提下，可向政府租赁土地或向个人购买土地，租赁土地最高年限为70年，购买后的土地所有权归外资企业或外国人长期拥有。几内亚只有少数跨国公司有外籍劳务需求，外籍劳工市场规模十分有限。几内亚《环境开发和保护法》规定，涉及环保及污染事故的项目，需拟定环境保护方案，报有关部门批准。项目如造成环境损害需缴纳罚款或承担刑事责任。

5.2.4 尼日利亚

尼日利亚营商环境在非洲地区排名处于中下游，根据世界银行《2020年营商环境报告》，尼日利亚在全部 190 个国家和地区中排名第 131 位，较2019 年排名上升 15 位，在非洲 55 个国家和地区中排名第 21 位。政府提出明确的可再生能源发展目标；尼日利亚是非洲电力市场化程度较高的国家之一，发电侧由国有企业和私有企业共同经营，配、售电侧完全由私营资本经营；尼日利亚投资准入政策宽松，支持外资进入本国投资，但贷款利率较高，外资获得贷款难度较大；可再生能源行业被列为先锋行业，可以获得税收优惠；尼日利亚对外籍劳工实行配额制管理，清洁能源项目建设需经过环保评估和审核后方可执行。尼日利亚政策概况如图 5-4 所示。

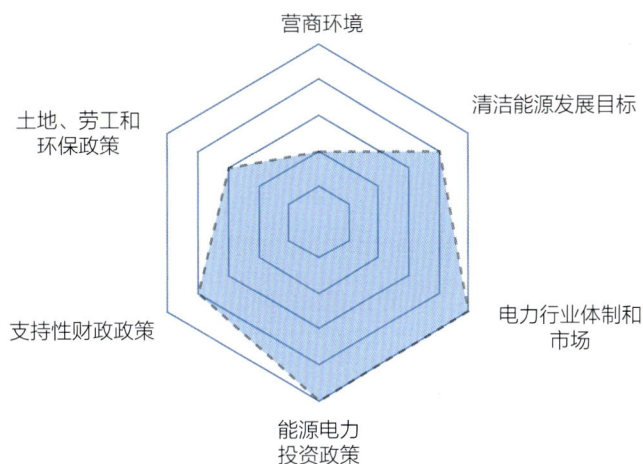

图 5-4　尼日利亚政策概况

清洁能源发展目标方面，尼日利亚政府提出 2020 年新增 819 万 kW 的可再生能源发电装机容量；2025 年可再生能源发电占比达到 23%；2030 年可再生能源电力装机容量达到 2313 万 kW，风电和太阳能发电并网装机规模分别为321 万 kW 和 683 万 kW，可再生能源将满足 30% 的电力需求。

电力行业体制和市场方面，尼日利亚已完成发、输、配、售领域的纵向拆分，在发电和配售电领域采用横向竞争的管理模式。在发电侧，主要市场主体为11 家国有综合能源供应商、6 家私人发电企业，以及部分独立发电商。尼日利亚输电公司（Transmission Company of Nigeria，TCN）拥有全国 100% 的输电网资产，与尼日利亚电力贸易公司（Nigeria Bulk Electricity Trading Company，NBET）共同负责电力系统运营。在配电和售电领域，11 家独立配售电企业在各自经营区域内垄断当地电力市场。当前，尼日利亚工业电价为 15~34 美分 /kWh，居民电价为 1~12 美分 /kWh。

能源电力投资政策方面，尼日利亚投资准入条件较为宽松，外国投资者可以在当地设立子（分）公司、合资公司，可以以现汇、设备及技术进行投资。尼日利亚对外资持股限制较少，除油气行业以外，外资企业可拥有清洁能源项目 100% 的股权。

支持性财政政策方面，尼日利亚将可再生能源列为先锋行业，给予投资企业免税待遇。尼日利亚国内贷款利率较高，各商业银行贷款利率在 20% 上下浮动，且贷款期限一般不得超过 360 天，外资企业获取本地贷款的难度较大。

土地、劳动和环保政策方面，尼日利亚《土地法》规定，外资可以通过租赁获得土地使用权，租赁期限最长不超过 99 年。为保障国内就业，尼日利亚对外籍劳工采取配额管理办法，限制外籍员工比例。在环保政策要求上，尼日利亚《环境影响评估法令》规定，发输电和基础设施项目在建设前需进行环保评估和审核后方可执行。

5.2.5　坦桑尼亚

　　坦桑尼亚总体营商环境欠佳，根据世界银行《2020 年营商环境报告》，坦桑尼亚在全部 190 个国家和地区中排名第 141 位，较 2019 年提升 3 位，在非洲 55 个国家和地区中排名第 26 位。政府制定了积极的可再生能源发展战略；电力市场化改革处于初级阶段，放开发电市场，鼓励私有企业参与发电竞争，实行输配售一体化的市场模式；不允许外资以 BOT、PPP〔Public-Private -Partnership（政府和社会资本合作）〕等模式投资电网类项目；将可再生能源列入先导行业，给予税收优惠支持；允许外资企业提出土地利用申请，对外籍用工管理政策趋紧，明确要求能源项目必须接受环保评估。坦桑尼亚政策概况如图 5-5 所示。

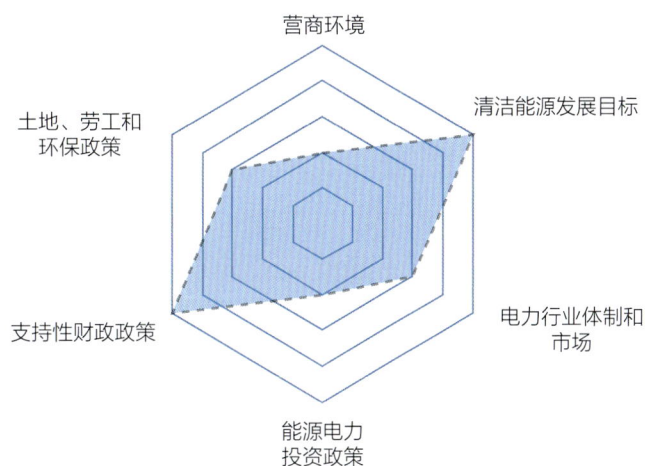

图 5-5　坦桑尼亚政策概况

　　清洁能源发展目标方面，坦桑尼亚在《2016/17 年至 2020/21 年国家五年发展规划》中提出，2020、2025 年可再生能源发电（包括水电）占比分别提高到 50% 和 70%。

　　电力行业体制和市场方面，坦桑尼亚采用发电领域部分私有化的垂直一体化管理模式。在发电侧，国有发电公司坦桑尼亚电力公司（Tanzania Electric Supply Company Limited，TANESCO）占据 53% 的市场份额，松噶斯（Songas，政府参股）、坦桑尼亚独立电力公司（Independent Power Tanzania Limited，IPTL），以及其他独立发电商市场占比 47%。在输配电和售电领域，坦桑尼亚电力公司处于垄断地位。根据坦桑尼亚电力发展路线图，2021 年将放开配电市场，引入独立配售电服务商。按照现行收费标准，普通用户每月 75kWh 以内电价为 4.35 美分 /kWh，超过 75kWh 价格为 15.23 美分 / kWh。

能源电力投资政策方面，坦桑尼亚鼓励外资投资采矿、发电站等基础设施。受制于国家财政短缺和融资能力不足等问题，基础设施投资严重依赖外国政府和国际组织的援助。但因涉及国家主权，坦桑尼亚不允许外资以 BOT、PPP 等模式投资电网类项目。坦桑尼亚目前尚未建立外资并购的安全审查制度；由于当地企业发展水平落后，中国投资者多通过直接设立企业进行投资。

支持性财政政策方面，坦桑尼亚将可再生能源电站开发列入先导行业，投资先导行业且投资规模在 30 万美元以上的外资企业可向坦桑尼亚投资中心申请"投资优惠证书"。获得投资优惠政策的企业，可以享受原材料进口关税退税、出口货物免征增值税、项目投资收回前免征所得税、外资企业 100% 资本返还、外国股东所得股息和分红可自由汇出、优先获得工作许可等。

土地、劳工和环保政策方面，坦桑尼亚《土地法》规定，坦桑尼亚土地归国家所有，外资企业可以向坦桑投资中心提出用地申请。2015 年 10 月 1 日实施的《坦桑尼亚外籍人士就业法案》规定，外籍劳工需要同时持有劳动部颁发的工作许可和移民局颁发的居住许可两个证件；坦桑尼亚对外籍劳工无配额管理制度，但管理政策日益趋紧，要求项目管理人员、技术人员需具有本科（含）以上学历。在环境评估方面，坦桑尼亚要求所有能源项目必须接受强制环保评估。

5.2.6 纳米比亚

纳米比亚总体营商环境较好，根据世界银行《2020 年营商环境报告》，纳米比亚在全部 190 个国家和地区中排名第 104 位，较 2019 年后退 3 位，在非洲 55 个国家和地区中排名第 12 位。政府积极发展可再生能源并明确中期发展目标；电力市场化程度相对较高，在发电和配售电侧均引入市场竞争；纳米比亚对外资准入政策趋严，限制外资在可再生能源项目中的持股上限；尚未出台可再生能源电价补贴和税收优惠政策，本地金融机构贷款获取难度大；外资企业获得土地租赁权的难度较大，对外籍劳工实行严格管理制度，环评政策宽松，未强制要求可再生能源项目进行环保评估。纳米比亚政策概况如图 5-6 所示。

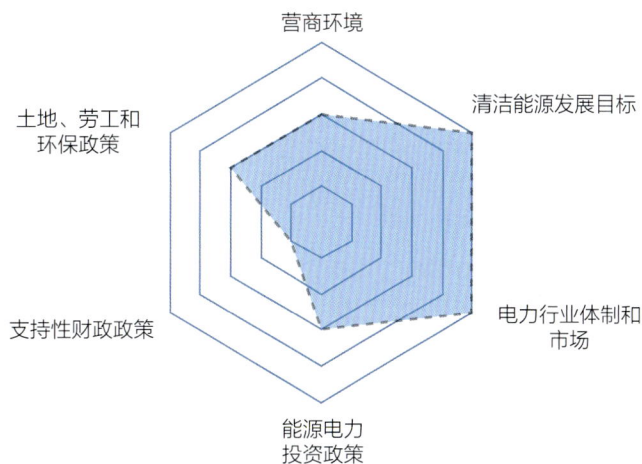

图 5-6　纳米比亚政策概况

清洁能源发展目标方面，纳米比亚政府计划发展太阳能、风能等新能源以实现电力自主供应，规划至 2030 年可再生能源满足 70% 的电力需求。

电力行业体制和市场方面，纳米比亚采用发电和配电领域部分私有化的垂直一体化管理模式，配电领域市场化竞争程度高。在发电侧，纳米比亚向独立发电商（Independent Power Producers，IPPs）放开，独立发电企业市场占比 10%，纳米比亚国家电力公司（Nam Power）市场占比 90%。在输电侧，纳米比亚国家电力公司拥有垄断地位。在配售电市场，纳米比亚四个国有配售电公司是主要市场主体，在各自区域内拥有垄断地位，并拥有80% 以上的市场份额；纳米比亚国家电力公司在四家分销商供区之外从事配售电业务。纳米比亚电价由纳米比亚电力控制委员会（Electricity Control Board，ECB）管理，电价水平在撒哈拉以南非洲地区最高，其中生活用电价格为 12.37 美分 /kWh；工业用电价格根据用电高峰期和非高峰期变化，约为 4.81~15.80 美分 /kWh。

能源电力投资政策方面，纳米比亚实行自由的市场经济，国民经济各个部门均向外资开放。近年来，为扶持本国企业发展，纳米比亚对外资进入设置了更多的准入条件。若可再生能源项目按固定电价上网，投资企业需要至少将 30% 的项目股权留给当地企业。纳米比亚允许外资以 BOT、BOO［Build-Owning-Operation（建设—拥有—经营）］等模式开展电力等大型基础设施投资，5MW 以上可再生能源项目必须以招标竞价方式确定投资主体。

支持性财政政策方面，纳米比亚尚未出台电价补贴政策，未制定税收减免政策。纳米比亚各商业银行对未在本国注册的外国公司发放贷款十分慎重，外资获取本地贷款难度较大。

土地、劳工和环保政策方面，纳米比亚理论上允许外国人租赁本国土地，租期最长 99 年，但传统部族领导人拥有土地分配权，公共土地租赁难度大。纳米比亚对外籍劳工限制较多，准入条件严苛。纳米比亚《投资促进法》规定，只有本地专业技术和管理能力不足时，移民局才允许投资者雇用外籍员工。纳米比亚环保政策环境宽松，未要求可再生能源开发类投资进行强制环保评估。

5.2.7 肯尼亚

肯尼亚营商环境较为理想，根据世界银行《2020 年营商环境报告》，肯尼亚在全部 190 个国家和地区中排名第 56 位，较 2019 年提升 5 位，在非洲 55 个国家和地区中排名第 4 位。肯尼亚清洁能源发展规划目标较为保守；电力市场改革尚处于初级阶段，仅发电市场允许私营资本参与；鼓励外资进入本国投资，并给予与本国企业同等投资政策；给予可再生能源项目 20 年电价补贴；对外籍劳工实行严格管理制度，允许外资企业租赁土地获得使用权，对项目投资实行严格的环评审查。肯尼亚政策概况如图 5-7 所示。

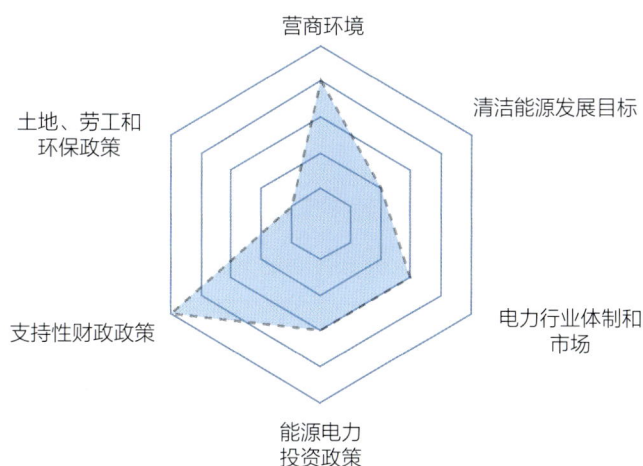

图 5-7 肯尼亚政策概况

清洁能源发展目标方面，肯尼亚提出优先发展风电、水电、太阳能发电等清洁能源，规划到 2031 年风电、水电占比分别达到 9% 和 5%。

电力行业体制和市场方面，肯尼亚采用发电领域部分私有化的垂直一体化管理模式。在发电侧，肯尼亚电力公司（KenGen）与独立发电商分别拥有 75% 和 25% 的市场份额；在输电侧，肯尼亚电力公司、肯尼亚输变电公司（Ketraco）两家国有企业市场占比分别为 89%、11%；在配电和售电侧，肯尼亚电力公司垄断了配售电市场。肯尼亚居民电价根据每月用电量不同分为 11.18 美分 /kWh、15.64 美分 /kWh 两档；小型工商业用户实行固定电价，执行电费标准为 15.45 美分 /kWh；大型工商业用户根据电压等级不同分时定

价，高峰和非高峰时段电价分别在 11.88~100 美分 /kWh 和 5~5.94 美分 /
kWh 范围浮动。

能源电力投资政策方面， 肯尼亚《外国投资保护法》鼓励外资投资能源行业。但是，外国投资者在本国投资必须获得肯尼亚投资促进局批准，最低投资额为 10 万美元，所投资项目必须合法且有利于本国经济社会发展。

支持性财政政策方面， 肯尼亚对可再生能源项目给予长达 20 年的电价补贴支持；外国企业与本国企业享受同等融资待遇；肯尼亚对太阳能发电项目免征 16% 的增值税。

土地、劳工和环保政策方面， 肯尼亚《土地管理法》规定，所有农业用地不允许交易，外国投资者可以通过租赁获得土地使用权，最长租赁期为 99 年。肯尼亚政府限制非技术性劳务人员进入本国，实行严格的工作许可制度，但允许投资企业雇佣外籍高级管理人员、特殊技能水平人员。按照肯尼亚环保政策要求，投资项目开工前必须进行环境评估，投资企业未批先建将受到两年监禁和约 2 万美元罚金处罚。

5.2.8　刚果民主共和国

　　刚果民主共和国总体营商环境在非洲国家中排名靠后，根据世界银行《2020 年营商环境报告》，刚果民主共和国在全部 190 个国家和地区中排名第180 位，与 2019 年排名相同，在非洲 55 个国家和地区中排名第 48 位。政府尚未公布明确的清洁能源发展规划；电力市场改革实现了发电侧放开，但发输配售环节仍高度集中；鼓励外国投资者参与清洁能源投资；给予可再生能源项目税收优惠支持；禁止外资企业购买本国土地，但允许最长 25 年的租赁期；要求项目投资前需提交环评报告，对外籍劳工比例提出限制。刚果民主共和国政策概况如图 5-8 所示。

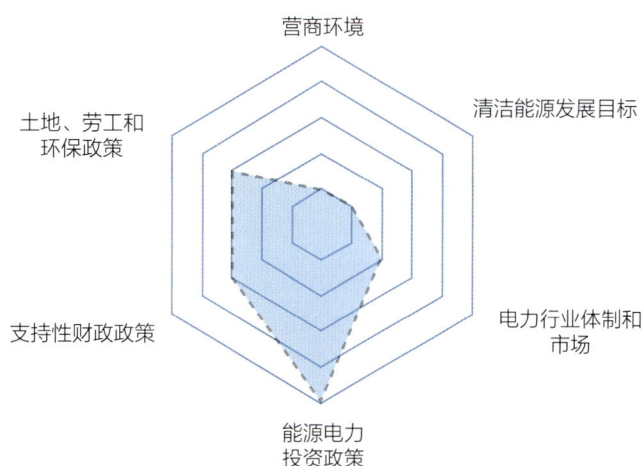

图 5-8　刚果民主共和国政策概况

　　清洁能源发展目标方面，刚果民主共和国政府比较重视清洁能源发展，但尚未公布明确的清洁能源发展目标。

　　电力行业体制和市场方面，刚果民主共和国采用发电领域部分私有化的垂直一体化管理模式。在发电领域，主要有 SINELAC 公司、刚果电力公司（EDC Congo）和国家电力公司（SNEL）三家公司参与市场竞争；在输配电领域，国家电力公司垄断输电市场，并与刚果电力公司共同经营配电市场；在售电领域，国家电力公司同时向工商业和居民用户售电，刚果电力公司只能向工业用户售电。刚果民主共和国工业和居民用电根据电压等级不同分别定价，电价分别在5.69~15.0 美分 /kWh、2.65~8.70 美分 /kWh 区间浮动。

能源电力投资政策方面，2002 年刚果民主共和国颁布《投资法》，政府允许推动国民经济发展的所有投资；外国投资者可以在本国设立子（分）公司，从事并购和收购等活动。刚果民主共和国鼓励外国投资者参与能源领域投资，可采取 PPP、BOT 模式投资可再生能源项目，外资可在清洁能源项目中 100% 控股。

支持性财政政策方面，2014 年刚果民主共和国颁布《关于大型合作协议和合作项目税务、海关、附加税、非税收入和外汇制度优惠政策法案》，在本地投资 10 亿美元以上、承担社会和环保责任的企业可免缴关税、进出口税等各类税费。2018 年 3 月刚果民主共和国投资促进署公布《鼓励对刚投资措施》，企业在 A 类（金沙萨市）和 B 类（中刚果省、卢本巴希市、利卡西市、克罗韦奇市）地区投资，可以分别享受 3 年和 4 年税收优惠。

土地、劳工和环保政策方面，刚果民主共和国《土地法》禁止外资企业购买本国土地，外资企业只能获得 25 年的土地租赁期。刚果民主共和国欢迎具备专业技术的外籍员工在本地就业，但对外籍劳工占比提出限制。《环境保护法》要求，投资者活动开展前，投资者需提交环境影响评估报告，获批后方可执行，投资者如果环境保护工作不到位将受到相应处罚。

5.2.9　赞比亚

赞比亚的营商环境在非洲排名靠前，根据世界银行《2020 年营商环境报告》，赞比亚在全部 190 个国家和地区中排名第 85 位，较 2019 年提升 2 位，在非洲 55 个国家和地区中排名第 9 位。政府尚未针对可再生能源发展制定明确目标；电力市场化改革在发电侧引入私有资本，但仍以国有资本为主；赞比亚投资准入门槛较低，不设立特别的法律规定限制外资进入；该国对可再生能源项目设立优先行业税收优惠政策；政府对土地租赁期有时限要求，对外国劳动力进入本国市场有一定限制，对投资项目有较严格的环保要求。赞比亚政策概况如图 5-9 所示。

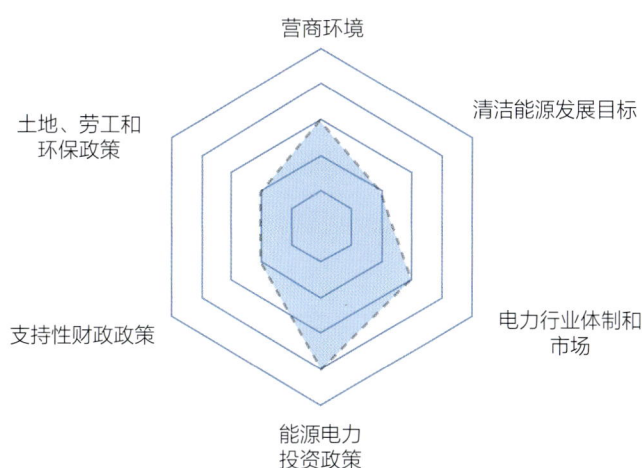

图 5-9　赞比亚政策概况

清洁能源发展目标方面，赞比亚没有制定明确的发展规划，项目开发主要依靠世界银行、欧盟等机构援助。

电力行业体制和市场方面，赞比亚采用发电领域部分私有化的垂直一体化管理模式。在发电侧，国有企业赞比亚国家电力公司（Zambia Electricity Supply Corporation，ZESCO）、赞比亚铜矿带能源公司（Copperbelt Energy Corporation，CEC）和独立发电商卢森法瓦电力公司分别拥有 94%、4% 和 2% 的发电市场份额。在输配电侧，赞比亚铜矿带能源公司与赞比亚国家电力公司分别拥有 64% 和 36% 市场份额。在售电侧，赞比亚实行固定电价制，居民用电实行阶梯电价，电价在 2~9 美分 /kWh 之间浮动❶；商业用电实行固定电价，电价为

---

❶ 另有折合 1.92 美元的固定收费。

6美分/kWh❶；社会服务用电实行固定电价，电价为5美分/kWh❷；大需求用电量根据电压等级不同，电价在 2~4 美分/kWh 之间浮动 ❸。

能源电力投资政策方面，赞比亚政府允许外国投资者在当地进行大部分投资合作活动，对外商投资方式没有限制，独立公司、合资公司、分公司、子公司等均可设立，对现汇投资、设备投资、技术投资等均无限制。赞比亚在 BOT 或 PPP 投资模式方面有一定程度的缺陷，相关法律法规正在制订、完善过程中。

支持性财政政策方面，2006 年赞比亚发布的《发展署法》向各类公司提供广泛的激励政策，形式包括补贴、税收免除和特别优惠。赞比亚规定，在指定地区建设新电站或大坝的投资者可以获得优惠的税率及进口税。赞比亚对包括微型水电站在内的优先行业实行税收优惠。能源和水利发展部与美国国际开发署（United States Agency for International Development，USAID）以及赞比亚能源监管委员会共同制定了支持可再生能源发展的上网电价政策（Renewable Energy Feed-in Tariff, REFIT），并附有标准化的购电协议。

土地劳工和环保政策方面，赞比亚政府计划出台土地法案，禁止外国人拥有土地，外国投资项目土地租赁期不得超过 25 年。赞比亚法律规定在该国投资不少于 25 万美元的投资者，有权获得一个自雇许可证和最多 5 名外籍员工的工作许可，需在入境前办妥；投资超过 1000 万美元的投资者，其外籍员工数量可与政府协商。中国公民申请赴赞比亚务工存在一定的政策风险，非高级技术人员和管理人员难以获得工作许可及工作签证。在赞比亚的所有投资项目均需在建设前经环保部门环境影响评估并取得许可，赞比亚环保局根据投资项目对环境影响的大小，核发不同级别的许可证。

---

❶ 另有折合 10.15 美元的固定收费。
❷ 另有折合 8.83 美元的固定收费。
❸ 另有在 25.20~213.59 美元 / kWh 范围浮动的固定收费。

5.2.10 埃塞俄比亚

埃塞俄比亚营商环境在非洲国家总体排名靠后,根据世界银行《2020 年营商环境报告》,埃塞俄比亚在全部 190 个国家和地区中排名第 159 位,与 2019 年排名相同,在非洲 55 个国家和地区中排名第 35 位。政府为可再生能源发展制定了优先鼓励水电开发的目标;电力市场化改革进展缓慢,该国目前仍为国有资本垄断经营模式;埃塞俄比亚投资准入门槛较低,不设立特别的法律规定限制外资进入;政府对可再生能源项目设立贷款及高额财政补贴政策;政府提供优惠土地租赁政策,对外国劳动力进入本国市场限制相对宽松,颁布相关法律监督环境治理,对环保工作日益重视。埃塞俄比亚政策概况如图 5-10 所示。

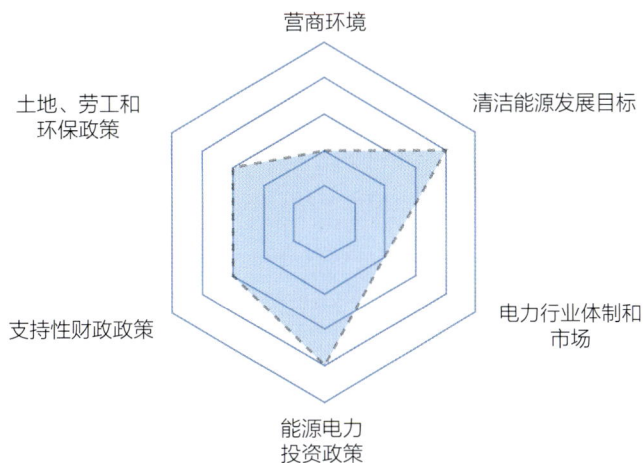

图 5-10 埃塞俄比亚政策概况

清洁能源发展目标方面, 埃塞俄比亚《2013 年国家能源政策》提出优先考虑水电开发,鼓励开发太阳能、风能和地热能等可再生能源,形成多元化的能源结构。第二个《增长与转型计划 2016—2020》计划新增 14561MW 的可再生能源电力。

电力行业体制和市场方面, 埃塞俄比亚已完成发电与输配电纵向拆分,采用国有企业垄断的管理模式。原垂直一体化垄断的埃塞俄比亚电力公司(Ethiopian Electric Power Corporation,EEPCo)拆分为两家国有企业,其中埃塞俄比亚电力公司(Ethiopian Electric Power, EEP)负责发电与 66kV以上输电线路的建设与运营,埃塞俄比亚配电公司(Ethiopian Electric Utility,

EEU）负责 66kV 及以下输电及配电网的建设与运营，以及向终端用户售电。居民电价水平在 0.84~7.75 美分 /kWh 之间，商业电价水平在 2.09~6.63 美分 /kWh 之间，工业电价水平在 1.19~4.78 美分 /kWh 之间。

能源电力投资政策方面，政府鼓励私人投资者积极从事批量电力生产，允许其与埃塞俄比亚电力服务公司签订电力买卖合同。私营部门可以参与任何形式的电力开发，不存在生产容量限制。国家电网系统的电力传输和供给由政府独家经营，国内外私人投资者可参与经营"离网"电力的传输和配送。

支持性财政政策方面，2003 年水利和能源部发布的《农村电气化基金》为私营运营商、合作社和当地社区开展的农村可再生能源项目提供贷款和技术服务，同时在合规报销的基础上将对项目开发商进行高达 20%~30% 投资成本的财政补贴。2012 年埃塞俄比亚水力和能源部发布的《扩大埃塞俄比亚可再生能源计划》（Scaling-Up Renewable Energy Program for Ethiopia, SREP）政策指出，埃塞俄比亚将获得 5000 万美元用于投资 200MW 的 AlutoLangano 地热项目、120MW 的 Assela 风能项目，并资助一个中小型清洁能源开发企业设施建设。

土地劳工和环保政策方面，埃塞俄比亚《土地租赁管理条例》规定土地属公有财产，任何个人、公司及其他机构只拥有使用权，投资者可通过租用、租赁的方式获取土地使用权。在一些重点投资地区，投资者可免费获取土地。埃塞俄比亚 2003 年颁布实施的《第 377 号劳资公告》及 1960 年发布的《埃塞俄比亚民法》规定在该国工作的外国人须获得由埃塞俄比亚劳动和社会事务部颁发的工作许可。工作许可有效期为 3 年，须每年更新，可向颁发部门申请更改有效期限。埃塞俄比亚环保局制定环保政策、法律法规和标准，为投资项目进行环境影响评估，不达标的企业将被罚款甚至关停。

5.2.11　南非

　　南非总体营商环境在非洲名列前茅，根据世界银行《2020 年营商环境报告》，南非在全部 190 个国家和地区中排名第 84 位，较 2019 年排名下降 2 位，在非洲 55 个国家和地区中排名第 6 位。政府对可再生能源发展规划相对保守；电力市场化改革处于初级阶段，实现了在发电侧引入独立发电商、但仍以国有资本为主的经营模式；南非投资准入门槛较低，不设立特别的法律规定限制外资进入；该国对可再生能源项目设立激励及税收优惠政策；政府对项目用地限制较少，对外国劳动力进入本国市场限制严格，并根据环境评估报告决定是否赋予项目环保授权。南非政策概况如图 5-11 所示。

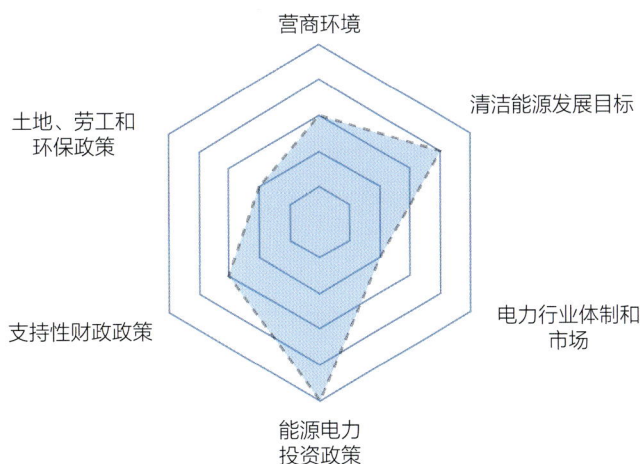

图 5-11　南非政策概况

　　清洁能源发展目标方面，南非于 2011 年发布的《2010—2030 年电力资源综合规划》针对可再生能源制定了具体的发展规划方案，提出 2030 年可再生能源发电装机容量及所占比例：水电、风电、太阳能光热发电和太阳能光伏发电分别为 4759、9200、1200MW 和 8400MW，占比分别为 2.7%、10.3%、1.3% 和 9.4%。

　　电力行业体制和市场方面，南非采用发电领域部分私有化的垂直一体化管理模式。在发电侧，南非国家电力公司（Electricity Supply Commission, Eskom）和独立发电商分别占据 92% 和 8% 的市场发电份额。输配电环节均由南非国家电力公司完全垄断。在售电侧，电费由能源费、辅助服务费、网络需求费、服务管理费和网络容量费构成，其中商业用电的能源费费率根据功率不同，在 0.79~1.72 美分 /kWh 之间浮动。

        能源电力投资政策方面， 南非对外资持开放态度，在行业领域方面限制不多，目前尚未发现针对可再生能源投资的相关限制。南非外资准入国家安全要求相关制度较少，但在一些行业立法中，相关政府部门可以以"公共利益"为由对外资进行审查。根据南非中央银行的规定外国投资者可以用货币、货物、设备等一切法律不加禁止的财产进行投资，外国投资在南非开始经营活动之日起20天内应当在登记部门进行登记。

        支持性财政政策方面， 2011年南非能源部引入电价竞争机制取代原有的电价补贴机制。《可再生能源独立电力生产者计划（REIPPP）》规定，可再生能源项目的中标者将签署保证期限为20年的购电协议，并且可以每年调整协议电价以适应通货膨胀。《气候政策愿景、战略方向和框架》提出采用税收和激励等经济工具促使能源结构多元化。2008年南非国有电力公司启动《太阳能热水器退税项目》，太阳能热水器购买者可以在向南非电力公司提交退税申请后享受直接退税优惠；政府通过推出"爱国者公司激励计划"，对总部设在南非、在南非研发成本占比50%及以上、在南非采购投入占比60%及以上的公司实行税收支持政策。

        土地劳工和环保政策方面， 南非国有土地的购买或租赁须经过公开招标，有两种取得国有土地的途径：一是投资人或不动产开发商向政府申请购买某块特定土地，二是投资人参加政府举办的国有土地招标，申请工业用地与特定用途土地的难易程度视地区而定。南非规定外国人必须持有内政部签发的工作许可证，并在工作许可证规定的单位工作，政府对引进外籍劳工严格限制，原则上当地有合适人选的就业机会不能向外国人提供。政府环境主管部门根据项目对环境影响的程度发布环境评估报告，该报告作为决定是否赋予项目环保授权的依据。

5.3　投融资建议

5.3.1　创新"电—矿—冶—工—贸"联合投融资

多数非洲国家拥有丰富的矿产资源，但产业结构单一，经济高度依赖矿产资源出口，利润率低，发展下游工业制造业面临巨大电力缺口。在非洲开发清洁能源基地和电网项目能够有效推动所在国工业化发展、提升产业链水平，但面临电力消纳难、融资难、风险高等问题。电力基础设施和矿业、冶炼、工业等产业项目之间存在相互制约的关系，阻碍非洲工业化发展。

"电—矿—冶—工—贸"联合投资模式基于电力基础设施项目和矿业、冶炼、工业等产业项目之间的上下游紧密关联和较高依存度，由上下游项目参与方共同设立联合投资公司，统筹推动产业链整体项目投融资，提高薄弱环节投资收益率并降低单个项目面临的消纳风险和交易信用风险。"电—矿—冶—工—贸"联合投资模式将电力和矿产资源加工产业链上的单个子项目组合成一个综合产业链项目，由上下游相关联项目的投资方以出资入股、共同担保等方式共同成立联合投资项目公司，统一负责整体项目的协调、规划、建设、运营、管理和未来收益的分配。核心是在各主要投资方、金融机构和其他上下游企业之间构建利益共同体，协调各方利益、提高多方互信并降低信息不对称，同时提高整体的信用水平和融资能力，并在更大范围内分散投资风险。

联合投资项目公司是全产业链投资主体，投资方向侧重清洁能源开发项目和资源加工冶炼项目，也参与投资矿产资源开发项目、跨国电网项目、跨国贸易等其他关联紧密的项目。主要利润来源有两方面：一是资源加工冶炼项目的投资收益，这是主要利润来源；二是参与清洁能源开发项目、电网项目的投资收益。另外，联合投资公司围绕所在国产业链发展和劳动力需求，发展跨国贸易、构建城市综合体，带动土地资源升值，会获得额外利润。

5.3.2　充分利用国际开发性金融机构资金

充分利用世界银行、国际货币基金组织、非开行、中非发展基金、中非产能合作基金等国际开发性金融机构的资金，由项目所在国政府、国际大型能源和电网类企业、国际开发性金融机构联合发起设立清洁发展基金，定位为专门投资于非洲大型清洁能源基地项目前期阶段的市场化基金。由开发性金融机构和商业性金融机构共同出资作为有限合伙人，发挥开发性资金的杠杆作用，吸引其他国际投资者和投资机构共同参与。充分发挥市场化基金运作的灵活性、高效性和对资源的整合能力，降低项目开发成本，为企业、金融机构和各类投融资主体搭建项目与资金对接平台，为项目提供融资支持。

此外，由于大型清洁能源基地项目的投资收益存在典型的 J 曲线特征，即项目前期和建设期几乎只投入资金而不产生投资回报，项目运营后才逐步产生稳健的投资回报，将清洁发展基金选择性地投资关键清洁能源项目的初期阶段，有利于发挥示范引领作用，带动非洲各国进行全面清洁发展战略布局，快速推动大型清洁能源基地项目的可研、启动及实施落地。

5.3.3　创新担保方式

对于政府信用级别较低，难以直接为项目提供可信担保的非洲国家，建议由项目所在国政府和世界银行、国际货币基金组织、非开行、中非发展基金、中非产能合作基金等国际开发性金融机构联合发起项目，国际大型能源企业、大型电力用户和市场化金融机构共同参与并出资设立担保准备金，为项目提供收益率担保、电费支付担保等，代替当地政府信用担保，有利于在多个项目利益相关方之间分散投资风险，提高项目融资能力。对于信用级别相对较高、政府有一定担保能力的非洲国家，例如摩洛哥、南非等国，建议设置政府担保预算，将担保作为一项重要的预算内容在每年的政府预算中加以确定，以防止政府出现过度负债的情况。

创新采用"浮动投资回报率"担保方式，代替国际投资通常采用的"固定投资回报率"担保方式，即担保方与投资方协商确定投资回报率波动范围：当投资回报率在波动范围之内，投资收益由投资方所有；当投资回报率超过上限时，超出部分归担保方所有；当投资回报率低于下限时，由担保方进行补贴。该方式能有效激励担保方积极参与，分散投资风险。

5.3.4　促进电力消纳

建议清洁能源基地项目方与非洲大型用电企业之间签订"照付不议"购销协

议，并规定发电方具有"照供不误"义务，提高项目未来收入的稳定性。该方式适用于具有较成熟的工业集群和旺盛用电需求的非洲国家，有利于兼顾售电方、购电方双方需求，提高项目融资能力，并在项目开发方与大型企业用户之间实现风险分担。

建议清洁能源基地项目所在国与邻国间通过政府间协商、谈判，加快跨国电网互联，推动形成跨国电力市场，促进跨境电力贸易。该方式适用于清洁能源丰富、但本地电力消纳能力较低的国家，能通过扩大电力消纳范围，提高电力资源配置效率，提高大型清洁能源基地项目的收益能力。对于电力进口国而言，跨国电力贸易能够有效降低用电成本，保障能源供应。

5.3.5 加强投融资风险防范

非洲部分地区存在战争、恐怖袭击、频繁政权交替等问题，政治风险较突出，建议投资方与当地政府、企业、国际金融机构构建利益共同体，加强政治风险评估。一是与当地政府合作、与当地企业合资经营。使当地政府、企业也参与到项目中，持有一定的股权和未来收益权，构建利益共同体，充分发挥当地合作伙伴信息、公共关系等优势资源，通过在国际社会和投资所在国引入多元投资者，降低政治风险。二是重视社会力量，弱化政治色彩。重视与民间组织、非政府组织和媒体沟通协调，与多方利益相关者沟通，对当地民意表示出足够尊重，积极履行社会责任。三是基于权威机构（如中国信保）定期发布的风险评级报告，及时掌握目标市场政治风险情况，设计合理的项目运营模式，并采用政治风险保险等措施管理特定政治风险。

大部分非洲国家主要依赖自然资源和农产品出口获得外汇收入，因此汇率受大宗商品价格波动影响大，以当地币投资对实现稳定投资收益影响较大。建议投资方注重防范汇率风险。一是尽量使融资和投资货币一致，例如以美元、欧元、日元、人民币获得的融资资金，在投资时尽量以所融币种购买所需设备和原材料，并通过与大型用电工业企业协商，争取用同样币种收取电费。二是合理运用外汇管理工具。可运用远期结售汇、外汇期货、外汇期权、货币互换与外汇掉期等多种衍生金融产品来套期保值，达到衍生金融工具的收益或者损失与项目收益或损失相互抵消的目的，从而锁定外汇风险。

5.4　小结

　　非洲是全球最具发展潜力的地区之一，矿产资源和清洁能源资源丰富，劳动力人口增长快速，经济发展前景广阔。近年来，非洲迈入以工业化和区域一体化为特征的新阶段，既面临艰巨的可持续发展任务，又迎来难得的发展机遇，迫切需要在非洲开发清洁能源资源，改善投资政策环境，创新投融资模式。本章梳理非洲地区整体政策环境和主要国家相关政策，提出在非洲开发清洁能源的投融资建议，例如创新"电—矿—冶—工—贸"联合投融资模式，形成风险共担、收益共享的利益分配机制，并利用国际开发性金融机构的资金等，以实现拓宽融资渠道、提高项目信用级别、降低投资风险的目标，推动大型清洁能源基地项目在非洲尽快实施落地，实现清洁发展。

结　语

　　科学准确的资源量化评估和系统高效的基地宏观选址是清洁能源大规模开发利用的基础与前提，开展大型基地的电力外送研究和相关国家的政策环境及投融资研究是实现清洁能源大范围优化配置、推动项目实施落地的关键与保障。非洲清洁能源开发与投资研究是在全球能源互联网发展战略指导下，秉持绿色、低碳、可持续发展理念，对非洲水、风、光清洁能源资源条件和开发重点的一次科学、系统、全面的研究。报告系统地回答了非洲清洁能源"有多少""在哪里""怎么样"等一系列关键问题，提出了一批极具开发潜力的大型基地，不仅给出了基地开发的技术和经济性指标，而且包括清洁电力消纳、外送输电通道以及政策环境和投融资模式等内容，对推动非洲能源变革转型提供了强有力的数据支撑和行动指南。

　　加快开发非洲丰富的清洁能源资源，将有力保障非洲电力能源供应，有效应对气候变化和保护生态环境，打造非洲经济增长新引擎，推动非洲绿色、低碳、可持续发展。加快非洲清洁能源资源开发，是一项复杂的系统工程，涉及技术、经济和政治等多方面，需要各方以共商、共建、共享、共赢为原则，开展务实合作，形成强大合力。未来需要各方在以下几个方面共同努力。**一是扩大合作共识，**促进各国政府、能源企业、行业组织、社会团体形成广泛共识，建立清洁发展的合作框架、政策机制和投融资模式。**二是加强规划统筹，**发挥规划统领作用，强化顶层设计，把清洁能源资源开发纳入各国能源电力发展规划重点，加快形成上下游产业协同联动的有利局面。**三是注重创新驱动，**整合企业、科研机构的优势力量，推动技术和装备研发攻关，建立产学研深度融合发展新路径，紧紧抓住清洁能源发电技术快速发展历史机遇，用创新为绿色发展赋能。**四是推动项目突破，**加强政府、企业、金融行业等更广泛合作，结合各国国情和特点，用商业模式和投融资创新推动一批经济效益好、示范效果强的大基地、大项目早开发、早见效，早日惠及非洲经济社会发展。

非洲清洁能源开发符合非洲各国与国际投资者的共同利益，前景广阔、大有可为。衷心希望有关各方携手努力、密切协作，大力推动非洲清洁能源开发项目落地实施，促进非洲经济社会发展，共创更加美好的明天！

图书在版编目（CIP）数据

非洲清洁能源开发与投资研究／全球能源互联网发展合作组织著. —北京：中国电力出版社，2020.10

ISBN 978-7-5198-5079-1

Ⅰ.①非… Ⅱ.①全… Ⅲ.①无污染能源—能源开发—研究—非洲 ②无污染能源—投资—研究—非洲 Ⅳ.① F440.62

中国版本图书馆 CIP 数据核字（2020）第 202335 号

审图号：GS（2020）5845 号

出版发行：中国电力出版社
地　　　址：北京市东城区北京站西街 19 号（邮政编码 100005）
网　　　址：http://www.cepp.sgcc.com.cn
责任编辑：孙世通（010-63412326）　刘红强
责任校对：黄　蓓　李　楠
装帧设计：北京锋尚制版有限公司
责任印制：钱兴根

印　　　刷：北京瑞禾彩色印刷有限公司
版　　　次：2020 年 10 月第一版
印　　　次：2020 年 10 月北京第一次印刷
开　　　本：889 毫米 ×1194 毫米　16 开本
印　　　张：16
字　　　数：317 千字
定　　　价：230.00 元